ANTHOLOGIE DES CONTEURS DU DIX-NEUVIÈME SIÈCLE

ANTHOLOGIE
DES
CONTEURS DU DIX-NEUVIÈME
SIÈCLE

SELECTED WITH NOTES AND
SHORT BIOGRAPHIES

BY

F. C. GREEN

*Professor of French Literature at the University of Edinburgh,
and late Fellow of Magdalene College*

CAMBRIDGE
AT THE UNIVERSITY PRESS
1953

CAMBRIDGE UNIVERSITY PRESS

Cambridge, New York, Melbourne, Madrid, Cape Town, Singapore,
São Paulo, Delhi, Dubai, Tokyo, Mexico City

Cambridge University Press
The Edinburgh Building, Cambridge CB2 8RU, UK

Published in the United States of America by Cambridge University Press, New York

www.cambridge.org
Information on this title: www.cambridge.org/9780521158503

First edition 1951
Reprinted 1953
First paperback edition 2010

A catalogue record for this publication is available from the British Library

ISBN 978-0-521-05140-8 Hardback
ISBN 978-0-521-15850-3 Paperback

EDITORIAL NOTE

W E remember only what really stimulates and holds our interest. My chief purpose, therefore, in assembling this *Anthologie* has been to present an interesting and representative assortment of nineteenth-century French short stories. Most of the authors are illustrious: a few are less well known. But all have been chosen for their expertness in the craft of story-telling. Regretfully, I have been obliged to omit the name of Flaubert solely because the inclusion of any one of his admirable but lengthy *Trois Contes* would have considerably increased the size and cost of this volume.

This selection is designed primarily, but not by any means exclusively, for use in schools and colleges. It is intended also for readers, whatever their age, whose enjoyment of French literature is so often exasperatingly interrupted by the intrusion of some elusive word or idiom.

F. C. G.

CONTENTS

CONTENTS

PROSPER MÉRIMÉE

(1803–1870)

MÉRIMÉE was born in Paris and died at Cannes. Like his great friend, Stendhal, he affected, in public, the ironical manner of a disillusioned man of the world. His *Correspondance*, however, reveals a man of generous impulses, loyal in his friendships, capable of deep sensibility though also of extreme grossness. He foisted on his credulous Romantic friends, in 1825, a *Théâtre de Clara Gazul*, passing it off as the work of a Spanish actress. Equally bogus is *La Guzla* (1827), presented as a collection of Illyrian ballads though its "local colour" came from a guide-book.

In 1829 Mérimée composed a historical novel, *La Chronique de Charles IX*. The setting reveals careful documentation; the plot is romantic and interesting and the characters sharply delineated. Yet the novel lacks vitality because the author is deficient in imagination. This defect is not apparent in his *nouvelles*, a genre which he initiated and brought to perfection. Mérimée, the cosmopolitan and observant traveller, achieves within the cadre of these miniature novels, miracles of condensation. The action is swift and brutal, in harmony with the violent passions of the protagonists. These, like the details of the setting, bear the imprint of reality. Mérimée wrote the best of his stories between 1829 and 1844, when he was appointed Inspector of ancient monuments, an office in which he did valuable service to France. As classics of their kind we may note: *Tamango*, *Mateo Falcone* (1829), *Le Vase Étrusque* (1830), *Colomba* (1840) and *Carmen* (1843). In 1844 Mérimée was elected to the Académie Française and when the daughter of his old friend the comtesse Montijo became Empress, he became a privileged *habitué* of her intimate circle. In his later years, Mérimée did much to make Russian literature known in France. His style is animated, transparent, deliberately classic and too often, sometimes too obviously, disciplined, as if the author was afraid of surrendering to a secret, romantic hankering after passion and colour.

PROSPER MÉRIMÉE

TAMANGO

Le capitaine Ledoux était un bon marin. Il avait commencé par être simple matelot, puis il devint aide-timonier.[1] Au combat de Trafalgar, il eut la main gauche fracassée par un éclat de bois; il fut amputé, et congédié ensuite avec de bons certificats. Le repos ne lui convenait guère, et, l'occasion de se rembarquer se présentant, il servit, en qualité de second lieutenant, à bord d'un corsaire. L'argent qu'il retira de quelques prises[2] lui permit d'acheter des livres et d'étudier la théorie de la navigation, dont il connaissait déjà parfaitement la pratique. Avec le temps, il devint capitaine d'un lougre corsaire de trois canons et de soixante hommes d'équipage, et les caboteurs[3] de Jersey conservent encore le souvenir de ses exploits. La paix le désola: il avait amassé pendant la guerre une petite fortune, qu'il espérait augmenter aux dépens des Anglais. Force lui fut d'offrir ses services à de pacifiques négociants; et, comme il était connu pour un homme de résolution et d'expérience, on lui confia facilement un navire. Quand la traite des nègres[4] fut défendue, et que, pour s'y livrer, il fallut non seulement tromper la vigilance des douaniers français, ce qui n'était pas très difficile, mais encore, et c'était le plus hasardeux, échapper aux croiseurs anglais, le capitaine Ledoux devint un homme précieux pour les trafiquants de bois d'ébène.*[5]

Bien différent de la plupart des marins qui ont langui longtemps comme lui dans les postes subalternes, il n'avait point cette horreur profonde des innovations, et cet esprit de routine qu'ils apportent trop souvent dans les grades supérieurs. Le capitaine Ledoux, au contraire, avait été le premier à recommander à son

---

* Nom que se donnent eux-mêmes les gens qui font la traite.

[1] *aide-timonier*: assistant-helmsman. [2] *prises*: captures, prizes.
[3] *caboteurs*: coasters. [4] *traite des nègres*: slave trade.
[5] *bois d'ébène*: black ivory.

armateur[1] l'usage des caisses en fer, destinées à contenir et conserver l'eau. A son bord, les menottes[2] et les chaînes, dont les bâtiments négriers ont provision, étaient fabriquées d'après un système nouveau, et soigneusement vernies pour les préserver de la rouille. Mais ce qui lui fit le plus d'honneur parmi les marchands d'esclaves, ce fut la construction, qu'il dirigea lui-même, d'un brick destiné à la traite, fin voilier, étroit, long comme un bâtiment de guerre, et cependant capable de contenir un très grand nombre de noirs. Il le nomma *l'Espérance*. Il voulut que les entre-ponts, étroits et rentrés,[3] n'eussent que trois pieds quatre pouces de haut, prétendant que cette dimension permettait aux esclaves de taille raisonnable d'être commodément assis; et quel besoin ont-ils de se lever?

"Arrivés aux colonies," disait Ledoux, "ils ne resteront que trop sur leurs pieds!"

Les noirs, le dos appuyé aux bordages[4] du navire, et disposés sur deux lignes parallèles, laissaient entre leurs pieds un espace vide, qui, dans tous les autres négriers, ne sert qu'à la circulation. Ledoux imagina de placer dans cet intervalle d'autres nègres, couchés perpendiculairement aux premiers. De la sorte, son navire contenait une dizaine de nègres de plus qu'un autre du même tonnage. A la rigueur, on aurait pu en placer davantage; mais il faut avoir de l'humanité, et laisser à un nègre au moins cinq pieds en longueur et deux en largeur pour s'ébattre[5] pendant une traversée de six semaines et plus: "Car enfin," disait Ledoux à son armateur pour justifier cette mesure libérale, "les nègres, après tout, sont des hommes comme les blancs."

L'Espérance partit de Nantes un vendredi, comme le remarquèrent depuis des gens superstitieux. Les inspecteurs qui visitèrent scrupuleusement le brick ne découvrirent pas six grandes caisses remplies de chaînes, de menottes, et de ces fers

---

[1] *armateur*: ship owner.
[2] *menottes*: handcuffs.
[3] *les entre-ponts, étroits et rentrés*: the space between decks fashioned into narrow tunnels.
[4] *bordages*: planking.
[5] *s'ébattre*: disport himself.

que l'on nomme, je ne sais pourquoi, *barres de justice*.[1] Ils ne furent point étonnés non plus de l'énorme provision d'eau que devait porter *l'Espérance*, qui, d'après ses papiers, n'allait qu'au Sénégal pour y faire le commerce de bois et d'ivoire. La traversée n'est pas longue, il est vrai, mais enfin le trop de précautions ne peut nuire. Si l'on était surpris par un calme, que deviendrait-on sans eau?

L'Espérance partit donc un vendredi, bien gréée[2] et bien équipée de tout. Ledoux aurait voulu peut-être des mâts un peu plus solides; cependant, tant qu'il commanda le bâtiment, il n'eut point à s'en plaindre. Sa traversée fut heureuse et rapide jusqu'à la côte d'Afrique. Il mouilla[3] dans la rivière de Joale (je crois) dans un moment où les croiseurs anglais ne surveillaient point cette partie de la côte. Des courtiers[4] du pays vinrent aussitôt à bord. Le moment était on ne peut plus favorable;[5] Tamango, guerrier fameux et vendeur d'hommes, venait de conduire à la côte une grande quantité d'esclaves, et il s'en défaisait à bon marché, en homme qui se sent la force et les moyens d'approvisionner promptement la place,[6] aussitôt que les objets de son commerce y deviennent rares.

Le capitaine Ledoux se fit descendre sur le rivage, et fit sa visite à Tamango. Il le trouva dans une case en paille qu'on lui avait élevée à la hâte, accompagné de ses deux femmes et de quelques sous-marchands et conducteurs d'esclaves. Tamango s'était paré pour recevoir le capitaine blanc. Il était vêtu d'un vieil habit d'uniforme bleu, ayant encore les galons de caporal; mais sur chaque épaule pendaient deux épaulettes d'or attachées au même bouton, et ballottant,[7] l'une par devant, l'autre par derrière. Comme il n'avait pas de chemise, et que l'habit était un peu court pour un homme de sa taille, on remarquait entre les

---

[1] *barres de justice*: metal bars to which were attached the slaves' fetters.
[2] *bien gréée*: well rigged.   [3] *mouilla*: anchored.
[4] *courtiers*: ship-brokers.
[5] *on ne peut plus favorable*: could not have been more favourable.
[6] *approvisionner…la place*: supply the goods.
[7] *ballottant*: flapping about.

revers blancs de l'habit et son caleçon de toile de Guinée une bande considérable de peau noire qui ressemblait à une large ceinture. Un grand sabre de cavalerie était suspendu à son côté au moyen d'une corde, et il tenait à la main un beau fusil à deux coups, de fabrique anglaise. Ainsi équipé, le guerrier africain croyait surpasser en élégance le petit-maître[1] le plus accompli de Paris ou de Londres.

Le capitaine Ledoux le considéra quelque temps en silence, tandis que Tamango, se redressant[2] à la manière d'un grenadier qui passe à la revue devant un général étranger, jouissait de l'impression qu'il croyait produire sur le blanc. Ledoux, après l'avoir examiné en connaisseur, se tourna vers son second, et lui dit:

"Voilà un gaillard que je vendrais au moins mille écus, rendu sain et sans avaries[3] à la Martinique."

On s'assit, et un matelot qui savait un peu la langue wolofe servit d'interprète. Les premiers compliments de politesse échangés, un mousse[4] apporta un panier de bouteilles d'eau-de-vie; on but, et le capitaine, pour mettre Tamango en belle humeur, lui fit présent d'une jolie poire à poudre en cuivre, ornée du portrait de Napoléon en relief. Le présent accepté avec la reconnaissance convenable, on sortit de la case, on s'assit à l'ombre en face des bouteilles d'eau-de-vie, et Tamango donna le signal de faire venir les esclaves qu'il avait à vendre.

Ils parurent sur une longue file, le corps courbé par la fatigue et la frayeur, chacun ayant le cou pris dans une fourche longue de plus de six pieds, dont les deux pointes étaient réunies vers la nuque par une barre de bois. Quand il faut se mettre en marche, un des conducteurs prend sur son épaule le manche de la fourche du premier esclave; celui-ci se charge de la fourche de l'homme qui le suit immédiatement; le second porte la fourche du troisième esclave, et ainsi des autres. S'agit-il de faire halte, le chef de file

---

[1] *petit-maître*: dandy, fop.
[2] *se redressant*: drawing himself up to his full height.
[3] *sans avaries*: undamaged.   [4] *mousse*: cabin-boy.

enfonce en terre le bout pointu du manche de sa fourche, et toute la colonne s'arrête. On juge facilement qu'il ne faut pas penser à s'échapper à la course,[1] quand on porte attaché au cou un gros bâton de six pieds de longueur.

A chaque esclave mâle ou femelle qui passait devant lui, le capitaine haussait les épaules, trouvait les hommes chétifs, les femmes trop vieilles ou trop jeunes et se plaignait de l'abâtardissement[2] de la race noire.

"Tout dégénère," disait-il; "autrefois c'était bien différent. Les femmes avaient cinq pieds six pouces de haut, et quatre hommes auraient tourné seuls le cabestan d'une frégate, pour lever la maîtresse ancre."[3]

Cependant, tout en critiquant, il faisait un premier choix des noirs les plus robustes et les plus beaux. Ceux-là, il pouvait les payer au prix ordinaire; mais, pour le reste, il demandait une forte diminution. Tamango, de son côté, défendait ses intérêts, vantait sa marchandise, parlait de la rareté des hommes et des périls de la traite. Il conclut en demandant un prix, je ne sais lequel, pour les esclaves que le capitaine blanc voulait charger à son bord.

Aussitôt que l'interprète eut traduit en français la proposition de Tamango, Ledoux manqua tomber à la renverse[4] de surprise et d'indignation; puis, murmurant quelques jurements affreux, il se leva comme pour rompre tout marché avec un homme aussi déraisonnable. Alors Tamango le retint; il parvint avec peine à le faire rasseoir. Une nouvelle bouteille fut débouchée, et la discussion recommença. Ce fut le tour du noir à trouver folles et extravagantes les propositions du blanc. On cria, on disputa longtemps, on but prodigieusement d'eau-de-vie; mais l'eau-de-vie produisait un effet bien différent sur les deux parties contractantes. Plus le Français buvait, plus il réduisait ses offres; plus l'Africain buvait, plus il cédait de ses prétentions. De la sorte, à la fin du panier, on tomba d'accord. De mauvaises cotonnades, de la

---

[1] s'échapper à la course: to run away, bolt.
[2] abâtardissement: degeneration. [3] maîtresse ancre: sheet anchor.
[4] manqua...renverse: nearly fell backwards.

6

poudre, des pierres à feu,[1] trois barriques d'eau-de-vie, cinquante fusils mal raccommodés furent donnés en échange de cent soixante esclaves. Le capitaine, pour ratifier le traité, frappa dans la main du noir plus qu'à moitié ivre, et aussitôt les esclaves furent remis aux matelots français, qui se hâtèrent de leur ôter leurs fourches de bois pour leur donner des carcans et des menottes en fer; ce qui montre bien la supériorité de la civilisation européenne.

Restait encore une trentaine d'esclaves: c'étaient des enfants, des vieillards, des femmes infirmes. Le navire était plein.

Tamango, qui ne savait que faire de ce rebut, offrit au capitaine de les lui vendre pour une bouteille d'eau-de-vie la pièce. L'offre était séduisante. Ledoux se souvint qu'à la représentation des *Vêpres Siciliennes*[2] à Nantes, il avait vu bon nombre de gens gros et gras entrer dans un parterre déjà plein, et parvenir cependant à s'y asseoir, en vertu de la compressibilité des corps humains. Il prit les vingt plus sveltes des trente esclaves.

Alors Tamango ne demanda plus qu'un verre d'eau-de-vie pour chacun des dix restants. Ledoux réfléchit que les enfants ne payent et n'occupent que demi-place dans les voitures publiques. Il prit donc trois enfants; mais il déclara qu'il ne voulait plus se charger d'un seul noir. Tamango, voyant qu'il lui restait encore sept esclaves sur les bras, saisit son fusil et coucha en joue une femme qui venait la première: c'était la mère des trois enfants.

"Achète," dit-il au blanc, "ou je la tue; un petit verre d'eau-de-vie ou je tire."

"Et que diable veux-tu que j'en fasse?" répondit Ledoux.

Tamango fit feu, et l'esclave tomba morte à terre.

"Allons à un autre!" s'écria Tamango en visant un vieillard tout cassé; "un verre d'eau-de-vie, ou bien..."

Une de ses femmes lui détourna le bras, et le coup partit au hasard. Elle venait de reconnaître dans le vieillard que son mari allait tuer un *guiriot* ou magicien; qui lui avait prédit qu'elle serait reine.

[1] *pierres à feu*: flints.
[2] *Les Vêpres Siciliennes*. A tragedy by Casimir Delavigne (1819).

7

Tamango, que l'eau-de-vie avait rendu furieux, ne se posséda plus en voyant qu'on s'opposait à ses volontés. Il frappa rudement sa femme de la crosse[1] de son fusil; puis se tournant vers Ledoux:

"Tiens," dit-il, "je te donne cette femme."

Elle était jolie. Ledoux la regarda en souriant, puis il la prit par la main:

"Je trouverai bien où la mettre," dit-il.

L'interprète était un homme humain. Il donna une tabatière de carton à Tamango, et lui demanda les six esclaves restants. Il les délivra de leurs fourches, et leur permit de s'en aller où bon leur semblerait. Aussitôt ils se sauvèrent, qui deçà, qui delà,[2] fort embarrassés de retourner dans leur pays à deux cents lieues de la côte.

Cependant le capitaine dit adieu à Tamango et s'occupa de faire au plus vite embarquer sa cargaison. Il n'était pas prudent de rester longtemps en rivière; les croiseurs pouvaient reparaître, et il voulait appareiller[3] le lendemain. Pour Tamango, il se coucha sur l'herbe, à l'ombre, et dormit pour cuver son eau-de-vie.

Quand il se réveilla, le vaisseau était déjà sous voiles et descendait la rivière. Tamango, la tête encore embarrassée de la débauche de la veille, demanda sa femme Ayché. On lui répondit qu'elle avait eu le malheur de lui déplaire, et qu'il l'avait donnée en présent au capitaine blanc, lequel l'avait emmenée à son bord. A cette nouvelle, Tamango stupéfait se frappa la tête, puis il prit son fusil, et, comme la rivière faisait plusieurs détours avant de se décharger dans la mer il courut, par le chemin le plus direct, à une petite anse,[4] éloignée de l'embouchure d'une demi-lieue. Là, il espérait trouver un canot avec lequel il pourrait joindre le brick, dont les sinuosités de la rivière devaient retarder la marche. Il ne se trompait pas: en effet, il eut le temps de se jeter dans un canot et de joindre le négrier.

---

[1] *crosse*: butt.
[2] *qui deçà, qui delà*: in all directions.
[3] *appareiller*: weigh anchor.
[4] *anse*: creek, cove.

Ledoux fut surpris de le voir, mais encore plus de l'entendre redemander sa femme.

"Bien donné ne se reprend plus,"[1] répondit-il.

Et il lui tourna le dos.

Le noir insista, offrant de rendre une partie des objets qu'il avait reçus en échange des esclaves. Le capitaine se mit à rire, dit qu'Ayché était une très bonne femme, et qu'il voulait la garder. Alors le pauvre Tamango versa un torrent de larmes, et poussa des cris de douleur aussi aigus que ceux d'un malheureux qui subit une opération chirurgicale. Tantôt il se roulait sur le pont en appelant sa chère Ayché; tantôt il se frappait la tête contre les planches, comme pour se tuer. Toujours impassible, le capitaine, en lui montrant le rivage, lui faisait signe qu'il était temps pour lui de s'en aller; mais Tamango persistait. Il offrit jusqu'à ses épaulettes d'or, son fusil et son sabre. Tout fut inutile.

Pendant ce débat, le lieutenant de l'*Espérance* dit au capitaine: "Il nous est mort cette nuit trois esclaves, nous avons de la place. Pourquoi ne prendrions-nous pas ce vigoureux coquin, qui vaut mieux à lui seul que les trois morts?" Ledoux fit réflexion que Tamango se vendrait bien mille écus; que ce voyage, qui s'annonçait comme très profitable pour lui, serait probablement son dernier; qu'enfin sa fortune étant faite, et lui renonçant au commerce d'esclaves, peu lui importait de laisser à la côte de Guinée une bonne ou une mauvaise réputation. D'ailleurs, le rivage était désert, et le guerrier africain entièrement à sa merci. Il ne s'agissait plus que de lui enlever ses armes;[2] car il eût été dangereux de mettre la main sur lui pendant qu'il les avait encore en sa possession. Ledoux lui demanda donc son fusil, comme pour l'examiner et s'assurer s'il valait bien autant que la belle Ayché. En faisant jouer les ressorts, il eut soin de laisser tomber la poudre de l'amorce. Le lieutenant de son côté maniait le sabre; et, Tamango se trouvant ainsi désarmé, deux vigoureux matelots se jetèrent sur lui, le renversèrent sur le dos, et se mirent en devoir

---

[1] *bien donné…plus*: a gift is a gift.
[2] *il ne s'agissait…armes*: it was now merely a question of disarming him.

9

de[1] le garotter. La résistance du noir fut héroïque. Revenu de sa première surprise, et malgré le désavantage de sa position il lutta longtemps contre les deux matelots. Grâce à sa force prodigieuse, il parvint à se relever. D'un coup de poing, il terrassa l'homme qui le tenait au collet; il laissa un morceau de son habit entre les mains de l'autre matelot, et s'élança comme un furieux sur le lieutenant pour lui arracher son sabre. Celui-ci l'en frappa à la tête, et lui fit une blessure large, mais peu profonde. Tamango tomba une seconde fois. Aussitôt on lui lia fortement les pieds et les mains. Tandis qu'il se défendait, il poussait des cris de rage, et s'agitait comme un sanglier[2] pris dans des toiles; mais, lorsqu'il vit que toute résistance était inutile il ferma les yeux et ne fit plus aucun mouvement. Sa respiration forte et précipitée prouvait seule qu'il était encore vivant.

"Parbleu!" s'écria le capitaine Ledoux, "les noirs qu'il a vendus vont rire de bon cœur en le voyant esclave à son tour. C'est pour le coup[3] qu'ils verront bien qu'il y a une Providence."

Cependant le pauvre Tamango perdait tout son sang. Le charitable interprète qui, la veille, avait sauvé la vie à six esclaves, s'approcha de lui, banda sa blessure et lui adressa quelques paroles de consolation. Ce qu'il put lui dire, je l'ignore. Le noir restait immobile, ainsi qu'un cadavre. Il fallut que deux matelots le portassent comme un paquet dans l'entrepont, à la place qui lui était destinée. Pendant deux jours, il ne voulut ni boire ni manger; à peine lui vit-on ouvrir les yeux. Ses compagnons de captivité, autrefois ses prisonniers, le virent paraître au milieu d'eux avec un étonnement stupide. Telle était la crainte qu'il leur inspirait encore, que pas un seul n'osa insulter à la misère de celui qui avait causé la leur.

Favorisé par un bon vent de terre, le vaisseau s'éloignait rapidement de la côte d'Afrique. Déjà sans inquiétude au sujet de la croisière anglaise, le capitaine ne pensait plus qu'aux énormes bénéfices qui l'attendaient dans les colonies vers les-

---

[1] *se mirent en devoir de*: endeavoured to.
[2] *sanglier*: wild boar.　　　[3] *pour le coup*: this time.

quelles il se dirigeait. Son bois d'ébène se maintenait sans avaries. Point de maladies contagieuses. Douze nègres seulement, et des plus faibles, étaient morts de chaleur: c'était bagatelle. Afin que sa cargaison humaine souffrît le moins possible des fatigues de la traversée, il avait l'attention de faire monter tous les jours ses esclaves sur le pont. Tour à tour un tiers de ces malheureux avait une heure pour faire sa provision d'air de toute la journée. Une partie de l'équipage les surveillait armée jusqu'aux dents, de peur de révolte; d'ailleurs, on avait soin de ne jamais leur ôter entièrement leurs fers. Quelquefois un matelot qui savait jouer du violon les régalait d'un concert. Il était alors curieux de voir toutes ces figures noires se tourner vers le musicien, perdre par degrés leur expression de désespoir stupide, rire d'un gros rire et battre des mains quand leurs chaînes le leur permettaient. — L'exercice est nécessaire à la santé; aussi l'une des salutaires pratiques du capitaine Ledoux, c'était de faire souvent danser ses esclaves, comme on fait piaffer[1] des chevaux embarqués pour une longue traversée.

"Allons, mes enfants, dansez, amusez-vous," disait le capitaine d'une voix de tonnerre, en faisant claquer un énorme fouet de poste.

Et aussitôt les pauvres noirs sautaient et dansaient.

Quelque temps la blessure de Tamango le retint sous les écoutilles.[2] Il parut enfin sur le pont; et d'abord, relevant la tête avec fierté au milieu de la foule craintive des esclaves, il jeta un coup d'œil triste, mais calme, sur l'immense étendue d'eau qui environnait le navire, puis il se coucha, ou plutôt se laissa tomber sur les planches du tillac,[3] sans prendre même le soin d'arranger ses fers de manière qu'ils lui fussent moins incommodes. Ledoux, assis au gaillard d'arrière,[4] fumait tranquillement sa pipe. Près de lui, Ayché, sans fers, vêtue d'une robe élégante de cotonnade bleue, les pieds chaussés de jolies pantoufles de maroquin, portant à la main un plateau chargé de liqueurs, se tenait prête à lui verser à boire. Il était évident qu'elle remplissait de hautes fonctions

---

[1] *piaffer*: prance.   [2] *les écoutilles*: hatches.
[3] *tillac*: main-deck.   [4] *gaillard d'arrière*: quarter-deck.

auprès du capitaine. Un noir, qui détestait Tamango, lui fit signe
de regarder de ce côté. Tamango tourna la tête, l'aperçut, poussa
un cri; et, se levant avec impétuosité, courut vers le gaillard
d'arrière avant que les matelots de garde eussent pu s'opposer
à une infraction aussi énorme de toute discipline navale:

"Ayché!" cria-t-il d'une voix foudroyante, et Ayché poussa
un cri de terreur; "crois-tu que dans le pays des blancs il n'y
ait point de MAMA-JUMBO?"

Déjà des matelots accouraient le bâton levé; mais Tamango,
les bras croisés, et comme insensible, retournait tranquillement
à sa place, tandis qu'Ayché, fondant en larmes, semblait pétrifiée
par ces mystérieuses paroles.

L'interprète expliqua ce qu'était ce terrible Mama-Jumbo, dont
le nom seul produisait tant d'horreur.

"C'est le Croquemitaine[1] des nègres," dit-il. "Quand un mari
a peur que sa femme ne fasse ce que font bien des femmes en
France comme en Afrique, il la menace du Mama-Jumbo. Moi,
qui vous parle, j'ai vu le Mama-Jumbo, et j'ai compris la ruse;
mais les noirs..., comme c'est simple, cela ne comprend rien. —
Figurez-vous qu'un soir, pendant que les femmes s'amusaient
à danser, à faire un *folgar*, comme ils disent dans leur jargon,
voilà que, d'un petit bois bien touffu et bien sombre, on entend
une musique étrange, sans que l'on vît personne pour la faire;
tous les musiciens étaient cachés dans le bois. Il y avait des flûtes
de roseau, des tambourins de bois, des *balafos*, et des guitares
faites avec des moitiés de calebasses. Tout cela jouait un air
à porter le diable en terre.[2] Les femmes n'ont pas plus tôt
entendu cet air-là, qu'elles se mettent à trembler, elles veulent se
sauver, mais les maris les retiennent: elles savaient bien ce qui
leur pendait à l'oreille.[3] Tout à coup sort du bois une grande
figure blanche, haute comme notre mât de perroquet,[4] avec une
tête grosse comme un boisseau,[5] des yeux larges comme des

---

[1] *Croquemitaine*: bogey. [2] *à porter...terre*: enough to raise the devil.
[3] *elles savaient...l'oreille*: knew what to expect.
[4] *perroquet*: topgallant sail. [5] *boisseau*: bushel.

écubiers,[1] et une gueule comme celle du diable, avec du feu dedans. Cela marchait lentement, lentement; et cela n'alla pas plus loin qu'à demi-encablure du bois. Les femmes criaient:

"Voilà Mama-Jumbo!"

Elles braillaient comme des vendeuses d'huîtres. Alors les maris leur disaient:

"Allons, coquines, dites-nous si vous avez été sages; si vous mentez, Mama-Jumbo est là pour vous manger toutes crues."[2] Il y en avait qui étaient assez simples pour avouer, et alors les maris les battaient comme plâtre.[3]

"Et qu'était-ce donc que cette figure blanche, ce Mama-Jumbo?" demanda le capitaine.

"Eh bien, c'était un farceur affublé d'un grand drap blanc, portant, au lieu de tête, une citrouille creusée et garnie d'une chandelle allumée au bout d'un grand bâton. Cela n'est pas plus malin,[4] et il ne faut pas de grands frais d'esprit[5] pour attraper les noirs. Avec tout cela, c'est une bonne invention que le Mama-Jumbo, et je voudrais que ma femme y crût."

"Pour la mienne," dit Ledoux, "si elle n'a pas peur de Mama-Jumbo, elle a peur de Martin-Bâton; et elle sait de reste comment je l'arrangerais si elle me jouait quelque tour. Nous ne sommes pas endurants dans la famille des Ledoux, et, quoique je n'aie qu'un poignet, il manie encore assez bien une garcette.[6] Quant à votre drôle là-bas, qui parle du Mama-Jumbo, dites-lui qu'il se tienne bien et qu'il ne fasse pas peur à la petite mère que voici, ou je lui ferai si bien ratisser l'échine,[7] que son cuir, de noir, deviendra rouge comme un rosbif cru."

A ces mots, le capitaine descendit dans sa chambre, fit venir Ayché et tâcha de la consoler: mais ni les caresses, ni les coups mêmes, car on perd patience à la fin, ne purent rendre traitable la

---

[1] *écubiers*: hawse-holes.　　　　[2] *manger crues*: gobble up raw.
[3] *battaient comme plâtre*: beat them to a jelly.
[4] *Cela...malin*: There is nothing very difficult about that.
[5] *il ne faut...esprit*: you need not be very clever to....
[6] *garcette*: cat-o'-nine-tails.
[7] *ratisser l'échine*: give him such a hiding.

belle négresse; des flots de larmes coulaient de ses yeux. Le capitaine remonta sur le pont, de mauvaise humeur, et querella l'officier de quart[1] sur la manœuvre qu'il commandait[2] dans le moment.

La nuit, lorsque presque tout l'équipage dormait d'un profond sommeil, les hommes de garde entendirent d'abord un chant grave, solennel, lugubre, qui partait de l'entre-pont, puis un cri de femme horriblement aigu. Aussitôt après, la grosse voix de Ledoux jurant et menaçant, et le bruit de son terrible fouet, retentirent dans tout le bâtiment. Un instant après, tout rentra dans le silence. Le lendemain, Tamango parut sur le pont la figure meurtrie, mais l'air aussi fier, aussi résolu qu'auparavant.

A peine Ayché l'eut-elle aperçu, que quittant le gaillard d'arrière où elle était assise à côté du capitaine, elle courut avec rapidité vers Tamango, s'agenouilla devant lui, et lui dit avec un accent de désespoir concentré:

"Pardonne-moi, Tamango, pardonne-moi!"

Tamango la regarda fixement pendant une minute; puis, remarquant que l'interprète était éloigné:

"Une lime!"[3] dit-il.

Et il se coucha sur le tillac en tournant le dos à Ayché. Le capitaine la réprimanda vertement, lui donna même quelques soufflets, et lui défendit de parler à son ex-mari; mais il était loin de soupçonner le sens des courtes paroles qu'ils avaient échangées, et il ne fit aucune question à ce sujet.

Cependant Tamango, renfermé avec les autres esclaves, les exhortait jour et nuit à tenter un effort généreux pour recouvrer leur liberté. Il leur parlait du petit nombre des blancs, et leur faisait remarquer la négligence toujours croissante de leurs gardiens; puis, sans s'expliquer nettement, il disait qu'il saurait les ramener dans leur pays, vantait son savoir dans les sciences occultes, dont les noirs sont fort entichés,[4] et menaçait de la

---

[1] *officier de quart*: officer of the watch.
[2] *la manœuvre qu'il commandait*: on the course he was steering.
[3] *lime*: file.   [4] *entichés*: infatuated.

vengeance du diable ceux qui se refuseraient de l'aider dans son entreprise. Dans ses harangues, il ne se servait que du dialecte des Peules, qu'entendaient la plupart des esclaves, mais que l'interprète ne comprenait pas. La réputation de l'orateur, l'habitude qu'avaient les esclaves de le craindre et de lui obéir, vinrent merveilleusement au secours de son éloquence, et les noirs le pressèrent de fixer un jour pour leur délivrance, bien avant que lui-même se crût en état de l'effectuer. Il répondait vaguement aux conjurés[1] que le temps n'était pas venu, et que le diable, qui lui apparaissait en songe, ne l'avait pas encore averti, mais qu'ils eussent à se tenir prêts au premier signal. Cependant il ne négligeait aucune occasion de faire des expériences sur la vigilance de ses gardiens. Une fois, un matelot, laissant son fusil appuyé contre les plats-bords,[2] s'amusait à regarder une troupe de poissons volants qui suivaient le vaisseau; Tamango prit le fusil et se mit à le manier, imitant avec des gestes grotesques les mouvements qu'il avait vu faire à des matelots qui faisaient l'exercice. On lui retira le fusil au bout d'un instant; mais il avait appris qu'il pourrait toucher une arme sans eveiller immédiatement le soupçon; et, quand le temps viendrait de s'en servir, bien hardi celui qui voudrait la lui arracher des mains.

Un jour, Ayché lui jeta un biscuit en lui faisant un signe que lui seul comprit. Le biscuit contenait une petite lime: c'était de cet instrument que dépendait la réussite du complot. D'abord Tamango se garda bien de montrer la lime à ses compagnons; mais, lorsque la nuit fut venue, il se mit à murmurer des paroles inintelligibles qu'il accompagnait de gestes bizarres. Par degrés, il s'anima jusqu'à pousser des cris. A entendre les intonations variées de sa voix, on eût dit qu'il était engagé dans une conversation animée avec une personne invisible. Tous les esclaves tremblaient, ne doutant pas que le diable ne fût en ce moment même au milieu d'eux. Tamango mit fin à cette scène en poussant un cri de joie.

"Camarades," s'écria-t-il, "l'esprit que j'ai conjuré vient enfin

[1] *conjurés*: conspirators.   [2] *plats-bords*: gunwale.

de m'accorder ce qu'il m'avait promis, et je tiens dans mes mains l'instrument de notre délivrance. Maintenant il ne vous faut plus qu'un peu de courage pour vous faire libres."

Il fit toucher la lime à ses voisins, et la fourbe,[1] toute grossière qu'elle était, trouva créance auprès d'hommes encore plus grossiers.

Après une longue attente vint le grand jour de vengeance et de liberté. Les conjurés, liés entre eux par un serment solennel, avaient arrêté leur plan après une mûre délibération. Les plus déterminés, ayant Tamango à leur tête, lorsqu'ils monteraient à leur tour sur le pont, devaient s'emparer des armes de leurs gardiens; quelques autres iraient à la chambre du capitaine pour y prendre les fusils qui s'y trouvaient. Ceux qui seraient parvenus à limer leurs fers devaient commencer l'attaque; mais, malgré le travail opiniâtre de plusieurs nuits, le plus grand nombre des esclaves était encore incapable de prendre une part énergique à l'action. Aussi trois noirs robustes avaient la charge de tuer l'homme qui portait dans sa poche la clef des fers, et d'aller aussitôt délivrer leurs compagnons enchaînés.

Ce jour-là, le capitaine Ledoux était d'une humeur charmante; contre sa coutume, il fit grâce à un mousse qui avait mérité le fouet. Il complimenta l'officier de quart sur sa manœuvre, déclara à l'équipage qu'il était content, et lui annonça qu'à la Martinique, où ils arriveraient dans peu, chaque homme recevrait une gratification. Tous les matelots, entretenant de si agréables idées, faisaient déjà dans leur tête l'emploi de cette gratification. Ils pensaient à l'eau-de-vie et aux femmes de couleur de la Martinique, lorsqu'on fit monter sur le pont Tamango et les autres conjurés.

Ils avaient eu soin de limer leurs fers de manière qu'ils ne parussent pas être coupés, et que le moindre effort suffît cependant pour les rompre. D'ailleurs, ils les faisaient si bien résonner, qu'à les entendre on eût dit qu'ils en portaient un double poids. Après avoir humé l'air quelque temps, ils se prirent tous par la

[1] *fourbe*: imposture.

16

main et se mirent à danser pendant que Tamango entonnait le chant guerrier de sa famille,* qu'il chantait autrefois avant d'aller au combat. Quand la danse eut duré quelque temps, Tamango, comme épuisé de fatigue, se coucha tout de son long aux pieds d'un matelot qui s'appuyait nonchalamment contre les plats-bords du navire; tous les conjurés en firent autant. De la sorte, chaque matelot était entouré de plusieurs noirs.

Tout à coup Tamango, qui venait doucement de rompre ses fers, pousse un grand cri, qui devait servir de signal, tire violemment par les jambes le matelot qui se trouvait près de lui, le culbute, et, lui mettant le pied sur le ventre, lui arrache son fusil, et s'en sert pour tuer l'officier de quart. En même temps, chaque matelot de garde est assailli, désarmé et aussitôt égorgé. De toutes parts, un cri de guerre s'élève. Le contre-maître,[1] qui avait la clef des fers, succombe un des premiers. Alors une foule de noirs inonde le tillac. Ceux qui ne peuvent trouver d'armes saisissent les barres du cabestan ou les rames de la chaloupe.[2] Dès ce moment, l'équipage européen fut perdu. Cependant quelques matelots firent tête sur le gaillard d'arrière; mais ils manquaient d'armes et de résolution. Ledoux était encore vivant et n'avait rien perdu de son courage. S'apercevant que Tamango était l'âme de la conjuration, il espéra que, s'il pouvait le tuer, il aurait bon marché de ses complices. Il s'élança donc à sa rencontre le sabre à la main en l'appelant à grands cris. Aussitôt Tamango se précipita sur lui. Il tenait un fusil par le bout du canon et s'en servait comme d'une massue. Les deux chefs se joignirent sur un des passavants,[3] ce passage étroit qui communique du gaillard d'avant à l'arrière. Tamango frappa le premier. Par un léger mouvement de corps, le blanc évita le coup. La crosse, tombant avec force sur les planches, se brisa, et le contre-coup fut si violent, que le fusil échappa des mains de Tamango. Il était sans défense, et Ledoux, avec un sourire de joie diabolique,

* Chaque capitaine nègre a le sien.

---

[1] *contre-maître*: mate.   [2] *rames de la chaloupe*: oars of the long-boat.
[3] *passavants*: gangways.

levait le bras et allait le percer; mais Tamango était aussi agile que les panthères de son pays. Il s'élança dans les bras de son adversaire, et lui saisit la main dont il tenait son sabre. L'un s'efforce de retenir son arme, l'autre de l'arracher. Dans cette lutte furieuse, ils tombent tous les deux; mais l'Africain avait le dessous. Alors, sans se décourager, Tamango, étreignant son adversaire de toute sa force, le mordit à la gorge avec tant de violence, que le sang jaillit comme sous la dent d'un lion. Le sabre échappa de la main défaillante du capitaine. Tamango s'en saisit; puis, se relevant, la bouche sanglante, et poussant un cri de triomphe, il perça de coups redoublés son ennemi déjà demi-mort.

La victoire ·n'était plus douteuse. Le peu de matelots qui restaient essayèrent d'implorer la pitié des révoltés; mais tous, jusqu'à l'interprète, qui ne leur avait jamais fait de mal, furent impitoyablement massacrés. Le lieutenant mourut avec gloire. Il s'était retiré à l'arrière, auprès d'un de ces petits canons qui tournent sur un pivot, et que l'on charge de mitraille. De la main gauche, il dirigea la pièce, et, de la droite, armé d'un sabre, il se défendit si bien qu'il attira autour de lui une foule de noirs. Alors, pressant la détente du canon, il fit au milieu de cette masse serrée une large rue pavée de morts et de mourants. Un instant après il fut mis en pièces.

Lorsque le cadavre du dernier blanc, déchiqueté et coupé par morceaux, eut été jeté à la mer, les noirs, rassasiés[1] de vengeance, levèrent les yeux vers les voiles du navire, qui, toujours enflées par un vent frais, semblaient obéir encore à leurs oppresseurs et mener les vainqueurs, malgré leur triomphe, dans la terre de l'esclavage.

"Rien n'est donc fait," pensèrent-ils avec tristesse; "et ce grand fétiche des blancs voudra-t-il nous ramener dans notre pays, nous qui avons versé le sang de ses maîtres?"

Quelques-uns dirent que Tamango saurait le faire obéir. Aussitôt on appelle Tamango à grands cris.

Il ne se pressait pas de se montrer. On le trouva dans la chambre de poupe, debout, une main appuyée sur le sabre

---

[1] *rassasiés*: glutted.

sanglant du capitaine; l'autre, il la tendait d'un air distrait à sa femme Ayché, qui la baisait à genoux devant lui. La joie d'avoir vaincu ne diminuait pas une sombre inquiétude qui se trahissait dans toute sa contenance. Moins grossier que les autres, il sentait mieux la difficulté de sa position.

Il parut enfin sur le tillac, affectant un calme qu'il n'éprouvait pas. Pressé par cent voix confuses de diriger la course du vaisseau, il s'approcha du gouvernail à pas lents, comme pour retarder un peu le moment qui allait, pour lui-même et pour les autres, décider de l'étendue de son pouvoir.

Dans tout le vaisseau, il n'y avait pas un noir, si stupide qu'il fût, qui n'eût remarqué l'influence qu'une certaine roue et la boîte placée en face exerçaient sur les mouvements du navire; mais, dans ce mécanisme, il y avait toujours pour eux un grand mystère. Tamango examina la boussole[1] pendant longtemps en remuant les lèvres, comme s'il lisait les caractères qu'il y voyait tracés; puis il portait la main à son front, et prenait l'attitude pensive d'un homme qui fait un calcul de tête. Tous les noirs l'entouraient, la bouche béante, les yeux démesurément ouverts, suivant avec anxiété le moindre de ses gestes. Enfin, avec ce mélange de crainte et de confiance que l'ignorance donne, il imprima un violent mouvement à la roue du gouvernail.

Comme un généreux coursier qui se cabre[2] sous l'éperon d'un cavalier imprudent, le beau brick *l'Espérance* bondit sur la vague à cette manœuvre inouïe. On eut dit qu'indigné il voulait s'engloutir avec son pilote ignorant. Le rapport nécessaire entre la direction des voiles et celle du gouvernail étant brusquement rompu, le vaisseau s'inclina avec tant de violence, qu'on eût dit qu'il allait s'abîmer. Ses longues vergues[3] plongèrent dans la mer. Plusieurs hommes furent renversés; quelques-uns tombèrent par-dessus le bord. Bientôt le vaisseau se releva fièrement contre la lame, comme pour lutter encore une fois avec la destruction. Le vent redoubla d'efforts, et tout d'un coup, avec un bruit horrible,

---

[1] *boussole*: compass.   [2] *se cabre*: rears.
[3] *vergues*: yards.

tombèrent les deux mâts, cassés à quelques pieds du pont, couvrant le tillac de débris et comme d'un lourd filet de cordages.

Les nègres épouvantés fuyaient sous les écoutilles en poussant des cris de terreur; mais, comme le vent ne trouvait plus de prise, le vaisseau se releva et se laissa doucement ballotter par les flots. Alors les plus hardis des noirs remontèrent sur le tillac et le débarrassèrent des débris qui l'obstruaient. Tamango restait immobile, le coude appuyé sur l'habitacle[1] et se cachant le visage sur son bras replié. Ayché était auprès de lui, mais n'osait lui adresser la parole. Peu à peu les noirs s'approchèrent; un murmure s'éleva, qui beintôt se changea en un orage de reproches et d'injures.

"Perfide! imposteur!" s'écriaient-ils, "c'est toi qui as causé tous nos maux, c'est toi qui nous as vendus aux blancs, c'est toi qui nous as contraints de nous révolter contre eux. Tu nous avais vanté ton savoir, tu nous avais promis de nous ramener dans notre pays. Nous t'avons cru, insensés que nous étions! et voilà que nous avons manqué de périr tous parce que tu as offensé le fétiche des blancs."

Tamango releva fièrement la tête, et les noirs qui l'entouraient reculèrent intimidés. Il ramassa deux fusils, fit signe à sa femme de le suivre, traversa la foule, qui s'ouvrit devant lui, et se dirigea vers l'avant du vaisseau. Là, il se fit comme un rempart avec des tonneaux vides et des planches; puis il s'assit au milieu de cette espèce de retranchement, d'où sortaient menaçantes les baïonnettes de ses deux fusils. On le laissa tranquille. Parmi les révoltés, les uns pleuraient; d'autres, levant les mains au ciel, invoquaient leurs fétiches et ceux des blancs; ceux-ci, à genoux devant la boussole, dont ils admiraient le mouvement continuel, la suppliaient de les ramener dans leur pays; ceux-là se couchaient sur le tillac dans un morne abattement.[2] Au milieu de ces désespérés, qu'on se représente[3] des femmes et des enfants hurlant

---

[1] *habitacle*: binnacle.
[2] *morne abattement*: state of gloomy hopelessness, or despondency.
[3] *qu'on se représente*: imagine.

d'effroi, et une vingtaine de blessés implorant des secours que personne ne pensait à leur donner.

Tout à coup un nègre paraît sur le tillac: son visage est radieux. Il annonce qu'il vient de découvrir l'endroit où les blancs gardent leur eau-de-vie; sa joie et sa contenance prouvent assez qu'il vient d'en faire l'essai. Cette nouvelle suspend un instant les cris de ces malheureux. Ils courent à la cambuse[1] et se gorgent de liqueur. Une heure après, on les eût vus sauter et rire sur le pont, se livrant à toutes les extravagances de l'ivresse la plus brutale. Leurs danses et leurs chants étaient accompagnés des gémissements et des sanglots des blessés. Ainsi se passa le reste du jour et toute la nuit.

Le matin, au réveil, nouveau désespoir. Pendant la nuit, un grande nombre de blessés étaient morts. Le vaisseau flottait entouré de cadavres. La mer était grosse et le ciel brumeux. On tint conseil. Quelques apprentis dans l'art magique, qui n'avaient point osé parler de leur savoir-faire devant Tamango, offrirent tour à tour leurs services. On essaya plusieurs conjurations puissantes. A chaque tentative inutile, le découragement augmentait. Enfin on reparla de Tamango, qui n'était pas encore sorti de son retranchement. Après tout, c'était le plus savant d'entre eux, et lui seul pouvait les tirer de la situation horrible où il les avait placés. Un vieillard s'approcha de lui, porteur de propositions de paix. Il le pria de venir donner son avis; mais Tamango, inflexible comme Coriolan, fut sourd à ses prières. La nuit, au milieu du désordre, il avait fait sa provision de biscuits et de chair salée. Il paraissait déterminé à vivre seul dans sa retraite.

L'eau-de-vie restait. Au moins elle fait oublier et la mer, et l'esclavage, et la mort prochaine. On dort, on rêve de l'Afrique, on voit des forêts de gommiers, des cases[2] couvertes en paille, des baobabs dont l'ombre couvre tout un village. L'orgie de la veille recommença. De la sorte se passèrent plusieurs jours. Crier, pleurer, s'arracher les cheveux, puis s'enivrer et dormir, telle

---

[1] *cambuse*: steward's room.   [2] *cases*: huts.

était leur vie. Plusieurs moururent à force de boire; quelques-uns se jetèrent à la mer, ou se poignardèrent.

Un matin, Tamango sortit de son fort et s'avança jusqu'auprès du tronçon[1] du grand mât.

"Esclaves," dit-il, "l'Esprit m'est apparu en songe et m'a révélé les moyens de vous tirer d'ici pour vous ramener dans votre pays. Votre ingratitude mériterait que je vous abandonnasse; mais j'ai pitié de ces femmes et de ces enfants qui crient. Je vous pardonne: écoutez-moi."

Tous les noirs baissèrent la tête avec respect et se serrèrent autour de lui.

"Les blancs," poursuivit Tamango, "connaissent seuls les paroles puissantes qui font remuer ces grandes maisons de bois; mais nous pouvons diriger à notre gré ces barques légères qui ressemblent à celles de notre pays."

Il montrait la chaloupe et les autres embarcations du brick.

"Remplissons-les de vivres, montons dedans, et ramons dans la direction du vent; mon maître et le vôtre le fera souffler vers notre pays."

On le crut. Jamais projet ne fut plus insensé. Ignorant l'usage de la boussole, et sous un ciel inconnu, il ne pouvait qu'errer à l'aventure.[2] D'après ses idées, il s'imaginait qu'en ramant tout droit devant lui, il trouverait à la fin quelque terre habitée par les noirs, car les noirs possèdent la terre, et les blancs vivent sur leurs vaisseaux. C'est ce qu'il avait entendu dire à sa mère.

Tout fut bientôt prêt pour l'embarquement; mais la chaloupe avec un canot seulement se trouva en état de servir. C'était trop peu pour contenir environ quatre-vingts nègres encore vivants. Il fallut abandonner tous les blessés et les malades. La plupart demandèrent qu'on les tuât avant de se séparer d'eux.

Les deux embarcations, mises à flot avec des peines infinies et chargées outre mesure, quittèrent le vaisseau par une mer clapoteuse,[3] qui menaçait à chaque instant de les engloutir. Le canot

---

[1] *tronçon*: stump.   [2] *errer à l'aventure*: wander aimlessly.
[3] *mer clapoteuse*: choppy sea.

s'éloigna le premier. Tamango avec Ayché avait pris place dans la chaloupe, qui beaucoup plus lourde et plus chargée, demeurait considérablement en arrière. On entendait encore les cris plaintifs de quelques malheureux abandonnés à bord du brick, quand une vague assez forte prit la chaloupe en travers[1] et l'emplit d'eau. En moins d'une minute, elle coula. Le canot vit leur désastre, et ses rameurs doublèrent d'efforts, de peur d'avoir à recueillir quelques naufragés. Presque tous ceux qui montaient la chaloupe furent noyés. Une douzaine seulement put regagner le vaisseau. De ce nombre étaient Tamango et Ayché. Quand le soleil se coucha, ils virent disparaître le canot derrière l'horizon; mais ce qu'il devint, on l'ignore.

Pourquoi fatiguerais-je le lecteur par la description dégoûtante des tortures de la faim? Vingt personnes environ sur un espace étroit, tantôt ballottées par une mer orageuse, tantôt brûlées par un soleil ardent, se disputent tous les jours les faibles restes de leurs provisions. Chaque morceau de biscuit coûte un combat, et le faible meurt, non parce que le fort le tue, mais parce qu'il le laisse mourir. Au bout de quelques jours, il ne resta plus de vivant à bord du brick *l'Espérance* que Tamango et Ayché.

Une nuit, la mer était agitée, le vent soufflait avec violence, et l'obscurité était si grande, que de la poupe on ne pouvait voir la proue du navire. Ayché était couchée sur un matelas dans la chambre du capitaine, et Tamango était assis à ses pieds. Tous les deux gardaient le silence depuis longtemps.

"Tamango," s'écria enfin Ayché, "tout ce que tu souffres tu le souffres à cause de moi…"

"Je ne souffre pas," répondit-il brusquement. Et il jeta sur le matelas, à côté de sa femme, la moitié d'un biscuit qui lui restait.

"Garde-le pour toi," dit-elle en repoussant doucement le biscuit; je n'ai plus faim. D'ailleurs, pourquoi manger? Mon heure n'est-elle pas venue?"

[1] *en travers*: sideways, crosswise.

Tamango se leva sans répondre, monta en chancelant sur[1] le tillac et s'assit au pied d'un mât rompu. La tête penchée sur sa poitrine, il sifflait l'air de sa famille. Tout à coup un grand cri se fit entendre au-dessus du bruit du vent et de la mer; une lumière parut. Il entendit d'autres cris, et un gros vaisseau noir glissa rapidement auprès du sien; si près, que les vergues passèrent au-dessus de sa tête. Il ne vit que deux figures éclairées par une lanterne suspendue à un mât. Ces gens poussèrent encore un cri, et aussitôt leur navire, emporté par le vent, disparut dans l'obscurité. Sans doute les hommes de garde avaient aperçu le vaisseau naufragé; mais le gros temps les empêchait de virer de bord.[2] Un instant après, Tamango vit la flamme d'un canon et entendit le bruit de l'explosion; puis il vit la flamme d'un autre canon, mais il n'entendit aucun bruit; puis il ne vit plus rien. Le lendemain, pas une voile ne paraissait à l'horizon. Tamango se recoucha sur son matelas et ferma les yeux. Sa femme Ayché était morte cette nuit-là.

Je ne sais combien de temps après, une frégate anglaise, *la Bellone*, aperçut un bâtiment démâté et en apparence abandonné de son équipage. Une chaloupe, l'ayant abordé, y trouva une négresse morte et un nègre si décharné et si maigre, qu'il ressemblait à une momie. Il était sans connaissance, mais avait encore un souffle de vie. Le chirurgien s'en empara, lui donna des soins, et quand *la Bellone* aborda à Kingston, Tamango était en parfaite santé. On lui demanda son histoire. Il dit ce qu'il en savait. Les planteurs de l'île voulaient qu'on le pendît comme un nègre rebelle; mais le gouverneur, qui était un homme humain, s'intéressa à lui, trouvant son cas justifiable, puisque, après tout, il n'avait fait qu'user du droit légitime de défense; et puis ceux qu'il avait tués n'étaient que des Français. On le traita comme on traite les nègres pris à bord d'un vaisseau négrier que l'on confisque. On lui donna la liberté, c'est-à-dire qu'on le fit

[1] *monta en chancelant sur*: reeled on to....
[2] *virer de bord*: tack.

travailler pour le gouvernement; mais il avait six sous par jour et la nourriture. C'était un fort bel homme. Le colonel du 75ᵉ le vit et le prit pour en faire un cymbalier dans la musique de son régiment. Il apprit un peu d'anglais; mais il ne parlait guère. En revanche, il buvait avec excès du rhum et du tafia. — Il mourut à l'hôpital d'une inflammation de poitrine.

HONORÉ DE BALZAC

(1799–1850)

❦

BALZAC was born at Tours and died in Paris at the age of fifty-one. For three years he studied law with no success. His play *Cromwell* was a failure, like his ambitious commercial ventures. For five years he toiled at hack journalism and, to satisfy creditors who besieged him all his life, wrote melodramatic "pot boilers" (*Argow le Pirate, Jane la Pâle*). At thirty he fell in love with Madame de Berny, a married woman of forty-six and a god-daughter of Marie Antoinette. This liaison inspired his *Duchess de Langeais*. Probably, too, from Madame de Berny he obtained the local colour for his tale of the Revolution in Paris (*Un Episode sous la Terreur*). Balzac's dream of a love affair with an authentic duchess was realized in his brief, unhappy infatuation with Madame de Castries. In 1832 began his romantic correspondence with a mysterious foreign admirer, the Polish countess Hanska, whom Balzac eventually married five months before his death—solvent at last.

Success came in 1829 with *Les Chouans*, a historical novel about the Breton resistance during the Revolution. Balzac was now launched on his career as a novelist. Creation was a laborious task because he was never satisfied with his own achievement, sometimes revising his manuscripts fifteen times. Yet his productive capacity was terrific, for Balzac often worked eighteen hours a day. In 1830 he published *La Maison du Chat qui pelote* and *Gobseck*; in 1831 *La Peau de Chagrin*; in 1832 *Le Colonel Chabert, Le Curé de Tours* and the autobiographical *Louis Lambert*; in 1833 *Le Médecin de Campagne* and *Eugénie Grandet*. The rhythm of output became more intense as time went on. All these works formed the elements of a stupendous plan which Balzac disclosed in 1842. This was his *Comédie Humaine*, embracing three main groups: *Études de mœurs, Études philosophiques* and *Études analytiques*. The first, which includes the majority of his ninety-six novels, is subdivided into *Scènes de la vie de province, de la vie politique, de la vie parisienne, de la vie privée, de la vie de campagne.*

Balzac did not live to complete his grandiose scheme, but has left us, nevertheless, an incomparable panorama of *mœurs*, "le musée vivant d'un siècle".

All Balzac's creations spring from his almost mystic conception of the role played by passion in our daily life. Other novelists had portrayed the tragic effects of passion on the destiny of the individual. With the larger vision of genius, Balzac traces its incalculable repercussions throughout the whole social organism. His work acquires thereby a cosmic significance. In *La Cousine Bette*, for instance, we observe the relentless process by which the besetting vice of Hulot, a man of fine generous instincts, finally destroys a family; and the family is for Balzac the very basis of society, whilst passion is the basic faculty in man's psychological structure. It is the force that creates society and, if uncontrolled, wrecks it. Therefore, all his novels are at once faithful re-creations of some aspect of social life and illustrations of the workings, either of an individual passion, or, as in *Les Paysans*, of a coalition of petty passions. That is why he constantly insists on the need for restoring Catholicism which he described as a complete system, designed to repress the depraved tendencies of man, and therefore, the greatest element in the social order. Yet, with the integrity of the true artist, Balzac reveals also the baneful effects, inside the Church, of uncontrolled passion. *Le Curé de Tours* unfolds a sombre drama of ambition, vindictiveness and intrigue, and its central figure is the priest, Troubert.

Passion, in the Balzacian sense, is an incurable thing, implacable as the Fate of the Ancients, and his great characters change for evil, seldom for good. Hulot and Cousine Bette carry their vices to the grave. Le Père Goriot's last words reveal the sublime persistence of his obsessing folly; Claes in the *Recherche de l'Absolu* is killed by a report that the Absolute has been discovered; Grandet expires dreadfully, clutching at the glittering crucifix held out by the priest. The enigmatic and satanic Vautrin is an exception, for reasons which illuminate Balzac's power of penetrating by imaginative sympathy into the darkest recesses of the soul. And this, after all, is the true explanation of his greatness. Volumes have been written about his talent for reconstructing, in minutest detail, the material environment of his characters. But a talent for recomposing impressions or perceptions is one thing: the novelist requires something more if he is to impart life and individuality to his creations. Balzac was not only a faithful and unremitting observer of external realities. He possessed also that faculty of self-hallucination which enables the great dramatic poets to experience vicariously, yet totally, the different emotions and passions they attribute to their characters. Balzac could follow the course of his imagination to the point of hallucination. And like the great dramatic poets he created superhuman figures. No one in real life was ever a miser on the plane of a Grandet, or so possessed by the mania of paternal love as a Goriot, or a criminal of the immensity of Vautrin. Yet they are potentially real and by the hypnotic influence of his art Balzac convinces us of their reality.

HONORÉ DE BALZAC

UN EPISODE SOUS LA TERREUR

Le 22 janvier 1793, vers huit heures du soir, une vieille dame descendait, à Paris, l'éminence rapide qui finit devant l'église Saint-Laurent, dans le faubourg Saint-Martin. Il avait tant neigé pendant toute la journée, que les pas s'entendaient à peine. Les rues étaient désertes. La crainte assez naturelle qu'inspirait le silence s'augmentait de toute la terreur qui faisait alors gémir la France; aussi la vieille dame n'avait-elle encore rencontré personne; sa vue affaiblie depuis longtemps ne lui permettait pas d'ailleurs d'apercevoir dans le lointain, à la lueur des lanternes, quelques passants clairsemés[1] comme des ombres dans l'immense voie de ce faubourg. Elle allait courageusement seule à travers cette solitude, comme si son âge était un talisman qui dût la préserver de tout malheur. Quand elle eut dépassé la rue des Morts, elle crut distinguer le pas lourd et ferme d'un homme qui marchait derrière elle. Elle s'imagina qu'elle n'entendait pas ce bruit pour la première fois; elle s'effraya d'avoir été suivie, et tenta d'aller plus vite encore afin d'atteindre à[2] une boutique assez bien éclairée, espérant pouvoir vérifier à la lumière les soupçons dont elle était saisie. Aussitôt qu'elle se trouva dans le rayon de lueur horizontale qui partait de cette boutique, elle retourna brusquement la tête, et entrevit une forme humaine dans le brouillard; cette indistincte vision lui suffit, elle chancela un moment sous le poids de la terreur dont elle fut accablée, car elle ne douta plus alors qu'elle n'eût été escortée par l'inconnu depuis le premier pas qu'elle avait fait hors de chez elle, et le désir d'échapper à un espion lui prêta des forces. Incapable de raisonner, elle doubla le pas,[3] comme si elle pouvait se soustraire à un homme nécessairement plus agile qu'elle. Après avoir couru pendant quelques

[1] *clairsemés*: thinly scattered.   [2] *atteindre à*: reach.
[3] *doubla le pas*: quickened her pace.

29

minutes, elle parvint à la boutique d'un pâtissier, y entra et tomba, plutôt qu'elle ne s'assit, sur[1] une chaise placée devant le comptoir. Au moment où elle fit crier le loquet de la porte, une jeune femme occupée à broder leva les yeux, reconnut, à travers les carreaux du vitrage, la mante de forme antique et de soie violette dans laquelle la vieille dame était enveloppée, et s'empressa d'ouvrir un tiroir comme pour y prendre une chose qu'elle devait lui remettre. Non seulement le geste et la physionomie de la jeune femme exprimèrent le désir de se débarrasser promptement de l'inconnue, comme si c'eût été une de ces personnes qu'on ne voit pas avec plaisir, mais encore elle laissa échapper une expression d'impatience en trouvant le tiroir vide; puis, sans regarder la dame, elle sortit précipitamment du comptoir, alla vers l'arrière-boutique, et appela son mari, qui parut tout à coup.

"Où donc as-tu mis...?" lui demanda-t-elle d'un air de mystère en lui désignant la vieille dame par un coup d'œil sans achever la phrase.

Quoique le pâtissier ne pût voir que l'immense bonnet de soie noire environné de rubans violets qui servait de coiffure à l'inconnue, il disparut après avoir jeté à sa femme un regard qui semblait dire: "Crois-tu que je vais laisser cela dans ton comptoir?...." Étonnée du silence et de l'immobilité de la vieille dame, la marchande revint auprès d'elle; et, en la voyant, elle se sentit saisie d'un mouvement de compassion ou peut-être aussi de curiosité. Quoique le teint de cette femme fût naturellement livide comme celui d'une personne vouée à des austérités secrètes, il était facile de reconnaître qu'une émotion récente y répandait une pâleur extraordinaire. Sa coiffure était disposée de manière à cacher ses cheveux, sans doute blanchis par l'âge; car la propreté du collet de sa robe annonçait qu'elle ne portait pas de poudre. Ce manque d'ornement faisait contracter à sa figure une sorte de sévérité religieuse. Ses traits étaient graves et fiers. Autrefois les manières et les habitudes des gens de qualité étaient si différentes de celles des gens appartenant aux autres

---

[1] *tomba...sur*: collapsed into rather than sat down on.

classes, qu'on devinait facilement une personne noble. Aussi la jeune femme était-elle persuadée que l'inconnue était une *ci-devant*,[1] et qu'elle avait appartenu à la cour.

"Madame?..." lui dit-elle involontairement et avec respect en oubliant que ce titre était proscrit.

La vieille dame ne répondit pas. Elle tenait ses yeux fixés sur le vitrage de la boutique, comme si un objet effrayant y eût été dessiné.

"Qu'as-tu, citoyenne?" demanda le maître du logis qui reparut tout aussitôt.

Le citoyen pâtissier tira la dame de sa rêverie en lui tendant une petite boîte de carton couvert en papier bleu.

"Rien, rien, mes amis," répondit-elle d'une voix douce.

Elle leva les yeux sur le pâtissier comme pour lui jeter un regard de remercîment; mais en lui voyant un bonnet rouge sur la tête, elle laissa échapper un cri.

"Ah!...vous m'avez trahie!..."

La jeune femme et son mari répondirent par un geste d'horreur qui firent rougir l'inconnue, soit de les avoir soupçonnés, soit de plaisir.

"Excusez-moi," dit-elle alors avec une douceur enfantine. Puis, tirant un louis d'or de sa poche, elle le présenta au pâtissier: "Voici le prix convenu," ajouta-t-elle.

Il y a une indigence que les indigents savent deviner. Le pâtissier et sa femme se regardèrent et se montrèrent[2] la vieille femme en se communiquant une même pensée. Ce louis d'or devait être le dernier. Les mains de la dame tremblaient en offrant cette pièce, qu'elle contemplait avec douleur et sans avarice; mais elle semblait connaître toute l'étendue du sacrifice. Le jeûne[3] et la misère étaient gravés sur cette figure en traits aussi lisibles que ceux de la peur et·des habitudes ascétiques. Il y avait dans ses

---

[1] *ci-devant*: literally means "formerly"; former aristocrat. Name given by the revolutionaries of 1789 to anyone connected by rank or position with the former régime.

[2] *se montrèrent*: drew each other's attention to.

[3] *le jeûne*: fasting; here, starvation.

vêtements des vestiges de magnificence. C'était de la soie usée, une mante propre, quoique passée, des dentelles soigneusement raccommodées; enfin les haillons de l'opulence! Les marchands, placés entre la pitié et l'intérêt, commencèrent par soulager leur conscience en paroles.

"Mais, citoyenne, tu parais bien faible."

"Madame aurait-elle besoin de prendre quelque chose?" reprit la femme en coupant la parole à son mari.

"Nous avons de bien bon bouillon," dit le pâtissier.

"Il fait si froid, madame aura peut-être été saisie en marchant; mais vous pouvez vous reposer ici et vous chauffer un peu."

"Nous ne sommes pas aussi noirs que le diable," s'écria le pâtissier.

Gagnée par l'accent de bienveillance qui animait les paroles des charitables boutiquiers, la dame avoua qu'elle avait été suivie par un homme, et qu'elle avait peur de revenir seule chez elle.

"Ce n'est que cela?" reprit l'homme au bonnet rouge. "Attends-moi, citoyenne."

Il donna le louis à sa femme. Puis, mû par cette espèce de reconnaissance qui se glisse dans l'âme d'un marchand quand il reçoit un prix exorbitant d'une marchandise de médiocre valeur, il alla mettre son uniforme de garde national, prit son chapeau, passa son briquet[1] et reparut sous les armes: mais sa femme avait eu le temps de réfléchir. Comme dans bien d'autres cœurs, la réflexion ferma la main ouverte de la bienfaisance. Inquiète et craignant de voir son mari dans quelque mauvaise affair, la femme le tira par le pan de son habit pour l'arrêter; mais, obéissant à un sentiment de charité, le brave homme offrit sur-le-champ à la vieille dame de l'escorter.

"Il paraît que l'homme dont a peur la citoyenne est encore à rôder[2] autour de la boutique," dit vivement la jeune femme.

"Je le crains," dit naïvement la dame.

"Si c'était un espion? si c'était une conspiration! N'y va pas, et reprends-lui la boîte..."

[1] *briquet*: here, short sabre: usually, cigarette-lighter.   [2] *rôder*: wander, rove.

Ces paroles, soufflées à l'oreille du pâtissier par sa femme, glacèrent le courage impromptu dont il était possédé.

"Eh! je m'en vais lui dire deux mots, et vous en débarrasser sur-le-champ?" s'écria le pâtissier en ouvrant la porte et sortant avec précipitation.

La vieille dame, passive comme un enfant et presque hébétée, se rassit sur sa chaise. L'honnête marchand ne tarda pas à reparaître; son visage, assez rouge de son naturel et enluminé d'ailleurs par le feu du four, était subitement devenu blême; une si grande frayeur l'agitait que ses jambes tremblaient et que ses yeux ressemblaient à ceux d'un homme ivre.

"Veux-tu nous faire couper le cou, misérable aristocrate?..." s'écria-t-il avec fureur. "Songe à nous montrer les talons, ne reparais jamais ici, et ne compte pas sur moi pour te fournir des éléments de conspiration!"

En achevant ces mots, le pâtissier essaya de reprendre à la vieille dame la petite boîte qu'elle avait mise dans une de ses poches. A peine les mains hardies du pâtissier touchèrent-elles ses vêtements, que l'inconnue, préférant se livrer aux dangers de la route sans autre défenseur que Dieu, plutôt que de perdre ce qu'elle venait d'acheter, retrouva l'agilité de sa jeunesse; elle s'élança vers la porte, l'ouvrit brusquement, et disparut aux yeux de la femme et du mari stupéfaits et tremblants. Aussitôt que l'inconnue se trouva dehors, elle se mit à marcher avec vitesse; mais ses forces la trahirent bientôt, car elle entendit l'espion par lequel elle était impitoyablement suivie, faisant crier la neige qu'il pressait de son pas pesant;[1] elle fut obligée de s'arrêter, il s'arrêta; elle n'osait ni lui parler ni le regarder, soit par suite de la peur dont elle était saisie, soit par manque d'intelligence. Elle continua son chemin en allant lentement, l'homme ralentit alors son pas de manière à rester à une distance qui lui permettait de veiller sur[2] elle. L'inconnu semblait être l'ombre même de cette vieille femme. Neuf heures sonnèrent quand le couple silencieux

---

[1] *faisant...pesant*: his heavy footsteps making a squeaking noise in the snow.
[2] *veiller sur*: keep watch on.

repassa devant l'église de Saint-Laurent. Il est dans la nature de toutes les âmes, même la plus infirme, qu'un sentiment de calme succède à une agitation violente, car, si les sentiments sont infinis, nos organes sont bornés. Aussi l'inconnue, n'éprouvant aucun mal de son prétendu persécuteur, voulut-elle voir en lui un ami secret empressé de la protéger; elle réunit toutes les circonstances qui avaient accompagné les apparitions de l'étranger comme pour trouver des motifs plausibles à cette consolante opinion, et il lui plut alors de reconnaître en lui plutôt de bonnes que de mauvaises intentions. Oubliant l'effroi que cet homme venait d'inspirer au pâtissier, elle avança donc d'un pas ferme dans les régions supérieures du faubourg Saint-Martin. Après une demi-heure de marche, elle parvint à une maison située auprès de l'embranchement formé par la rue principale du faubourg et par celle qui mène à la barrière de Pantin. Ce lieu est encore aujourd'hui un des plus déserts de tout Paris. La bise, passant sur les buttes[1] Saint-Chaumont et de Belleville, sifflait à travers les maisons, ou plutôt les chaumières, semées dans ce vallon presque inhabité où les clôtures sont en murailles faites avec de la terre et des os. Cet endroit désolé semblait être l'asile naturel de la misère et du désespoir. L'homme qui s'acharnait à la poursuite de la pauvre créature assez hardie pour traverser nuitamment ces rues silencieuses, parut frappé du spectacle qui s'offrait à ses regards. Il resta pensif, debout et dans une attitude d'hésitation, faiblement éclairé par un réverbère dont la lueur indécise perçait à peine le brouillard. La peur donna des yeux à la vieille femme, qui crut apercevoir quelque chose de sinistre dans les traits de l'inconnu; elle sentit ses terreurs se réveiller, et profita de l'espèce d'incertitude qui arrêtait cet homme pour se glisser dans l'ombre vers la porte de la maison solitaire; elle fit jouer un ressort,[2] et disparut avec une rapidité fantasmagorique. Le passant, immobile, contemplait cette maison, qui présentait en quelque sorte le type des misérables habitations de ce faubourg.

[1] *butte* : mounds or rises: Buttes Chaumont to-day is a park in north-east Paris.
[2] *fit...ressort*: literally, set a spring in motion. Tr.: released a spring-lock.

Cette chancelante bicoque bâtie en moellons[1] était revêtue d'une couche de plâtre jauni, si fortement lézardée,[2] qu'on craignait de la voir tomber au moindre effort du vent. Le toit de tuiles brunes et couvert de mousse s'affaissait[3] en plusieurs endroits de manière à faire croire qu'il allait céder sous le poids de la neige. Chaque étage avait trois fenêtres dont les châssis,[4] pourris par l'humidité et disjoints par l'action du soleil, annonçaient que le froid devait pénétrer dans les chambres. Cette maison isolée ressemblait à une vieille tour que le temps oubliait de détruire. Une faible lumière éclairait les croisées qui coupaient irrégulièrement la mansarde par laquelle ce pauvre édifice était terminé, tandis que le reste de la maison se trouvait dans une obscurité complète. La vieille femme ne monta pas sans peine l'escalier rude et grossier, le long duquel on s'appuyait sur une corde en guise de rampe; elle frappa mystérieusement à la porte du logement qui se trouvait dans la mansarde, et s'assit avec précipitation sur une chaise que lui présenta un vieillard.

"Cachez-vous, cachez-vous!" lui dit-elle. "Quoique nous ne sortions que bien rarement, nos démarches sont connues, nos pas sont épiés."

"Qu'y a-t-il de nouveau?" demanda une autre vieille femme assise auprès du feu.

"L'homme qui rôde autour de la maison depuis hier m'a suivie ce soir."

A ces mots, les trois habitants de ce taudis[5] se regardèrent en laissant paraître sur leurs visages les signes d'une terreur profonde. Le vieillard fut le moins agité des trois, peut-être parce qu'il était le plus en danger. Sous le poids d'un grand malheur ou sous le joug de la persécution, un homme courageux commence, pour ainsi dire, par faire le sacrifice de lui-même, il ne considère ses jours que comme autant de victoires remportées sur le sort. Les regards des deux femmes, attachés sur ce vieillard, laissaient

---

[1] *chancelante...moellons*: ramshackle dwelling built of rubble.
[2] *lézardée*: split, cracked. [3] *s'affaissait*: was collapsing.
[4] *châssis*: sashes. [5] *taudis*: hovel.

facilement deviner qu'il était l'unique objet de leur vive sollicitude.

"Pourquoi désespérer de Dieu, mes sœurs," dit-il d'une voix sourde mais onctueuse, "nous chantions ses louanges au milieu des cris que poussaient les assassins et les mourants au couvent des Carmes. S'il a voulu que je fusse sauvé de cette boucherie, c'est sans doute pour me réserver à une destinée que je dois accepter sans murmurer. Dieu protège les siens, il peut en disposer à son gré. C'est de vous, et non de moi qu'il faut s'occuper."

"Non," dit l'une des deux vieilles femmes, "qu'est-ce que notre vie en comparaison de celle d'un prêtre?"

"Une fois que je me suis vue hors de l'abbaye de Chelles, je me suis considérée comme morte," s'écria celle des deux religieuses qui n'était pas sortie.

"Voici," reprit celle qui arrivait en tendant la petite boîte au prêtre, "voici les hosties.[1] Mais," s'écria-t-elle, "j'entends monter les degrés."

A ces mots, tous trois ils se mirent à écouter. Le bruit cessa.

"Ne vous effrayez pas," dit le prêtre, "si quelqu'un essaye de parvenir jusqu'à vous. Une personne sur la fidélité de laquelle nous pouvons compter a dû prendre toutes ses mesures pour passer la frontière, et viendra chercher les lettres que j'ai écrites au duc de Langeais et au marquis de Beauséant, afin qu'ils puissent aviser aux moyens de vous arracher à cet affreux pays, à la mort ou à la misère qui vous y attendent."

"Vous ne nous suivrez donc pas?" s'écrièrent doucement les deux religieuses en manifestant une sorte de désespoir.

"Ma place est là où il y a des victimes," dit le prêtre avec simplicité.

Elles se turent et regardèrent leur hôte avec une sainte admiration.

"Sœur Marthe," dit-il en s'adressant à la religieuse qui était allée chercher les hosties, "cet envoyé devra répondre *Fiat voluntas,* au mot *Hosanna.*"

[1] *hostie*: holy wafers.

"Il y a quelqu'un dans l'escalier!" s'écria l'autre religieuse en ouvrant une cachette pratiquée sous le toit.[1]

Cette fois, il fut facile d'entendre, au milieu du plus profond silence, les pas d'un homme qui faisait retentir les marches couvertes de callosités produites par de la boue durcie. Le prêtre se coula péniblement dans une espèce d'armoire, et la religieuse jeta quelques hardes[2] sur lui.

"Vous pouvez fermer, sœur Agathe," dit-il d'une voix étouffée.

A peine le prêtre était-il caché, que trois coups frappés sur la porte firent tressaillir les deux saintes filles, qui se consultèrent des yeux sans oser prononcer une seule parole. Elles paraissaient avoir toutes deux une soixantaine d'années. Séparées du monde depuis quarante ans, elles étaient comme des plantes habituées à l'air d'une serre, et qui meurent si on les en sort. Accoutumées à la vie du couvent, elles n'en pouvaient plus concevoir d'autre. Un matin, leurs grilles ayant été brisées, elles avaient frémi de se trouver libres. On peut aisément se figurer l'espèce d'imbécillité factice que les événements de la Révolution avaient produite dans leurs âmes innocentes. Incapables d'accorder leurs idées claustrales avec les difficultés de la vie, et ne comprenant même pas leur situation, elles ressemblaient à des enfants dont on a pris soin jusqu'alors, et qui, abandonnés par leur providence maternelle, priaient au lieu de crier. Aussi, devant le danger qu'elles prévoyaient en ce moment, demeurèrent-elles muettes et passives, ne connaissant d'autre défense que la résignation chrétienne. L'homme qui demandait à entrer interpréta ce silence à sa manière; il ouvrit la porte et se montra tout à coup. Les deux religieuses frémirent en reconnaissant le personnage qui, depuis quelque temps, rôdait autour de leur maison et prenait des informations sur leur compte;[3] elles restèrent immobiles en le contemplant avec une curiosité inquiète, à la manière des enfants sauvages, qui examinent silencieusement les étrangers. Cet homme était de haute taille et gros; mais rien dans sa démarche,

---

[1] *cachette...toit*: hiding-place (made) under the roof.
[2] *hardes*: articles of clothing; clothes. [3] *sur leur compte*: about them.

dans son air ni dans sa physionomie n'indiquait un méchant homme. Il imita l'immobilité des religieuses, et promena lentement ses regards sur la chambre où il se trouvait.

Deux nattes de paille, posées sur des planches, servaient de lit aux deux religieuses. Une seule table était au milieu de la chambre, et il y avait dessus un chandelier de cuivre, quelques assiettes, trois couteaux et un pain rond. Le feu de la cheminée était modeste. Quelques morceaux de bois, entassés dans un coin, attestaient d'ailleurs la pauvreté des deux recluses. Les murs, enduits d'une couche de peinture très ancienne, prouvaient le mauvais état de la toiture, où des taches, semblables à des filets bruns, indiquaient les infiltrations des eaux pluviales. Une relique, sans doute sauvée du pillage de l'abbaye de Chelles, ornait le manteau de la cheminée. Trois chaises, deux coffres et une mauvaise commode complétaient l'ameublement de cette pièce. Une porte pratiquée auprès de la cheminée faisait conjecturer qu'il existait une seconde chambre.

L'inventaire de cette cellule fut bientôt fait par le personnage qui s'était introduit sous de si terribles auspices au sein de ce ménage. Un sentiment de commisération se peignit sur sa figure, et il jeta un regard de bienveillance sur les deux filles, au moins aussi embarrassé qu'elles. L'étrange silence dans lequel ils demeurèrent tous trois dura peu, car l'inconnu finit par deviner la faiblesse morale et l'inexpérience des deux pauvres créatures, et il leur dit d'une voix qu'il essaya d'adoucir:

"Je ne viens point ici en ennemi, citoyennes..." Il s'arrêta et se reprit pour dire: "Mes sœurs, s'il vous arrivait quelque malheur, croyez que je n'y aurais pas contribué. J'ai une grâce à réclamer de vous."

Elles gardèrent toujours le silence.

"Si je vous importunais, si... je vous gênais, parlez librement ... je me retirerais; mais sachez que je vous suis tout dévoué; que, s'il est quelque bon office que je puisse vous rendre, vous pouvez m'employer sans crainte, et que moi seul, peut-être, suis au-dessus de la loi, puisqu'il n'y a plus de roi..."

Il y avait un tel accent de vérité dans ces paroles, que la sœur Agathe, celle des deux religieuses qui appartenait à la maison de Langeais, et dont les manières semblaient annoncer qu'elle avait autrefois connu l'éclat des fêtes et respiré l'air de la cour, s'empressa d'indiquer une des chaises comme pour prier leur hôte de s'asseoir. L'inconnu manifesta une sorte de joie mêlée de tristesse en comprenant ce geste, et attendit pour prendre place que les deux respectables filles fussent assises.

"Vous avez donné asile," reprit-il, "à un vénérable prêtre non assermenté,[1] qui a miraculeusement échappé aux massacres des Carmes."

"*Hosanna!* . . ." dit la sœur Agathe en interrompant l'étranger et le regardant avec une inquiète curiosité.

"Il ne se nomme pas ainsi, je crois," répondit-il.

"Mais, monsieur," dit vivement la sœur Marthe," nous n'avons pas de prêtre ici, et. . ."

"Il faudrait alors avoir plus de soin et de prévoyance," répliqua doucement l'étranger en avançant le bras vers la table et y prenant un bréviaire. "Je ne pense pas que vous sachiez le latin, et. . ."

Il ne continua pas, car l'émotion extraordinaire qui se peignit sur les figures des deux pauvres religieuses lui fit craindre d'avoir été trop loin, elles étaient tremblantes et leurs yeux s'emplirent de larmes.

"Rassurez-vous," leur dit-il d'une voix franche, "je sais le nom de votre hôte et les vôtres, et depuis trois jours je suis instruit de votre détresse et de votre dévouement pour le vénérable abbé de. . ."

"Chut!" dit naïvement sœur Agathe en mettant un doigt sur ses lèvres.

"Vous voyez, mes sœurs, que, si j'avais conçu l'horrible dessein de vous trahir, j'aurais déjà pu l'accomplir plus d'une fois. . ."

---

[1] *non assermenté*: unsworn, i.e. who had not taken the oath in 1790 to the Civil Constitution of the clergy.

En entendant ces paroles, le prêtre se dégagea de sa prison et reparut au milieu de la chambre.

"Je ne saurais croire, monsieur," dit-il à l'inconnu, "que vous soyez un de nos persécuteurs, et je me fie à vous. Que voulez-vous de moi?"

La sainte confiance du prêtre, la noblesse répandue dans tous ses traits auraient désarmé des assassins. Le mystérieux personnage qui était venu animer cette scène de misère et de résignation contempla pendant un moment le groupe formé par ces trois êtres; puis il prit un ton de confidence, s'adressa au prêtre en ces termes:

"Mon père, je venais vous supplier de célébrer une messe mortuaire pour le repos de l'âme...d'un...d'une personne sacrée et dont le corps ne reposera jamais dans la terre sainte..."

Le prêtre frissonna involontairement. Les deux religieuses, ne comprenant pas encore de qui l'inconnu voulait parler, restèrent le cou tendu, le visage tourné vers les deux interlocuteurs, et dans une attitude de curiosité. L'ecclésiastique examina l'étranger: une anxiété non équivoque était peinte sur sa figure et ses regards exprimaient d'ardentes supplications.

"Eh bien!" répondit le prêtre, "ce soir, à minuit, revenez, et je serai prêt à célébrer le seul service funèbre que nous puissions offrir en expiation du crime dont vous parlez..."

L'inconnu tressaillit, mais une satisfaction tout à la fois douce et grave parut triompher d'une douleur secrète. Après avoir respectueusement salué le prêtre et les deux saintes filles, il disparut en témoignant une sorte de reconnaissance muette qui fut comprise par ces trois âmes généreuses. Environ deux heures après cette scène, l'inconnu revint, frappa discrètement à la porte du grenier, et fut introduit par mademoiselle de Beauséant, qui le conduisit dans la seconde chambre de ce modeste réduit, où tout avait été préparé pour la cérémonie. Entre deux tuyaux de la cheminée, les deux religieuses avaient apporté la vieille commode dont les contours antiques étaient ensevelis sous un magnifique devant d'autel en moire[1] verte. Un grand crucifix d'ébène et d'ivoire, attaché sur le mur jaune, en faisait ressortir la nudité et attirait nécessairement les regards. Quatre petits cierges fluets, que les sœurs avaient réussi à fixer sur cet autel improvisé en les scellant dans de la cire à cacheter, jetaient une lueur pâle et mal réfléchie par le mur. Cette faible lumière éclairait à peine le reste de la chambre; mais, en ne donnant son éclat qu'aux choses saintes, elle ressemblait à un rayon tombé du ciel sur cet autel sans ornement. Le carreau était humide. Le toit, qui, des deux côtés, s'abaissait rapidement, comme dans les greniers, avait quelques lézardes[2] par lesquelles passait un vent glacial. Rien n'était moins pompeux, et cependant rien peut-être ne fut plus solennel que cette cérémonie lugubre. Un profond silence, qui aurait permis d'entendre le plus léger cri proféré sur la route d'Allemagne, répandait une sorte de majesté sombre sur cette scène nocturne. Enfin la grandeur de l'action contrastait si fortement avec la pauvreté des choses, qu'il en résultait un sentiment d'effroi religieux. De chaque côté de l'autel, les deux vieilles recluses, agenouillées sur la tuile du plancher sans s'inquiéter de son humidité mortelle, priaient de concert avec le prêtre, qui, revêtu de ses habits pontificaux, disposait un calice d'or orné de pierres précieuses, vase sacré sauvé sans doute du pillage de l'abbaye de Chelles. Auprès de ce ciboire, monument d'une royale magnificence, l'eau et le vin destinés au saint sacrifice étaient contenus dans deux verres à peine dignes du dernier cabaret. Faute de missel, le prêtre avait déposé son bréviaire sur un coin de l'autel. Une assiette commune était préparée pour le lavement des mains innocentes et pures de sang. Tout était immense, mais petit; pauvre, mais noble; profane et saint tout à la fois. L'inconnu vint pieusement s'agenouiller entre les deux religieuses. Mais tout à coup, en apercevant un crêpe au calice et au crucifix, car, n'ayant rien pour annoncer la destination de cette messe funèbre, le prêtre avait mis Dieu lui-même en

---

[1] *moire*: watered silk. [2] *lézardes*: cracks.
[3] *ciboire*: pyx.

deuil, il fut assailli d'un souvenir si puissant, que des gouttes de sueur se formèrent sur son large front. Les quatre silencieux acteurs de cette scène se regardèrent alors mystérieusement; puis leurs âmes, agissant à l'envi les unes sur les autres, se communiquèrent ainsi leurs sentiments et se confondirent dans une commisération religieuse: il semblait que leur pensée eût évoqué le martyr dont les restes avaient été dévorés par de la chaux vive,[1] et que son ombre fût devant eux dans toute sa royale majesté. Ils célébraient un *obit*[2] sans le corps du défunt. Sous ces tuiles et ces lattes disjointes, quatre chrétiens allaient intercéder auprès de Dieu pour un roi de France et faire son convoi sans cercueil. C'était le plus pur de tous les dévouements, un acte étonnant de fidélité accompli sans arrière-pensée. Ce fut sans doute aux yeux de Dieu, comme le verre d'eau qui balance les plus grandes vertus. Toute la monarchie était là, dans les prières d'un prêtre et de deux pauvres filles, mais peut-être aussi la Révolution était-elle représentée par cet homme dont la figure trahissait trop de remords pour ne pas croire qu'il accomplissait les vœux d'un immense repentir.

Au lieu de prononcer les paroles latines: *Introibo ad altare Dei*, etc., le prêtre, par une inspiration divine, regarda les trois assistants qui figuraient la France chrétienne et leur dit, pour effacer les misères de ce taudis:

"Nous allons entrer dans le sanctuaire de Dieu!"

A ces paroles jetées avec une onction pénétrante, une sainte frayeur saisit l'assistant et les deux religieuses. Sous les voûtes de Saint-Pierre de Rome, Dieu ne se serait pas montré plus majestueux qu'il le fut alors dans cet asile de l'indigence aux yeux de ces chrétiens: tant il est vrai qu'entre l'homme et lui tout intermédiaire semble inutile, et qu'il ne tire sa grandeur que de lui-même. La ferveur de l'inconnu était vraie. Aussi le sentiment qui unissait les prières de ces quatre serviteurs de Dieu et du roi fut-il unanime. Les paroles saintes retentissaient comme une musique céleste au milieu du silence. Il y eut un moment où les

---

[1] *chaux vive*: quicklime.   [2] *obit*: memorial service.

pleurs gagnèrent l'inconnu, ce fut au *Pater noster*. Le prêtre y ajouta cette prière latine, qui fut sans doute comprise par l'étranger: *Et remitte scelus regicidis sicut Ludovicus eis remisit semetipse* (Et pardonnez aux régicides comme Louis XVI leur a pardonné lui-même).

Les deux religieuses virent deux grosses larmes traçant un chemin humide le long des joues mâles de l'inconnu et tombant sur le plancher. L'office des morts fut récité. Le *Domine salvum fac regem*,[1] chanté à voix basse, attendrit ces fidèles royalistes qui pensèrent que l'enfant-roi, pour lequel ils suppliaient en ce moment le Très-Haut, était captif entre les mains de ses ennemis. L'inconnu frissonna en songeant qu'il pouvait encore se commettre un nouveau crime auquel il serait sans doute forcé de participer. Quand le service funèbre fut terminé, le prêtre fit un signe aux deux religieuses, qui se retirèrent. Aussitôt qu'il se trouva seul avec l'inconnu, il alla vers lui d'un air doux et triste; puis il lui dit d'une voix paternelle: "Mon fils, si vous avez trempé vos mains dans le sang du roi martyr, confiez-vous à moi. Il n'est pas de faute qui, aux yeux de Dieu, ne soit effacée par un repentir aussi touchant et aussi sincère que le vôtre paraît l'être."

Aux premiers mots prononcés par l'ecclésiastique, l'étranger laissa échapper un mouvement de terreur involontaire; mais il reprit une contenance calme, et regarda avec assurance le prêtre étonné: "Mon père," lui dit-il d'une voix visiblement altérée, "nul n'est plus innocent que moi du sang versé..."

"Je dois vous croire," dit le prêtre...

Il fit une pause pendant laquelle il examina derechef son pénitent; puis, persistant à le prendre pour un de ces peureux conventionnels[2] qui livrèrent une tête inviolable et sacrée afin de conserver la leur, il reprit d'une voix grave: "Songez, mon fils, qu'il ne suffit pas pour être absous de ce grand crime, de n'y avoir pas coopéré. Ceux qui, pouvant défendre le roi, ont laissé

---

[1] *Domine salvum fac regem*: God save the King.
[2] *conventionnels*: i.e. members of the *Convention Nationale* which voted the execution of Louis XVI.

leur épée dans le fourreau, auront un compte bien lourd à rendre devant le Roi des cieux... Oh! oui," ajouta le vieux prêtre en agitant la tête de droite à gauche par un mouvement expressif, "oui, bien lourd!...car, en restant oisifs, ils sont devenus les complices involontaires de cet épouvantable forfait..."

"Vous croyez," demanda l'inconnu stupéfait, "qu'une participation indirecte sera punie...Le soldat qui a été commandé pour former la haie[1] est-il donc coupable?..."

Le prêtre demeura indécis. Heureux de l'embarras dans lequel il mettait ce puritain de la royauté en le plaçant entre le dogme de l'obéissance passive qui doit, selon les partisans de la monarchie, dominer les codes militaires, et le dogme tout aussi important qui consacre le respect dû à la personne des rois, l'étranger s'empressa de voir dans l'hésitation du prêtre une solution à des doutes par lesquels il paraissait tourmenté. Puis, pour ne pas laisser le vénérable janséniste réfléchir plus longtemps, il lui dit: "Je rougirais de vous offrir un salaire quelconque du service funéraire que vous venez de célébrer pour le repos de l'âme du roi et pour l'acquit de ma conscience. On ne peut payer une chose inestimable que par une offrande qui soit aussi hors de prix. Daignez donc accepter, monsieur, le don que je vous fais d'une sainte relique... Un jour viendra peut-être où vous en comprendrez la valeur."

En achevant ces mots, l'étranger présentait à l'ecclésiastique une petite boîte extrêmement légère; le prêtre la prit involontairement pour ainsi dire, car la solennité des paroles de cet homme, le ton qu'il y mit, le respect avec lequel il tendit cette boîte l'avaient plongé dans une profonde surprise. Ils rentrèrent alors dans la pièce où les deux religieuses les attendaient.

"Vous êtes," leur dit l'inconnu, "dans une maison dont le propriétaire, Mucius Scævola, ce plâtrier qui habite le premier étage, est célèbre dans la section par son patriotisme; mais il est secrètement attaché aux Bourbons. Jadis il était piqueur[2] de monseigneur le prince de Conti, et il lui doit sa fortune. En ne

[1] *former la haie*: fall into line, e.g. in a firing squad. [2] *piqueur*: huntsman.

sortant pas de chez lui, vous êtes plus en sûreté ici qu'en aucun lieu de la France. Restez-y. Des âmes pieuses veilleront à vos besoins, et vous pourrez attendre sans danger des temps moins mauvais. Dans un an, au 21 janvier..." (en prononçant ces derniers mots, il ne put dissimuler un mouvement involontaire), "si vous adoptez ce triste lieu pour asile, je reviendrai célébrer avec vous la messe expiatoire..."

Il n'acheva pas. Il salua les muets habitants du grenier, jeta un dernier regard sur les symptômes qui déposaient de leur indigence, et il disparut.

Pour les deux innocentes religieuses, une semblable aventure avait tout l'intérêt d'un roman; aussi, dès que le vénérable abbé les instruisit du mystérieux présent si solennellement fait par cet homme, la boîte fut-elle placée par elles sur la table, et les trois figures inquiètes, faiblement éclairées par la chandelle, trahirent-elles une indescriptible curiosité. Mademoiselle de Langeais ouvrit la boîte, y trouva un mouchoir de batiste très-fine, souillé de sueur; et en le dépliant, ils y reconnurent des taches.

"C'est du sang!..." dit le prêtre.

"Il est marqué de la couronne royale!" s'écria l'autre sœur.

Les deux sœurs laissèrent tomber la précieuse relique avec horreur. Pour ces deux âmes naïves, le mystère dont s'enveloppait l'étranger devint inexplicable; et, quant au prêtre, dès ce jour il ne tenta même pas de se l'expliquer.

Les trois prisonniers ne tardèrent pas à s'apercevoir, malgré la Terreur, qu'une main puissante était étendue sur eux. D'abord ils reçurent du bois et des provisions; puis, les deux religieuses devinèrent qu'une femme était associée à leur protecteur, quand on leur envoya du linge et des vêtements qui pouvaient leur permettre de sortir sans être remarquées par les modes aristo-cratiques des habits qu'elles avaient été forcées de conserver; enfin Mucius Scævola leur donna deux cartes civiques. Souvent des avis nécessaires à la sûreté du prêtre lui parvinrent par des voies détournées; et il reconnut une telle opportunité[1] dans

---

[1] *opportunité*: opportuneness.

ces conseils, qu'ils ne pouvaient être donnés que par une personne initiée aux secrets de l'État. Malgré la famine qui pesa sur Paris, les proscrits trouvèrent à la porte de leur taudis des rations de *pain blanc* qui y étaient régulièrement apportées par des mains invisibles; néanmoins ils crurent reconnaître dans Mucius Scævola le mystérieux agent de cette bienfaisance toujours aussi ingénieuse qu'intelligente. Les nobles habitants du grenier ne pouvaient pas douter que leur protecteur ne fût le personnage qui était venu célébrer la messe expiatoire dans la nuit du 22 janvier 1793; aussi devint-il l'objet d'un culte tout particulier pour ces trois êtres qui n'espéraient qu'en lui et ne vivaient que par lui. Ils avaient ajouté pour lui des prières spéciales dans leurs prières; soir et matin, ces âmes pieuses formaient des vœux pour son bonheur, pour sa prospérité, pour son salut; elles suppliaient Dieu d'éloigner de lui toutes embûches,[1] de le délivrer de ses ennemis et de lui accorder une vie longue et paisible. Leur reconnaissance étant, pour ainsi dire, renouvelée tous les jours, s'allia nécessairement à un sentiment de curiosité qui devint plus vif de jour en jour. Les circonstances qui avaient accompagné l'apparition de l'étranger étaient l'objet de leurs conversations, ils formaient mille conjectures sur lui, et c'était un bienfait d'un nouveau genre que la distraction dont il était le sujet pour eux. Ils se promettaient bien de ne pas laisser échapper l'étranger à leur amitié le soir où il reviendrait, selon sa promesse, célébrer le triste anniversaire de la mort de Louis XVI. Cette nuit, si impatiemment attendue, arriva enfin. A minuit, le bruit des pas pesants de l'inconnu retentit dans le vieil escalier de bois, la chambre avait été parée pour le recevoir, l'autel était dressé. Cette fois, les sœurs ouvrirent la porte d'avance, et toutes deux s'empressèrent d'éclairer l'escalier. Mademoiselle de Langeais descendit même quelques marches pour voir plus tôt son bienfaiteur.

"Venez," lui dit-elle d'une voix émue et affectueuse, "venez... l'on vous attend."

[1] *embûches*: snares, ambushes.

L'homme leva la tête, jeta un regard sombre sur la religieuse, et ne répondit pas ; elle sentit comme un vêtement de glace tombant sur elle, et garda le silence ; à son aspect, la reconnaissance et la curiosité expirèrent dans tous les cœurs. Il était peut-être moins froid, moins taciturne, moins terrible qu'il le parut à ces âmes que l'exaltation de leurs sentiments disposait aux épanchements de l'amitié.[1] Les trois pauvres prisonniers qui comprirent que cet homme voulait rester un étranger pour eux, se résignèrent. Le prêtre crut remarquer sur les lèvres de l'inconnu un sourire promptement réprimé au moment où il s'aperçut des apprêts qui avaient été faits pour le recevoir ; il entendit la messe et pria ; mais il disparut, après avoir répondu par quelques mots de politesse négative à l'invitation que lui fit mademoiselle de Langeais de partager la petite collation préparée.

Après le 9 thermidor, les religieuses et l'abbé de Marolles purent aller dans Paris, sans y courir le moindre danger. La première sortie du vieux prêtre fut pour un magasin de parfumerie, à l'enseigne de la *Reine des fleurs*, tenu par les citoyen et citoyenne Ragon, anciens parfumeurs de la cour, restés fidèles à la famille royale, et dont se servaient les Vendéens pour correspondre avec les princes et le comité royaliste de Paris. L'abbé, mis comme le voulait cette époque,[2] se trouvait sur le pas de la porte de cette boutique, située entre Saint-Roch et la rue des Frondeurs, quand une foule, qui remplissait la rue Saint-Honoré, l'empêcha de sortir.

"Qu'est-ce ?" dit-il à madame Ragon.

"Ce n'est rien," reprit-elle, "c'est la charrette et le bourreau qui vont à la place Louis XV. Ah ! nous l'avons vu bien souvent l'année dernière ; mais aujourd'hui, quatre jours après l'anniversaire du 21 janvier, on peut regarder cet affreux cortège sans chagrin."

"Pourquoi ?" dit l'abbé ; "ce n'est pas chrétien ce que vous dites."

---

[1] *que...amitié*: who were inclined by the exalted nature of their sentiments to pour out their hearts in friendship.

[2] *comme...époque*: as was the fashion of the time.

"Eh! c'est l'exécution des complices de Robespierre; ils se sont défendus tant qu'ils ont pu, mais ils vont à leur tour là où ils ont envoyé tant d'innocents."

La foule qui remplissait la rue Saint-Honoré passa comme un flot. Au-dessus des têtes, l'abbé de Marolles, cédant à un mouvement de curiosité, vit debout, sur la charrette, celui qui, trois jours auparavant, écoutait sa messe.

"Qui est-ce?..." dit-il, "celui qui..."

"C'est le bourreau," répondit monsieur Ragon en nommant l'exécuteur des hautes œuvres[1] par son nom monarchique.

"Mon ami! mon ami!" cria madame Ragon, "monsieur l'abbé se meurt."

Et la vieille dame prit un flacon de vinaigre pour faire revenir le prêtre évanoui.

"Il m'a sans doute donné," dit-il, "le mouchoir avec lequel le roi s'est essuyé le front, en allant au martyre... Pauvre homme! le couteau d'acier a eu du cœur quand toute la France en manquait!..."

Les parfumeurs crurent que le pauvre prêtre avait le délire.

---

[1] *exécuteur... œuvres*: public executioner.

ALFRED DE VIGNY

(1797–1863)

◈

VIGNY was born at Loches. He came from a noble but impoverished family. Sensitive, intelligent and by no means robust he was unhappy at school where his comrades quickly sensed his *ancien régime* contempt and hatred of the new industrial era and its material aspirations. During the Hundred Days, Vigny served in the army and became a subaltern at the Restoration. To the profession of arms, he brought the ideals, the cult of honour, religion and duty, and that high conception of his personal dignity which were inculcated in him by his parents and aristocratic relations. On leaving the army, in 1827, he married an English lady who became a confirmed invalid and was nursed by her husband for thirty years.

From 1822 until 1837, Vigny published various collections of poems, notably the *Poèmes antiques* and the *Poèmes modernes* which reveal the influence of André Chénier, Byron and above all, the Bible. Though associated with the Romantics and sharing their contempt for pseudo-Classicism, Vigny never regarded poetry as lyrical exhibitionism, or his *moi* as the centre of the universe. Yet he possessed a high conception of the poet's mission and destiny. Here we discover one of the dynamic sources of Vigny's poetic inspiration. It is the idea, orchestrated in all his great works, that the man of genius is doomed to isolation and suffering. Nevertheless, he must fulfil his sacred mission. This is the concept symbolized in *Moïse* and in the tragedy *Chatterton*. In *Eloa*, Vigny confronts the problem of evil in a world created by a God of justice and mercy. Eloa is the symbol of human pity. Born of a tear shed by Christ, she undertakes the salvation of Lucifer, the evil angel, and, deserted by God, falls a victim to Satan. In many poems, Vigny develops this terrible and despairing theme of the indifference of God and Nature to human suffering. In none is it more nobly expressed than in *Le Mont des Oliviers* where Christ vainly invokes divine intervention on behalf of suffering mankind, only to be met with a cold, eternal silence. In *La Mort du Loup*, the poet calls upon humanity to return silence for silence; to accept its destiny with stoic and proud resignation, for there is majesty in human suffering. But the poet brings to mankind a message of hope which is expressed in *L'Esprit pur* and in *La Bouteille à la mer*. The duty and the greatness of man is to pity his fellow-men, for pity confers a spiritual grandeur and force. In the end the Spirit, the Idea, will triumph over evil which is material and therefore ephemeral.

In the short stories which compose *Servitude et grandeur militaire* (1835), and in *Stello* (1832), and in the historical novel *Cinq-Mars* (1826), Vigny embroiders on this theme of disillusionment, of stoic resignation and respect of personal dignity. The last years of his life were spent in comparative isolation, with his sick wife, in his manor of Maine-Giraud.

ALFRED DE VIGNY

LAURETTE OU LE CACHET ROUGE

La grande route d'Artois et de Flandre est longue et triste. Elle s'étend en ligne droite, sans arbres, sans fossés, dans des campagnes unies et pleines d'une boue jaune en tout temps. Au mois de mars 1815, je passai sur cette route, et je fis une rencontre que je n'ai point oubliée depuis.

J'étais seul, j'étais à cheval, j'avais un bon manteau blanc, un habit rouge, un casque noir, des pistolets et un grand sabre; il pleuvait à verse depuis quatre jours et quatre nuits de marche, et je me souviens que je chantais *Jaconde* à pleine voix. J'étais si jeune!—La maison du Roi,[1] en 1814, avait été remplie d'enfants et de vieillards; l'Empire semblait avoir pris et tué les hommes.

Mes camarades étaient en avant, sur la route, à la suite du roi Louis XVIII; je voyais leurs manteaux blancs et leurs habits rouges, tout à l'horizon au nord; les lanciers de Bonaparte, qui surveillaient et suivaient notre retraite pas à pas, montraient de temps en temps la flamme tricolore de leurs lances à l'autre horizon. Un fer perdu avait retardé mon cheval: il était jeune et fort, je le pressai pour rejoindre mon escadron; il partit au grand trot. Je mis la main à ma ceinture, elle était assez garnie d'or; j'entendis résonner le fourreau de fer de mon sabre sur l'étrier,[2] et je me sentis très-fier et parfaitement heureux.

Il pleuvait toujours, et je chantais toujours. Cependant je me tus bientôt, ennuyé de n'entendre que moi, et je n'entendis plus que la pluie et les pieds de mon cheval, qui pataugeaient dans les ornières. Le pavé de la route manqua; j'enfonçais, il fallut prendre le pas.[3] Mes grandes bottes étaient enduites, en dehors, d'une croûte épaisse de boue jaune comme de l'ocre; en dedans elles

---

[1] *maison du Roi*: King's Household Regiment.   [2] *étrier*: stirrup.
[3] *prendre le pas*: slow down to walking pace.

s'emplissaient de pluie. Je regardai mes épaulettes d'or toutes neuves, ma félicité et ma consolation; elles étaient hérissées[1] par l'eau, cela m'affligea.

Mon cheval baissait la tête; je fis comme lui: je me mis à penser, et je me demandai, pour la première fois, où j'allais. Je n'en savais absolument rien; mais cela ne m'occupa pas longtemps: j'étais certain que mon escadron étant là, là aussi était mon devoir. Comme je sentais en mon cœur un calme profond et inaltérable, j'en rendis grâce à ce sentiment ineffable du Devoir, et je cherchai à me l'expliquer. Voyant de près comment des fatigues inaccoutumées étaient gaiement portées par des têtes si blondes ou si blanches, comment un avenir assuré était si cavalièrement risqué par tant d'hommes de vie heureuse et mondaine, et prenant ma part de cette satisfaction miraculeuse que donne à tout homme la conviction qu'il ne se peut soustraire à nulle des dettes de l'Honneur, je compris que c'était une chose plus facile et plus commune qu'on ne pense, que l'*Abnégation*.

Je me demandais si l'Abnégation de soi-même n'était pas un sentiment né avec nous; ce que c'était que ce besoin d'obéir et de remettre sa volonté en d'autres mains, comme une chose lourde et importune; d'où venait le bonheur secret d'être débarrassé de ce fardeau, et comment l'orgueil humain n'en était jamais révolté. Je voyais bien ce mystérieux instinct lier, de toutes parts, les peuples en de puissants faisceaux, mais je ne voyais nulle part aussi complète et aussi redoutable que dans les Armées la renonciation à ses actions, à ses paroles, à ses désirs et presque à ses pensées. Je voyais partout la résistance possible et usitée,[2] le citoyen ayant, en tous lieux, une obéissance clairvoyante et intelligente qui examine et peut s'arrêter. Je voyais même la tendre soumission de la femme finir où le mal commence à lui être ordonné, et la loi prendre sa défense; mais l'obéissance militaire, passive et active en même temps, recevant l'ordre et l'exécutant, frappant, les yeux fermés, comme le Destin antique! Je suivais dans ses conséquences possibles cette Abnégation du

---

[1] *hérissées*: ruffled.   [2] *usitée*: customary.

soldat, sans retour, sans conditions, et conduisant quelquefois à des fonctions sinistres.

Je pensais ainsi en marchant au gré de mon cheval, regardant l'heure à ma montre, et voyant le chemin s'allonger toujours en ligne droite, sans un arbre et sans une maison, et couper la plaine jusqu'à l'horizon, comme une grande raie jaune sur une toile grise. Quelquefois la raie liquide se délayait[1] dans la terre liquide qui l'entourait, et quand un jour un peu moins pâle faisait briller cette triste étendue de pays, je me voyais au milieu d'une mer bourbeuse,[2] suivant un courant de vase et de plâtre.

En examinant avec attention cette raie jaune de la route, j'y remarquai, à un quart de lieue environ, un petit point noir qui marchait. Cela me fit plaisir, c'était quelqu'un. Je n'en détournai plus les yeux. Je vis que ce point noir allait comme moi dans la direction de Lille, et qu'il allait en zigzag, ce qui annonçait une marche pénible. Je hâtai le pas et je gagnai du terrain sur cet objet, qui s'allongea un peu et grossit à ma vue. Je repris le trot sur un sol plus ferme et je crus reconnaître une sorte de petite voiture noire. J'avais faim, j'espérai que c'était la voiture d'une cantinière, et considérant mon pauvre cheval comme une chaloupe, je lui fis faire force de rames[3] pour arriver à cette île fortunée, dans cette mer où il s'enfonçait jusqu'au ventre quelquefois.

A une centaine de pas, je vins à distinguer clairement une petite charrette de bois blanc, couverte de trois cercles et d'une toile cirée noire. Cela ressemblait à un petit berceau[4] posé sur deux roues. Les roues s'embourbaient jusqu'à l'essieu; un petit mulet qui les tirait était péniblement conduit par un homme à pied qui tenait la bride. Je m'approchai de lui et le considérai attentivement.

C'était un homme d'environ cinquante ans, à moustaches blanches, fort et grand, le dos voûté à la manière des vieux officiers d'infanterie qui ont porté le sac. Il en avait l'uniforme,

---

[1] *se délayait*: was diluted.   [2] *bourbeuse*: muddy.
[3] *je lui ...rames*: I made it ply the oars.   [4] *berceau*: cot, cradle.

et l'on entrevoyait une épaulette de chef de bataillon sous un petit manteau bleu court et usé. Il avait un visage endurci mais bon, comme à l'armée il y en a tant. Il me regarda de côté sous ses gros sourcils noirs, et tira lestement de sa charrette un fusil qu'il arma, en passant de l'autre côté de son mulet, dont il se faisait un rempart. Ayant vu sa cocarde blanche, je me contentai de montrer la manche de mon habit rouge, et il remit son fusil dans la charrette, en disant:

"Ah! c'est différent, je vous prenais pour un de ces lapins qui courent après nous. Voulez-vous boire la goutte?"

"Volontiers," dis-je en m'approchant, "il y a vingt-quatre heures que je n'ai bu."

Il avait à son cou une noix de coco, très bien sculptée, arrangée en flacon, avec un goulot[1] d'argent, et dont il semblait tirer assez de vanité. Il me la passa, et j'y bus un peu de mauvais vin blanc avec beaucoup de plaisir; je lui rendis le coco.

"A la santé du roi!" dit-il en buvant; "il m'a fait officier de la Légion d'honneur, il est juste que je le suive jusqu'à la frontière. Par exemple, comme je n'ai que mon épaulette pour vivre, je reprendrai mon bataillon après, c'est mon devoir."

En parlant ainsi comme à lui-même, il remit en marche son petit mulet, en disant que nous n'avions pas de temps à perdre; et comme j'étais de son avis, je me remis en chemin à deux pas de lui. Je le regardais toujours sans questionner, n'ayant jamais aimé la bavarde indiscrétion assez fréquente parmi nous.

Nous allâmes sans rien dire durant un quart de lieue environ. Comme il s'arrêtait alors pour faire reposer son pauvre petit mulet, qui me faisait peine à voir, je m'arrêtai aussi et je tâchai d'exprimer l'eau qui remplissait mes bottes à l'écuyère,[2] comme deux réservoirs où j'aurais eu les jambes trempées.

"Vos bottes commencent à vous tenir aux pieds," dit-il.

"Il y a quatre nuits que je ne les ai quittées," lui dis-je.

"Bah! dans huit jours vous n'y penserez plus," reprit-il avec sa voix enrouée; "c'est quelque chose que d'être seul, allez, dans

---

[1] *goulot*: mouthpiece.   [2] *bottes à l'écuyère*: riding boots.

des temps comme ceux où nous vivons. Savez-vous ce que j'ai là-dedans?"

"Non," lui dis-je.

"C'est une femme."

Je dis: "Ah!" sans trop d'étonnement, et je me remis en marche tranquillement, au pas. Il me suivit.

"Cette mauvaise brouette-là[1] ne m'a pas coûté bien cher," reprit-il, "ni le mulet non plus; mais c'est tout ce qu'il me faut, quoique ce chemin-là soit un *ruban de queue* un peu long."

Je lui offris de monter mon cheval quand il serait fatigué; et comme je ne lui parlais que gravement et avec simplicité de son équipage, dont il craignait le ridicule, il se mit à son aise tout à coup, et s'approchant de mon étrier, me frappa sur le genou en me disant:

"Eh bien! vous êtes un bon enfant, quoique dans les Rouges."

Je sentis dans son accent amer, en désignant ainsi les quatre Compagnies-Rouges, combien de préventions haineuses[2] avaient données à l'armée le luxe et les grades de ces corps d'officiers.

"Cependant," ajouta-t-il, "je n'accepterai pas votre offre, vu que je ne sais pas monter à cheval et que ce n'est pas mon affaire, à moi."

"Mais, Commandant, les officiers supérieurs comme vous y sont obligés."

"Bah! une fois par an, à l'inspection, et encore sur un cheval de louage. Moi j'ai toujours été marin, et depuis fantassin;[3] je ne connais pas l'équitation."

Il fit vingt pas en me regardant de côté de temps à autre, comme s'attendant à une question; et comme il ne venait pas un mot, il poursuivit:

"Vous n'êtes pas curieux, par exemple! cela devrait vous étonner, ce que je dis là."

"Je m'étonne bien peu," dis-je.

---

[1] *brouette*: barrow.   [2] *préventions haineuses*: hateful prejudices.
[3] *fantassin*: infantryman.

"Oh! cependant si je vous contais comment j'ai quitté la mer, nous verrions."

"Hé bien," repris-je, "pourquoi n'essayez-vous pas? cela vous réchauffera, et cela me fera oublier que la pluie m'entre dans le dos et ne s'arrête qu'à mes talons."

Le bon Chef de bataillon s'apprêta solennellement à parler, avec un plaisir d'enfant. Il rajusta sur sa tête le schako couvert de toile cirée, et il donna ce coup d'épaule que personne ne peut se représenter s'il n'a servi dans l'infanterie, ce coup d'épaule que donne le fantassin à son sac pour le hausser et alléger un moment son poids; c'est une habitude du soldat qui, lorsqu'il devient officier, devient un tic. Après ce geste convulsif, il but encore un peu de vin dans son coco, donna un coup de pied d'encouragement dans le ventre du petit mulet, et commença.

Vous saurez d'abord, mon enfant, que je suis né à Brest; j'ai commencé par être enfant de troupe, gagnant ma demi-ration et mon demi-prêt[1] dès l'âge de neuf ans, mon père étant soldat aux gardes. Mais comme j'aimais la mer, une belle nuit, pendant que j'étais en congé à Brest, je me cachai à fond de cale[2] d'un bâtiment marchand qui partait pour les Indes; on ne m'aperçut qu'en pleine mer, et le capitaine aima mieux me faire mousse[3] que de me jeter à l'eau. Quand vint la Révolution, j'avais fait du chemin, et j'étais à mon tour devenu capitaine d'un petit bâtiment marchand assez propre, ayant écumé la mer quinze ans. Comme l'ex-marine royale, vieille bonne marine, ma foi! se trouva tout à coup dépeuplée d'officiers, on prit des capitaines dans la marine marchande. J'avais eu quelques affaires de filibustiers que je pourrai vous dire plus tard: on me donna le commandement d'un brick de guerre nommé *le Marat*.

Le 28 fructidor 1797, je reçus ordre d'appareiller pour Cayenne. Je devais y conduire soixante soldats et un *déporté* qui restait des cent quatre-vingt-treize que la frégate *la Décade* avait pris à bord

---

[1] *demi-prêt*: half-pay.
[2] *à fond de cale*: in the hold. [3] *mousse*: cabin-boy.

quelques jours auparavant. J'avais ordre de traiter cet individu avec ménagement, et la première lettre du Directoire en renfermait une seconde, scellée de trois cachets rouges, au milieu desquels il y en avait un démesuré. J'avais défense d'ouvrir cette lettre avant le premier degré de latitude nord, du vingt-sept au vingt-huitième de longitude, c'est-à-dire près de passer la ligne.

Cette grande lettre avait une figure toute particulière. Elle était longue, et fermée de si près que je ne pus rien lire entre les angles ni à travers l'enveloppe. Je ne suis pas superstitieux, mais elle me fit peur, cette lettre. Je la mis dans ma chambre, sous le verre d'une mauvaise petite pendule anglaise clouée au-dessus de mon lit. Ce lit-là était un vrai lit de marin, comme vous savez qu'ils sont. Mais je ne sais, moi, ce que je dis: vous avez tout au plus seize ans, vous ne pouvez pas avoir vu ça.

La chambre d'une reine ne peut pas être aussi proprement rangée que celle d'un marin, soit dit sans vouloir nous vanter. Chaque chose a sa petite place et son petit clou. Rien ne remue. Le bâtiment peut rouler tant qu'il veut sans rien déranger. Les meubles sont faits selon la forme du vaisseau et de la petite chambre qu'on a. Mon lit était un coffre. Quand on l'ouvrait, j'y couchais; quand on le fermait, c'était mon sofa et j'y fumais ma pipe. Quelquefois c'était ma table, alors on s'asseyait sur deux petits tonneaux qui étaient dans la chambre. Mon parquet était ciré et frotté comme de l'acajou, et brillant comme un bijou: un vrai miroir! Oh! c'était une jolie petite chambre! Et mon brick avait bien son prix aussi. On s'y amusait souvent d'une fière façon, et le voyage commença cette fois assez agréablement, si ce n'était... Mais n'anticipons pas.

Nous avions un joli vent nord-nord-ouest, et j'étais occupé à mettre cette lettre sous le verre de ma pendule, quand mon *déporté* entra dans ma chambre; il tenait par la main une belle petite de dix-sept ans environ. Lui me dit qu'il en avait dix-neuf; beau garçon, quoiqu'un peu pâle, et trop blanc pour un homme. C'était un homme cependant, et un homme qui se comporta dans l'occasion mieux que bien des anciens n'auraient fait: vous allez le voir. Il tenait sa petite femme sous le bras; elle était fraîche et gaie comme un enfant. Ils avaient l'air de deux tourtereaux. Ça me faisait plaisir à voir, moi. Je leur dis:

"Eh bien, mes enfants! vous venez faire visite au vieux capitaine; c'est gentil à vous. Je vous emmène un peu loin; mais tant mieux, nous aurons le temps de nous connaître. Je suis fâché de recevoir madame sans mon habit; mais c'est que je cloue là-haut cette grande coquine de lettre. Si vous vouliez m'aider un peu?"

Ça faisait vraiment de bons petits enfants. Le petit mari prit le marteau, et la petite femme les clous, et ils me les passaient à mesure que je les demandais; et elle me disait: *A droite! à gauche! capitaine!* tout en riant, parce que le tangage[1] faisait ballotter ma pendule. Je l'entends encore d'ici avec sa petite voix: *A gauche! à droite! capitaine!* Elle se moquait de moi. "Ah!" je dis, "petite méchante! je vous ferai gronder par votre mari, allez." Alors elle lui sauta au cou et l'embrassa. Ils étaient vraiment gentils, et la connaissance se fit comme ça. Nous fûmes tout de suite bons amis.

Ce fut aussi une jolie traversée. J'eus toujours un temps fait exprès.[2] Comme je n'avais jamais eu que des visages noirs à mon bord, je faisais venir à ma table, tous les jours, mes deux petits amoureux. Cela m'égayait. Quand nous avions mangé le biscuit et le poisson, la petite femme et son mari restaient à se regarder comme s'ils ne s'étaient jamais vus. Alors je me mettais à rire de tout mon cœur et me moquais d'eux. Ils riaient aussi avec moi. Vous auriez ri de nous voir comme trois imbéciles, ne sachant pas ce que nous avions. C'est que c'était vraiment plaisant de les voir s'aimer comme ça! Ils se trouvaient bien partout; ils trouvaient bon tout ce qu'on leur donnait. Cependant ils étaient à la ration comme nous tous; j'y ajoutais seulement un peu d'eau-de-vie suédoise quand ils dînaient avec moi, mais un petit verre, pour tenir mon rang. Ils couchaient dans un

[1] *tangage*: pitching.
[2] *un temps fait exprès*: (weather made to order), ideal weather.

hamac, où le vaisseau les roulait comme ces deux poires que j'ai
là dans mon mouchoir mouillé. Ils étaient alertes et contents. Je
faisais comme vous, je ne questionnais pas. Qu'avais-je besoin de
savoir leur nom et leurs affaires, moi, passeur d'eau? Je les portais
de l'autre côté de la mer, comme j'aurais porté deux oiseaux de
paradis.

J'avais fini, après un mois, par les regarder comme mes enfants.
Tout le jour, quand je les appelais, ils venaient s'asseoir auprès
de moi. Le jeune homme écrivait sur ma table, c'est-à-dire sur
mon lit; et, quand je voulais, il m'aidait à faire mon *point*:[1] il le
sut bientôt faire aussi bien que moi; j'en étais quelquefois tout
interdit. La jeune femme s'asseyait sur un petit baril et se mettait
à coudre.

Un jour qu'ils étaient posés comme cela, je leur dis:

"Savez-vous, mes petits amis, que nous faisons un tableau de
famille comme nous voilà? Je ne veux pas vous interroger, mais
probablement vous n'avez pas plus d'argent qu'il ne vous en faut,
et vous êtes joliment délicats tous deux pour bêcher et piocher[2]
comme font les déportés à Cayenne. C'est un vilain pays, de tout
mon cœur, je vous le dis ; mais moi, qui suis une vieille peau de
loup desséchée au soleil, j'y vivrais comme un seigneur. Si vous
aviez, comme il me semble (sans vouloir vous interroger), tant
soit peu d'amitié pour moi, je quitterais assez volontiers mon
vieux brick, qui n'est qu'un sabot à présent, et je m'établirais là
avec vous, si cela vous convient. Moi, je n'ai pas plus de famille
qu'un chien, cela m'ennuie; vous me feriez une petite société. Je
vous aiderais à bien des choses; et j'ai amassé une bonne pacotille[3]
de contrebande assez honnête, dont nous vivrions, et que je
vous laisserais lorsque je viendrais à tourner l'œil, comme on dit
poliment."

Ils restèrent tout ébahis à se regarder, ayant l'air de croire que
je ne disais pas vrai; et la petite courut, comme elle faisait toujours,

[1] *faire mon point*: take my bearings.
[2] *bêcher et piocher*: work with spade and pick.
[3] *pacotille*: private cargo, stock.

se jeter au cou de l'autre, et s'asseoir sur ses genoux, toute rouge et en pleurant. Il la serra bien fort dans ses bras, et je vis aussi des larmes dans ses yeux; il me tendit la main et devint plus pâle qu'à l'ordinaire. Elle lui parlait bas, et ses grands cheveux blonds s'en allèrent sur son épaule; son chignon s'était défait comme un câble qui se déroule tout à coup, parce qu'elle était vive comme un poisson: ces cheveux-là, si vous les aviez vus! c'était comme de l'or. Comme ils continuaient à se parler bas, le jeune homme lui baisant le front de temps en temps, et elle pleurant, cela m'impatienta.

"Hé bien, ça vous va-t-il?" leur dis-je à la fin.

"Mais...mais, capitaine, vous êtes bien bon," dit le mari; "mais c'est que...vous ne pouvez pas vivre avec des *déportés*, et..." Il baissa les yeux.

"Moi," dis-je, "je ne sais pas ce que vous avez fait pour être déporté, mais vous me direz ça un jour, ou pas du tout, si vous voulez. Vous ne m'avez pas l'air d'avoir la conscience bien lourde, et je suis bien sûr que j'en ai fait bien d'autres que vous dans ma vie, allez, pauvres innocents. Par exemple, tant que vous serez sous ma garde, je ne vous lâcherai pas, il ne faut pas vous y attendre; je vous couperais plutôt le cou comme à deux pigeons. Mais une fois l'épaulette de côté, je ne connais plus ni amiral ni rien du tout."

"C'est que," reprit-il en secouant tristement sa tête brune, quoique un peu poudrée, comme cela se faisait encore à l'époque, "c'est que je crois qu'il serait dangereux pour vous, capitaine, d'avoir l'air de nous connaître. Nous rions parce que nous sommes jeunes; nous avons l'air heureux, parce que nous nous aimons; mais j'ai de vilains moments quand je pense à l'avenir, et je ne sais pas ce que deviendra ma pauvre Laure."

Il serra de nouveau la tête de la jeune femme sur sa poitrine:

"C'était bien là ce que je devais dire au capitaine; n'est-ce pas, mon enfant, que vous auriez dit la même chose?"

Je pris ma pipe et je me levai, parce que je commençais à me sentir les yeux un peu mouillés, et que ça ne me va pas, à moi.

"Allons! allons!" dis-je, "ça s'éclaircira par la suite. Si le tabac incommode madame, son absence est nécessaire."

Elle se leva, le visage tout en feu et tout humide de larmes, comme un enfant qu'on a grondé.

"D'ailleurs," me dit-elle en regardant ma pendule, "vous n'y pensez pas, vous autres; et la lettre!"

Je sentis quelque chose que me fit de l'effet. J'eus comme une douleur aux cheveux quand elle me dit cela.

"Pardieu! je n'y pensais plus, moi," dis-je. Ah! par exemple, voilà une belle affaire! Si nous avions passé le premier degré de latitude nord, il ne me resterait plus qu'à me jeter à l'eau. "Faut-il que j'aie du bonheur, pour que cette enfant-là m'ait rappelé la grande coquine de lettre!"

Je regardai vite ma carte marine, et quand je vis que nous en avions encore pour une semaine au moins, j'eus la tête soulagée, mais pas le cœur, sans savoir pourquoi.

"C'est que le Directoire ne badine pas pour l'article obéissance!"[1] dis-je. "Allons, je suis au courant cette fois-ci encore. Le temps a filé si vite que j'avais tout à fait oublié cela."

Eh bien, monsieur, nous restâmes tous trois le nez en l'air à regarder cette lettre, comme si elle allait nous parler. Ce qui me frappa beaucoup, c'est que le soleil, qui glissait par la claire-voie,[2] éclairait le verre de la pendule et faisait paraître le grand cachet rouge, et les autres petits, comme les traits d'un visage au milieu de feu.

"Ne dirait-on pas que les yeux lui sortent de la tête?" leur dis-je pour les amuser.

"Oh! mon ami," dit la jeune femme, "cela ressemble à des taches de sang."

"Bah! bah!" dit son mari en la prenant sous le bras, "vous vous trompez, Laure; cela ressemble au billet de *faire part*[3] d'un

---

[1] *C'est que...obéissance*: the fact is that the *Directoire* does not treat the question of obedience as a joke.

[2] *claire-voie*: the lattice.   [3] *billet de faire part*: invitation.

mariage. Venez vous reposer, venez; pourquoi cette lettre vous occupe-t-elle?"

Ils se sauvèrent comme si un revenant[1] les avait suivis, et montèrent sur le pont. Je restai seul avec cette grande lettre, et je me souviens qu'en fumant ma pipe je la regardais toujours, comme si ses yeux rouges avaient attaché les miens, en les humant[2] comme font des yeux de serpent. Sa grande figure pâle, son troisième cachet, plus grand que les yeux, tout ouvert, tout béant comme une gueule de loup... cela me mit de mauvaise humeur; je pris mon habit et je l'accrochai à la pendule, pour ne plus voir ni l'heure ni la chienne de lettre.

J'allai achever ma pipe sur le pont. J'y restai jusqu'à la nuit.

Nous étions alors à la hauteur des îles du cap *Vert*. Le *Marat* filait, vent en poupe, ses dix nœuds sans se gêner. La nuit était la plus belle que j'aie vue de ma vie près du tropique. La lune se levait à l'horizon, large comme un soleil; la mer la coupait en deux, et devenait toute blanche comme une nappe de neige couvert de petits diamants. Je regardais cela en fumant, assis sur mon banc. L'officier de quart[3] et les matelots ne disaient rien et regardaient comme moi l'ombre du brick sur l'eau. J'étais content de ne rien entendre. J'aime le silence et l'ordre, moi. J'avais défendu tous les bruits et tous les feux. J'entrevis cependant une petite ligne rouge presque sous mes pieds. Je me serais bien mis en colère tout de suite; mais comme c'était chez mes petits *déportés*, je voulus m'assurer de ce qu'on faisant avant de me fâcher. Je n'eus que la peine de me baisser, je pus voir, par le grand panneau, dans la petite chambre, et je regardai.

La jeune femme était à genoux et faisait ses prières. Il y avait une petite lampe qui l'éclairait. Elle était en chemise; je voyais d'en haut ses épaules nues, ses petits pieds nus, et ses grands cheveux blonds tout épars. Je pensai à me retirer, mais je me dis: "Bah! un vieux soldat, qu'est-ce que ça fait?" Et je restai à voir.

---

[1] *revenant*: ghost. [2] *en les humant*: absorbing them.
[3] *officier de quart*: officer of the watch.

Son mari était assis sur une petite malle, la tête sur ses mains, et la regardait prier. Elle leva la tête en haut comme au ciel, et je vis ses grands yeux bleus mouillés comme ceux d'une Madeleine. Pendant qu'elle priait, il prenait le bout de ses longs cheveux et les baisait sans faire de bruit. Quand elle eut fini, elle fit un signe de croix en souriant avec l'air d'aller au paradis. Je vis qu'il faisait comme elle un signe de croix, mais comme s'il en avait honte. Au fait, pour un homme c'est singulier.

Elle se leva debout, l'embrassa, et s'étendit la première dans son hamac, où il la jeta sans rien dire, comme on couche un enfant dans une balançoire. Il faisait une chaleur étouffante: elle se sentait bercée avec plaisir par le mouvement du navire et paraissait déjà commencer à s'endormir. Ses petits pieds blancs étaient croisés et élevés au niveau de sa tête, et tout son corps enveloppé de sa longue chemise blanche. C'était un amour, quoi!

"Mon ami," dit-elle en dormant à moitié, "n'avez-vous pas sommeil? il est bien tard, sais-tu?"

Il restait toujours le front sur ses mains sans répondre. Cela l'inquiéta un peu, la bonne petite, et elle passa sa jolie tête hors du hamac, comme un oiseau hors de son nid, et le regarda la bouche entr'ouverte, n'osant plus parler.

Enfin il lui dit:

"Eh, ma chère Laure! à mesure que nous avançons vers l'Amérique, je ne puis m'empêcher de devenir plus triste. Je ne sais pourquoi, il me paraît que le temps le plus heureux de notre vie aura été celui de la traversée."

"Cela me semble aussi," dit elle; "je voudrais n'arriver jamais."

Il la regarda en joignant les mains avec un transport que vous ne pouvez pas vous figurer.

"Et cependant, mon ange, vous pleurez toujours en priant Dieu," dit-il; "cela m'afflige beaucoup, parce que je sais bien ceux à qui vous pensez, et je crois que vous avez regret de ce que vous avez fait."

"Moi, du regret!" dit-elle avec un air bien peiné; "moi, du regret de t'avoir suivi, mon ami! Crois-tu que, pour t'avoir appartenu si peu, je t'aie moins aimé? N'est-on pas une femme, ne sait-on pas ses devoirs à dix-sept ans? Ma mère et mes sœurs n'ont-elles pas dit que c'était mon devoir de vous suivre à la Guyane? N'ont-elles pas dit que je ne faisais là rien de surprenant? Je m'étonne seulement que vous en ayez été touché, mon ami; tout cela est naturel. Et à présent je ne sais comment vous pouvez croire que je regrette rien, quand je suis avec vous pour vous aider à vivre, ou pour mourir avec vous si vous mourez."

Elle disait tout ça d'une voix si douce qu'on aurait cru que c'était une musique. J'en étais tout ému et je dis:

"Bonne petite femme, va!"

Le jeune homme se mit à soupirer en frappant du pied et en baisant une jolie main et un bras nu qu'elle lui tendait.

"Oh! Laurette, ma Laurette!" disait-il, "quand je pense que si nous avions retardé de quatre jours notre mariage, on m'arrêtait[1] seul et je partais tout seul, je ne puis me pardonner."

Alors la belle petite pencha hors du hamac ses deux beaux bras blancs, nus jusqu'aux épaules, et lui caressa le front, les cheveux et les yeux, en lui prenant la tête comme pour l'emporter et le cacher dans sa poitrine. Elle sourit comme un enfant, et lui dit une quantité de petites choses de femme, comme moi je n'avais jamais rien entendu de pareil. Elle lui fermait la bouche avec ses doigts pour parler toute seule. Elle disait, en jouant et en prenant ses longs cheveux comme un mouchoir pour lui essuyer les yeux:

"Est-ce que ce n'est pas bien mieux d'avoir avec toi une femme qui t'aime, dis, mon ami? Je suis bien contente, moi, d'aller à Cayenne; je verrai des sauvages, des cocotiers comme ceux de Paul et Virginie,[2] n'est-ce pas? Nous planterons chacun le nôtre. Nous verrons qui sera le meilleur jardinier. Nous nous ferons une petite case pour nous deux. Je travaillerai toute la journée

[1] *on m'arrêtait*: would have arrested me.
[2] *Paul et Virginie*: idyllic novel (1787), by Bernardin de Saint-Pierre, the setting of which is the island of Mauritius (Île de France).

et toute la nuit, si tu veux. Je suis forte; tiens, regarde mes bras; — tiens, je pourrais presque te soulever. Ne te moque pas de moi; je sais très bien broder d'ailleurs; et n'y a-t-il pas une ville quelque part par là où il faille des brodeuses? Je donnerai des leçons de dessin et de musique si l'on veut aussi; et si l'on y sait lire, tu écriras, toi."

Je me souviens que le pauvre garçon fut si désespéré qu'il jeta un grand cri lorsqu'elle dit cela.

"Écrire!" criait-il, "écrire!"

Et il se prit la main droite avec la gauche en la serrant au poignet.

"Ah! écrire! pourquoi ai-je jamais su écrire! Écrire! mais c'est le métier d'un fou!... — J'ai cru à leur liberté de la presse! — Où avais-je l'esprit? Eh! pourquoi faire? pour imprimer cinq ou six pauvres idées assez médiocres, lues seulement par ceux qui les aiment, jetées au feu par ceux qui les haïssent, ne servant à rien qu'à nous faire persécuter! Moi, encore passe; mais toi, bel ange, devenue femme depuis quatre jours à peine! qu'avais-tu fait? Explique-moi, je te prie, comment je t'ai permis d'être bonne à ce point de me suivre ici? Sais-tu seulement où tu es, pauvre petite? Et où tu vas, le sais-tu? Bientôt, mon enfant, vous serez à seize cents lieues de votre mère et de vos sœurs...et pour moi! tout cela pour moi!"

Elle cacha sa tête un moment dans le hamac; et moi d'en haut je vis qu'elle pleurait; mais lui d'en bas ne voyait pas son visage; et quand elle le sortit de la toile, c'était en souriant pour lui donner de la gaieté.

"Au fait, nous ne sommes pas riches à présent," dit-elle en riant aux éclats; "tiens, regarde ma bourse, je n'ai plus qu'un louis tout seul. Et toi?"

Il se mit à rire aussi comme un enfant:

"Ma foi, moi, j'avais encore un écu, mais je l'ai donné au petit garçon qui a porté ta malle."

"Ah, bah! qu'est-ce que ça fait?" dit-elle en faisant claquer ses petits doigts blancs comme des castagnettes; "on n'est jamais plus gai que lorsqu'on n'a rien; et n'ai-je pas en réserve les deux bagues de diamants que ma mère m'a données? cela est bon partout et pour tout, n'est-ce pas? Quand tu voudras nous les vendrons. D'ailleurs, je crois que le bonhomme de capitaine ne dit pas toutes ses bonnes intentions pour nous, et qu'il sait bien ce qu'il y a dans la lettre. C'est sûrement une recommandation pour nous au gouverneur de Cayenne."

"Peut-être," dit-il; "qui sait?"

"N'est-ce pas?" reprit sa petite femme; "tu es si bon que je suis sûre que le gouvernement t'a exilé pour un peu de temps, mais ne t'en veut pas."[1]

Elle avait dit ça si bien! m'appelant le bonhomme de capitaine, que j'en fus tout remué et tout attendri; et je me réjouis même, dans le cœur, de ce qu'elle avait peut-être deviné juste sur la lettre cachetée. Ils commençaient encore à s'embrasser; je frappai du pied vivement sur le pont pour les faire finir.

Je leur criai:

"Eh! dites donc, mes petits amis! on a l'ordre d'éteindre tous les feux du bâtiment. Soufflez-moi votre lampe, s'il vous plaît."

Ils soufflèrent la lampe, et je les entendis rire en jasant tout bas dans l'ombre comme des écoliers. Je me remis à me promener seul sur mon tillac en fumant ma pipe. Toutes les étoiles du tropique étaient à leur poste, larges comme de petites lunes. Je les regardai en respirant un air qui sentait frais et bon.

Je me disais que certainement ces bons petits avaient deviné la vérité, et j'en étais tout ragaillardi.[2] Il y avait bien à parier qu'un des cinq Directeurs s'était ravisé[3] et me les recommandait; je ne m'expliquais pas bien pourquoi, parce qu'il y a des affaires d'État que je n'ai jamais comprises, moi; mais enfin je croyais cela, et, sans savoir pourquoi, j'étais content.

Je descendis dans ma chambre, et j'allai regarder la lettre sous mon vieil uniforme. Elle avait une autre figure; il me sembla

---

[1] *ne t'en veut pas*: has no grudge against you.
[2] *ragaillardi*: cheered up.   [3] *s'était ravisé*: had changed his mind.

qu'elle riait, et ses cachets paraissaient couleur de rose. Je ne doutai plus de sa bonté, et je lui fis un petit signe d'amitié.

Malgré cela, je remis mon habit dessus; elle m'ennuyait.

Nous ne pensâmes plus du tout à la regarder pendant quelques jours, et nous étions gais; mais quand nous approchâmes du premier degré de latitude, nous commençâmes à ne plus parler.

Un beau matin je m'éveillai assez étonné de ne sentir aucun mouvement dans le bâtiment. A vrai dire, je ne dors jamais que d'un œil, comme on dit, et le roulis me manquant,[1] j'ouvris les deux yeux. Nous étions tombés dans un calme plat, et c'était sous le 1° de latitude nord, au 27° de longitude. Je mis le nez sur le pont: la mer était lisse comme une jatte d'huile; toutes les voiles ouvertes tombaient collées aux mâts comme des ballons vides. Je dis tout de suite: "J'aurai le temps de te lire, va! en regardant de travers du côté de la lettre." J'attendis jusqu'au soir, au coucher du soleil. Cependant il fallait bien en venir là: j'ouvris la pendule, et j'en tirai vivement l'ordre cacheté. — Eh bien! mon cher, je le tenais à la main depuis un quart d'heure que je ne pouvais pas encore le lire. Enfin je me dis: "C'est par trop fort!" et je brisai les trois cachets d'un coup de pouce; et le grand cachet rouge, je le broyai en poussière. — Apres avoir lu, je me frottai les yeux, croyant m'être trompé.

Je relus la lettre tout entière; je la relus encore; je recommençai en la prenant par la dernièr ligne, et remontant à la première. Je n'y croyais pas. Mes jambes flageolaient[2] un peu sous moi, je m'assis; j'avais un certain tremblement sur la peau du visage; je me frottai un peu les joues avec du rhum, je m'en mis dans le creux des mains, je me faisais pitié à moi-même d'être si bête que cela; mais ce fut l'affaire d'un moment; je montai prendre l'air.

Laurette était ce jour-là si jolie, que je ne voulus pas m'approcher d'elle: elle avait une petite robe blanche toute simple, les bras nus jusqu'au col, et ses grands cheveux tombants comme

---

[1] *le roulis me manquant*: as I missed the rolling.
[2] *flageolaient*: shook.

elle les portait toujours. Elle s'amusait à tremper dans la mer son autre robe au bout d'une corde, et riait en cherchant à arrêter les goëmons,[1] plantes marines semblables à des grappes de raisin, et qui flottent sur les eaux des tropiques.

"Viens donc voir les raisins! viens donc vite!" criait-elle; et son ami s'appuyait sur elle, et se penchait, et ne regardait pas l'eau, parce qu'il la regardait d'un air tout attendri.

Je fis signe à ce jeune homme de venir me parler sur le gaillard d'arrière. Elle se retourna. Je ne sais quelle figure j'avais, mais elle laissa tomber sa corde; elle le prit violemment par le bras, et lui dit:

"Oh! n'y va pas, il est tout pâle."

Cela se pouvait bien; il y avait de quoi pâlir. Il vint cependant près de moi sur le gaillard; elle nous regardait, appuyée contre le grant mât. Nous nous promenâmes longtemps de long en large sans rien dire. Je fumais un cigare que je trouvais amer, et je le crachai dans l'eau. Il me suivait de l'œil; je lui pris le bras; j'étouffais, ma foi, ma parole d'honneur! j'étouffais.

"Ah çà!" lui dis-je enfin, "contez-moi donc, mon petit ami, contez-moi un peu votre histoire. Que diable avez-vous donc fait à ces chiens d'avocats qui sont là comme cinq morceaux de roi?[2] Il paraît qu'ils vous en veulent fièrement! C'est drôle!"

Il haussa les épaules en penchant la tête (avec un air si doux, le pauvre garçon!), et me dit:

"O mon Dieu! Capitaine, pas grand'chose, allez: trois couplets de vaudeville sur le Directoire, voilà tout."

"Pas possible!" dis-je.

"O mon Dieu, si! Les couplets n'étaient même pas trop bons. J'ai été arrêté le 15 fructidor[3] et conduit à la Force; jugé le 16, et condamné à mort d'abord, et puis à la déportation par bienveillance.

"C'est drôle!" dis-je. "Les Directeurs sont des camarades bien

---

[1] *goëmons*: seaweed. [2] *morceaux de roi*: king pieces (chess).
[3] *fructidor*: twelfth month of Revolutionary calendar (18 August to 16 September).

susceptibles; car cette lettre que vous savez me donne l'ordre de vous fusiller."

Il ne répondit pas, et sourit en faisant une assez bonne contenance pour un jeune homme de dix-neuf ans. Il regarda seulement sa femme, et s'essuya le front, d'où tombaient des gouttes de sueur. J'en avais autant au moins sur la figure, moi, et d'autres gouttes aux yeux.

Je repris:

"Il paraît que ces citoyens-là n'ont pas voulu faire votre affaire sur terre, ils ont pensé qu'ici ça ne paraîtrait pas tant. Mais pour moi c'est fort triste; car vous avez beau être un bon enfant, je ne peux pas m'en dispenser; l'arrêt de mort est là en règle, et l'ordre d'exécution signé, paraphé, scellé; il n'y manque rien."

Il me salua très-poliment en rougissant.

"Je ne demande rien, capitaine," dit-il avec une voix aussi douce que de coutume; "je serais désolé de vous faire manquer à vos devoirs. Je voudrais seulement parler un peu à Laure, et vous prier de la protéger dans le cas où elle me survivrait, ce que je ne crois pas."

"Oh! pour cela, c'est juste," lui dis-je, "mon garçon; si cela ne vous déplaît pas, je la conduirai à sa famille à mon retour en France, et je ne la quitterai que quand elle ne voudra plus me voir. Mais, à mon sens, vous pouvez vous flatter qu'elle ne reviendra pas de ce coup-là; pauvre petite femme!"

Il me prit les deux mains, les serra et me dit:

"Mon brave Capitaine, vous souffrez plus que moi de ce qu'il vous reste à faire, je le sens bien; mais qu'y pouvons-nous? Je compte sur vous pour lui conserver le peu qui m'appartient, pour la protéger, pour veiller à ce qu'elle reçoive ce que sa vieille mère pourrait lui laisser, n'est-ce pas? pour garantir sa vie, son honneur, n'est-ce pas? et aussi pour qu'on ménage toujours sa santé. — Tenez," ajouta-t-il plus bas, "j'ai à vous dire qu'elle est très délicate; elle a souvent la poitrine affectée jusqu'à s'évanouir plusieurs fois par jour; il faut qu'elle se couvre bien toujours. Enfin vous remplacerez son père, sa mère et moi autant que possible, n'est-il pas vrai? Si elle pouvait conserver les bagues que sa mère lui a données, cela me ferait bien plaisir. Mais si on a besoin de les vendre pour elle, il le faudra bien. Ma pauvre Laurette! voyez comme elle est belle!"

Comme ça commençait à devenir par trop tendre, cela m'ennuya, et je me mis à froncer le sourcil; je lui avais parlé d'un air gai pour ne pas m'affaiblir; mais je n'y tenais plus:[1] "Enfin, suffit," lui dis-je, "entre braves gens on s'entend de reste. Allez lui parler, et dépêchons-nous."

Je lui serrai la main en ami; et comme il ne quittait pas la mienne et me regardait avec un air singulier:

"Ah çà! si j'ai un conseil à vous donner," ajoutai-je, "c'est de ne pas lui parler de ça. Nous arrangerons la chose sans qu'elle s'y attende, ni vous non plus, soyez tranquille; ça me regarde."

"Ah! c'est différent," dit-il, "je ne savais pas... cela vaut mieux en effet. D'ailleurs, les adieux! les adieux, cela affaiblit."

"Oui, oui," lui dis-je, "ne soyez pas enfant, ça vaut mieux. Ne l'embrassez pas, mon ami, ne l'embrassez pas, si vous pouvez, ou vous êtes perdu."

Je lui donnai encore une bonne poignée de main, et je le laissai aller. Oh! c'était dur pour moi tout cela.

Il me parut qu'il gardait, ma foi, bien le secret; car ils se promenèrent, bras dessus bras dessous, pendant un quart d'heure, et ils revinrent, au bord de l'eau, reprendre la corde et la robe qu'un de mes mousses avait repêchées.

La nuit vint tout à coup. C'était le moment que j'avais résolu de prendre. Mais ce moment a duré pour moi jusqu'au jour où nous sommes, et je le traînerai toute ma vie comme un boulet.

Ici le vieux Commandant fut forcé de s'arrêter. Je me gardai de parler, de peur de détourner ses idées; il reprit en se frappant la poitrine:

Ce moment-là, je vous le dis, je ne peux pas encore le comprendre. Je sentis la colère me prendre aux cheveux, et en même

[1] *je n'y tenais plus*: I could not stand it any longer.

temps je ne sais quoi me faisait obéir et me poussait en avant. J'appelai les officiers, et je dis à l'un d'eux:

"Allons, un canot à la mer... puisque à présent nous sommes des bourreaux! Vous y mettrez cette femme, et vous l'emmènerez au large, jusqu'à ce que vous entendiez des coups de fusil. Alors vous reviendrez." Obéir à un morceau de papier! car ce n'était que cela enfin! Il fallait qu'il y eût quelque chose dans l'air qui me poussât. J'entrevis de loin ce jeune homme... oh! c'était affreux à voir!... s'agenouiller devant sa Laurette, et lui baiser les genoux et les pieds. N'est-ce pas que vous trouvez que j'étais bien malheureux?...

Je criai comme un fou: "Séparez-les! nous sommes tous des scélérats! — Séparez-les... La pauvre République est un corps mort! Directeurs, Directoire, c'en est la vermine! Je quitte la mer! Je ne crains pas tous vos avocats; qu'on leur dise ce que je dis, qu'est-ce que ça me fait?" Ah! je me souciais bien d'eux en effet! J'aurais voulu les tenir, je les aurais fait fusiller tous les cinq, les coquins! Oh! je l'aurais fait; je me souciais de la vie comme de l'eau qui tombe là, tenez... Je m'en souciais bien!... une vie comme la mienne... Ah bien oui! pauvre vie... va!...

Et la voix du Commandant s'éteignit peu à peu et devint aussi incertaine que ses paroles; et il marcha en se mordant les lèvres et en fronçant le sourcil dans une distraction terrible et farouche. Il avait de petits mouvements convulsifs et donnait à son mulet des coups du fourreau de son épée, comme s'il eût voulu le tuer. Ce qui m'étonna, ce fut de voir la peau jaune de sa figure devenir d'un rouge foncé. Il défit et entr'ouvrit violemment son habit sur la poitrine, la découvrant au vent et à la pluie. Nous continuâmes ainsi à marcher dans un grand silence. Je vis bien qu'il ne parlerait plus de lui-même, et qu'il fallait me résoudre à questionner.

"Je comprends bien," lui dis-je, comme s'il eût fini son histoire, "qu'après une aventure aussi cruelle on prenne son métier en horreur."

"Oh! le métier; êtes-vous fou?" me dit-il brusquement, "ce n'est pas le métier! Jamais le capitaine d'un bâtiment ne sera obligé d'être un bourreau, sinon quand viendront des gouvernements d'assassins et de voleurs, qui profiteront de l'habitude qu'a un pauvre homme d'obéir aveuglément, d'obéir toujours, d'obéir comme une malheureuse mécanique, malgré son cœur."

En même temps il tira de sa poche un mouchoir rouge dans lequel il se mit à pleurer comme un enfant. Je m'arrêtai un moment comme pour arranger mon étrier, et, restant derrière la charrette, je marchai quelque temps à la suite, sentant qu'il serait humilié si je voyais trop clairement ses larmes abondantes.

J'avais deviné juste, car au bout d'un quart d'heure environ, il vint aussi derrière son pauvre équipage, et me demanda si je n'avais pas de rasoirs dans mon portemanteau; à quoi je lui répondis simplement que, n'ayant pas encore de barbe, cela m'était fort inutile. Mais il n'y tenait pas, c'était pour parler d'autre chose. Je m'aperçus cependant avec plaisir qu'il revenait à son histoire, car il me dit tout à coup:

"Vous n'avez jamais vu de vaisseau de votre vie, n'est-ce pas?"

"Je n'en ai vu," dis-je, "qu'au Panorama de Paris, et je ne me fie pas beaucoup à la science maritime que j'en ai tirée."

"Vous ne savez pas, par conséquent, ce que c'est que le bossoir?"[1]

"Je ne m'en doute pas," dis-je.

"C'est une espèce de terrasse de poutres qui sort de l'avant du navire, et d'où l'on jette l'ancre en mer. Quand on fusille un homme, on le fait placer là ordinairement," ajouta-t-il plus bas.

"Ah! je comprends, parce qu'il tombe de là dans la mer."

Il ne répondit pas, et se mit à décrire toutes les sortes de canots que peut porter un brick, et leur position dans le bâtiment; et puis, sans ordre dans ses idées, il continua son récit avec cet air affecté d'insouciance que de longs services donnent infailliblement, parce qu'il faut montrer à ses inférieurs le mépris du danger, le mépris des hommes, le mépris de la vie, le mépris de la mort et le mépris de soi-même; et tout cela cache, sous une dure

[1] *bossoir*: cat-head.

enveloppe, presque toujours une sensibilité profonde. — La dureté de l'homme de guerre est comme un masque de fer sur un noble visage, comme un cachot de pierre qui renferme un prisonnier royal.

"Ces embarcations [1] tiennent six hommes," reprit-il. "Ils s'y jetèrent et emportèrent Laure avec eux, sans qu'elle eût le temps de crier et de parler. Oh! voici une chose dont aucun honnête homme ne peut se consoler quand il en est cause. On a beau dire, on n'oublie pas une chose pareille!...Ah! quel temps il fait! — Quel diable m'a poussé à raconter ça! quand je raconte cela, je ne peux plus m'arrêter, c'est fini. C'est une histoire qui me grise comme le vin de Jurançon. — Ah! quel temps il fait! — Mon manteau est traversé. [2]

"Je vous parlais, je crois, encore de cette petite Laurette! — La pauvre femme! — Qu'il y a des gens maladroits dans le monde! l'officier fut assez sot pour conduire le canot en avant du brick. Après cela, il est vrai de dire qu'on ne peut pas tout prévoir. Moi je comptais sur la nuit pour cacher l'affaire, et je ne pensais pas à la lumière des douze fusils faisant feu à la fois. Et, ma foi! du canot elle vit son mari tomber à la mer, fusillé.

"S'il y a un Dieu là-haut, il sait comment arriva ce que je vais vous dire; moi je ne le sais pas, mais on l'a vu et entendu comme je vous vois et vous entends. Au moment du feu, elle porta la main à sa tête comme si une balle l'avait frappée au front, et s'assit dans le canot sans s'évanouir, sans crier, sans parler, et revint au brick quand on voulut et comme on voulut. J'allai à elle, je lui parlai longtemps et le mieux que je pus. Elle avait l'air de m'écouter et me regardait en face, en se frottant le front. Elle ne comprenait pas, et elle avait le front rouge et le visage tout pâle. Elle tremblait de tous ses membres comme ayant peur de tout le monde. Ça lui est resté. Elle est encore de même, la pauvre petite! idiote, ou comme imbécile, ou folle, comme vous voudrez. Jamais on n'en a tiré une parole, si ce n'est quand elle dit qu'on lui ôte ce qu'elle a dans la tête.

[1] *embarcations*: small boats.   [2] *traversé*: soaked through.

"De ce moment-là je devins aussi triste qu'elle, et je sentis quelque chose en moi qui me disait: *Reste devant elle jusqu'à la fin de tes jours, et garde-la*; je l'ai fait. Quand je revins en France, je demandai à passer avec mon grade dans les troupes de terre, ayant pris la mer en haine parce que j'y avais jeté du sang innocent. Je cherchai la famille de Laure. Sa mère était morte. Ses sœurs, à qui je la conduisis folle, n'en voulurent pas, et m'offrirent de la mettre à Charenton. Je leur tournai le dos, et je la gardai avec moi.

"Ah! mon Dieu! si vous voulez la voir, mon camarade, il ne tient qu'à vous." "Serait-elle là dedans?" lui dis-je. "Certainement! tenez! attendez. — Hô! hô! la mule..."

Et il arrêta son pauvre mulet, qui me parut charmé que j'eusse fait cette question. En même temps il souleva la toile cirée de sa petite charrette, comme pour arranger la paille qui la remplissait presque, et je vis quelque chose de bien douloureux. Je vis deux yeux bleus, démesurés de grandeur, admirables de forme, sortant d'une tête pâle, amaigrie et longue, inondée de cheveux blonds, tout plats. Je ne vis, en vérité, que ces deux yeux, qui étaient tout dans cette pauvre femme, car le reste était mort. Son front était rouge; ses joues creuses et blanches avaient des pommettes bleuâtres; elle était accroupie au milieu de la paille, si bien qu'on en voyait à peine sortir ses deux genoux, sur lesquels elle jouait aux dominos toute seule. Elle nous regarda un moment, trembla longtemps, me sourit un peu, et se remit à jouer. Il me parut qu'elle s'appliquait à comprendre comment sa main droite battait sa main gauche.

"Voyez-vous, il y a un mois qu'elle joue cette partie-là, me dit le Chef de bataillon; demain, ce sera peut-être un autre jeu qui durera longtemps. C'est drôle, hein?"

En même temps il se mit à replacer la toile cirée de son schako, que la pluie avait un peu dérangée.

"Pauvre Laurette!" dis-je, "tu as perdu pour toujours, va."

J'approchai mon cheval de la charrette, et je lui tendis la main; elle me donna la sienne machinalement, et en souriant avec beaucoup de douceur. Je remarquai avec étonnement qu'elle avait à ses longs doigts deux bagues de diamants; je pensai que c'étaient encore les bagues de sa mère, et je me demandai comment la misère les avait laissées là. Pour un monde entier je n'en aurais pas fait l'observation au vieux Commandant; mais comme il me suivait des yeux, et voyait les miens arrêtés sur les doigts de Laure, il me dit avec un certain air d'orgueil:

"Ce sont d'assez gros diamants, n'est-ce pas? Ils pourraient avoir leur prix dans l'occasion, mais je n'ai pas voulu qu'elle s'en séparât, la pauvre enfant. Quand on y touche, elle pleure, elle ne les quitte pas. Du reste, elle ne se plaint jamais, et elle peut coudre de temps en temps. J'ai tenu parole à son pauvre petit mari, et, en vérité, je ne m'en repens pas. Je ne l'ai jamais quittée, et j'ai dit partout que c'était ma fille qui était folle. On a respecté ça. A l'armée tout s'arrange mieux qu'on ne le croit à Paris, allez! — Elle a fait toutes les guerres de l'Empereur avec moi, et je l'ai toujours tirée d'affaire. Je la tenais toujours chaudement. Avec de la paille et une petite voiture, ce n'est jamais impossible. Elle avait une tenue assez soignée,[1] et moi, étant chef de bataillon, avec une bonne paye, ma pension de la Légion d'honneur et le mois Napoléon,[2] dont la solde était double, dans le temps, j'étais tout à fait au courant de mon affaire,[3] et elle ne me gênait pas. Au contraire, ses enfantillages faisaient rire quelquefois les officiers du 7e léger."

Alors il s'approcha d'elle et lui frappa sur l'épaule, comme il eût fait à son petit mulet.

"Eh bien, ma fille! dis donc, parle donc un peu au lieutenant qui est là; voyons, un petit signe de tête."

Elle se remit à ses dominos.

"Oh!" dit-il, "c'est qu'elle est un peu farouche aujourd'hui,

---

[1] *elle avait...soignée*: she was rather particular about her appearance.
[2] *le mois Napoléon*: i.e. after Napoleon escaped from Elba.
[3] *j'étais...affaire*: I was all right for money.

parce qu'il pleut. Cependant elle ne s'enrhume jamais. Les fous, ça n'est jamais malade, c'est commode de ce côté-là. A la Bérésina et dans toute la retraite de Moscou, elle allait nu-tête. — Allons, ma fille, joue toujours, va, ne t'inquiète pas de nous; fais ta volonté, va, Laurette."

Elle lui prit la main qu'il appuyait sur son épaule, une grosse main noire et ridée; elle la porta timidement à ses lèvres et la baisa comme une pauvre esclave. Je me sentis le cœur serré par ce baiser, et je tournai bride violemment.

"Voulons-nous continuer notre marche, Commandant?" lui dis-je; "la nuit viendra avant que nous soyons à Béthune."

Le Commandant racla soigneusement avec le bout de son sabre la boue jaune qui chargeait ses bottes; ensuite il monta sur le marchepied de la charrette, ramena sur la tête de Laure le capuchon de drap d'un petit manteau qu'elle avait. Il ôta sa cravate de soie noire et la mit autour du cou de sa fille adoptive; après quoi il donna le coup de pied au mulet, fit son mouvement d'épaule et dit: "En route, mauvaise troupe!" Et nous repartîmes.

La pluie tombait toujours tristement; le ciel gris et la terre grise s'étendaient sans fin; une sorte de lumière terne, un pâle soleil, tout mouillé, s'abaissait derrière de grands moulins qui ne tournaient pas. Nous retombâmes dans un grand silence.

Je regardais mon vieux Commandant; il marchait à grands pas, avec une vigueur toujours soutenue, tandis que son mulet n'en pouvait plus, et que mon cheval même commençait à baisser la tête. Ce brave homme ôtait de temps à autre son schako pour essuyer son front chauve et quelques cheveux gris de sa tête, ou ses gros sourcils, ou ses moustaches blanches, d'où tombait la pluie. Il ne s'inquiétait pas de l'effet qu'avait pu faire sur moi son récit. Il ne s'était fait ni meilleur ni plus mauvais qu'il n'était. Il n'avait pas daigné se dessiner. Il ne pensait pas à lui-même, et au bout d'un quart d'heure il entama, sur le même ton, une histoire bien plus longue sur une campagne du maréchal Masséna, où il avait formé son bataillon en carré contre je ne sais quelle cavalerie. Je ne l'écoutai pas, quoiqu'il s'échauffât[1] pour me démontrer la supériorité du fantassin sur le cavalier.

La nuit vint, nous n'allions pas vite. La boue devenait plus épaisse et plus profonde. Rien sur la route et rien au bout. Nous nous arrêtâmes au pied d'un arbre mort, le seul arbre du chemin. Il donna d'abord ses soins à son mulet, comme moi à mon cheval. Ensuite il regarda dans la charrette, comme une mère dans le berceau de son enfant. Je l'entendais qui disait: "Allons, ma fille, mets cette redingote sur tes pieds, et tâche de dormir. — Allons, c'est bien! elle n'a pas une goutte de pluie. — Ah! diable! elle a cassé ma montre, que je lui avais laissée au cou! — Oh! ma pauvre montre d'argent! — Allons, c'est égal; mon enfant, tâche de dormir. Voilà le beau temps qui va venir bientôt. — C'est drôle! elle a toujours la fièvre; les folles sont comme ça. Tiens, voilà du chocolat pour toi, mon enfant."

Il appuya la charrette à l'arbre, et nous nous assîmes sous les roues, à l'abri de l'éternelle ondée, partageant un petit pain à lui et un à moi; mauvais souper.

"Je suis fâché que nous n'ayons que ça," dit-il; "mais ça vaut mieux que du cheval cuit sous la cendre avec de la poudre dessus, en manière de sel, comme on en mangeait en Russie. La pauvre petite femme, il faut bien que je lui donne ce que j'ai de mieux; vous voyez que je la mets toujours à part. Elle ne peut pas souffrir le voisinage d'un homme depuis l'affaire de la lettre. Je suis vieux, et elle a l'air de croire que je suis son père; malgré cela, elle m'étranglerait si je voulais l'embrasser seulement sur le front. L'éducation leur laisse toujours quelque chose, à ce qu'il paraît, car je ne l'ai jamais vue oublier de se cacher comme une religieuse. — C'est drôle, hein?"

Comme il parlait d'elle de cette manière, nous l'entendîmes soupirer et dire: *Ôtez ce plomb! ôtez-moi ce plomb!* Je me levai, il me fit rasseoir.

"Restez, restez," me dit-il, "ce n'est rien; elle dit ça toute sa vie, parce qu'elle croit toujours sentir une balle dans sa tête. Ça

[1] *s'échauffât*: got quite excited.

77

ne l'empêche pas de faire tout ce qu'on lui dit, et cela avec beaucoup de douceur."

Je me tus, en l'écoutant avec tristesse. Je me mis à calculer que, de 1797 à 1815, où nous étions, dix-huit années s'étaient ainsi passées pour cet homme. — Je demeurai longtemps en silence à côté de lui, cherchant à me rendre compte de ce caractère et de cette destinée. Ensuite, à propos de rien, je lui donnai une poignée de main pleine d'enthousiasme. Il en fut étonné.

"Vous êtes un digne homme," lui dis-je. Il me répondit:

"Eh! pourquoi donc? Est-ce à cause de cette pauvre femme? ...Vous sentez bien, mon enfant, que c'était un devoir. Il y a longtemps que j'ai fait Abnégation."

Et il me parla encore de Masséna.

Le lendemain, au jour, nous arrivâmes à Béthune, petite ville laide et fortifiée, où l'on dirait que les remparts, en resserrant leur cercle, ont pressé les maisons l'une sur l'autre. Tout y était en confusion, c'était le moment d'une alerte. Les habitants commençaient à retirer les drapeaux blancs des fenêtres, et à coudre les trois couleurs dans leurs maisons. Les tambours battaient la générale;[1] les trompettes sonnaient *à cheval*, par ordre de M. le duc de Berry. Les longues charrettes picardes portaient les Cent-Suisses et leurs bagages; les canons des Gardes-du-Corps courant aux remparts, les voitures des princes, les escadrons des Compagnies-Rouges se formant, encombraient la ville. La vue des Gendarmes du roi et des Mousquetaires me fit oublier mon vieux compagnon de route. Je joignis ma compagnie, et je perdis dans la foule la petite charrette et ses pauvres habitants. A mon grand regret, c'était pour toujours que je les perdais.

Ce fut la première fois de ma vie que je lus au fond d'un vrai cœur de soldat. Cette rencontre me révéla une nature d'homme qui m'était inconnue, et que le pays connaît mal et ne traite pas bien; je la plaçai dès lors très haut dans mon estime. J'ai souvent cherché depuis autour de moi quelque homme semblable à celui-là et capable de cette abnégation de soi-même entière

---

[1] *battaient la générale*: were beating to arms.

et insouciante. Or, durant quatorze années que j'ai vécu dans l'armée, ce n'est qu'en elle, et surtout dans les rangs dédaignés et pauvres de l'infanterie, que j'ai retrouvé ces hommes de caractère antique, poussant le sentiment du devoir jusqu'à ses dernières conséquences, n'ayant ni remords de l'obéissance ni honte de la pauvreté, simples de mœurs et de langage, fiers de la gloire du pays, et insouciants de la leur propre, s'enfermant avec plaisir dans leur obscurité, et partageant avec les malheureux le pain noir qu'ils payent de leur sang.

J'ignorai longtemps ce qu'était devenu ce pauvre Chef de bataillon, d'autant plus qu'il ne m'avait pas dit son nom et que je ne le lui avais pas demandé. Un jour cependant, au café, en 1825, je crois, un vieux capitaine d'infanterie de ligne à qui je le décrivis, en attendant la parade, me dit:

"Eh! pardieu, mon cher, je l'ai connu, le pauvre diable! C'était un brave homme; il a été *descendu* par un boulet à Waterloo. Il avait en effet laissé aux bagages une espèce de fille folle que nous menâmes à l'hôpital d'Amiens, en allant à l'armée de la Loire, et qui y mourut, furieuse, au bout de trois jours."

"Je le crois bien," dis-je; "elle n'avait plus son père nourricier!"

"Ah bah! *père*! qu'est-ce que vous dites donc?" ajouta-t-il d'un air qu'il voulait rendre fin et licencieux.

"Je dis qu'on bat le rappel,"[1] repris-je en sortant. Et moi aussi, j'ai fait abnégation.

---

[1] *on bat le rappel*: they are beating the fall-in.

ALFRED DE MUSSET

(1810–1857)

⟡

MUSSET, a Parisian, belonged to a noble and wealthy family, though the death of his father in 1831 obliged him to write for a living. After a distinguished career as a student, Musset became a brilliant figure in the world of society and letters, especially in Charles Nodier's salon at the Arsénal, the rendez-vous of the young Romantics. But Musset's outlook on life was essentially that of the eighteenth century which always subordinated the individual to society and expected its writers to respect this principle. Therefore, even when life, and particularly his unhappy love affair with George Sand, inflicted deep wounds on Musset's spirit, he never regarded himself as "une âme incomprise" or indulged in romantic tirades at the injustice of society. In the early poems, the *Contes d'Espagne et d'Italie, Vœux stériles, Les Pensées secrètes de Rafael,* he brilliantly orchestrates the favourite themes of the Romantics, yet is maliciously amused at their exaggerated passions, frenzies and sombre egotism. This dualism of outlook is strongly reflected also in Musset's *Comédies et Proverbes* (1840) (*On ne badine pas avec l'amour, Les Caprices de Marianne*) where the tragic victims of love hide their sufferings behind a gallant front of *badinage* and disillusioned resignation which accentuates the poignant quality of their sadness. In the *Nuits,* however, we have the *cri du cœur* of a great lyric poet who reveals the most secret places of his wounded soul, not in a spirit of pride in his uniqueness or in order to evoke the reader's sympathy, but simply because of the irresistible urge to find in confession, in these expressive dialogues between the poet and his Muse, a message of consolation and hope. The same theme is to be found, though less sincerely and directly expressed, in the autobiographical novel *La Confession d'un enfant du siècle*(1836). The short stories, on the other hand, reflect a different and gayer mood, which does not exclude, however, a discreet and charming melancholy. The best of the *contes,* though all are charming, are perhaps: *Mimi Pinson*(1843), *Le Secret de Javotte* (1844) and *L'Histoire d'un merle blanc* (1842). Musset died of heart disease, aggravated by his alcoholic excesses.

ALFRED DE MUSSET

HISTOIRE D'UN MERLE BLANC[1]

Qu'il est glorieux, mais qu'il est pénible d'être en ce monde un merle exceptionnel! Je ne suis point un oiseau fabuleux, et monsieur de Buffon[2] m'a décrit. Mais, hélas! je suis extrêmement rare, et très difficile à trouver. Plût au ciel que je fusse tout à fait impossible!

Mon père et ma mère étaient deux bonnes gens qui vivaient depuis nombre d'années, au fond d'un vieux jardin retiré du Marais.[3] C'était un ménage exemplaire. Pendant que ma mère, assise dans un buisson fourré, pondait régulièrement trois fois par an, et couvait, tout en sommeillant, avec une religion patriarcale, mon père, encore fort propre et fort pétulant, malgré son grand âge, picorait autour d'elle toute la journée, lui apportant de beaux insectes qu'il saisissait délicatement par le bout de la queue pour ne pas dégoûter sa femme, et, la nuit venue, il ne manquait jamais, quand il faisait beau, de la régaler d'une chanson qui réjouissait tout le voisinage. Jamais une querelle, jamais le moindre nuage n'avait troublé cette douce union.

A peine fus-je venu au monde, que, pour la première fois de sa vie, mon père commença à montrer de la mauvaise humeur. Bien que je ne fusse encore que d'un gris douteux, il ne reconnaissait en moi ni la couleur, ni la tournure de sa nombreuse postérité.

"Voila un sale enfant," disait-il quelquefois en me regardant de travers; "il faut que ce gamin-là aille apparemment se fourrer dans tous les plâtras et tous les tas de boue qu'il rencontre, pour être toujours si laid et si crotté."[4]

---

[1] *merle blanc*: white blackbird.

[2] Buffon, G.-L. Leclerc de (1707–88): author of the famous *Histoire naturelle*.

[3] *le Marais*: name given under old régime to district in Paris (now III and IV *arrondissements*) inhabited by nobility and wealthy bourgeois. Contains many fine old houses.   [4] *crotté*: mud-bespattered.

"Eh! mon Dieu, mon ami," répondait ma mère, toujours roulée en boule dans une vieille écuelle[1] dont elle avait fait son nid, "ne voyez-vous pas que c'est de son âge? Et vous-même, dans votre jeune temps, n'avez-vous pas été un charmant vaurien? Laissez grandir notre merlichon, et vous verrez comme il sera beau; il est des mieux que j'aie pondus."

Tout en prenant ainsi ma défense, ma mère ne s'y trompait pas; elle voyait pousser mon fatal plumage, qui lui semblait une monstruosité; mais elle faisait comme toutes les mères, qui s'attachent souvent à leurs enfants, par cela même qu'ils sont maltraités de la nature, comme si la faute en était à elles, ou comme si elles repoussaient d'avance l'injustice du sort qui doit les frapper.

Quand vint le temps de ma première mue,[2] mon père devint tout à fait pensif et me considéra attentivement. Tant que mes plumes tombèrent, il me traita encore avec assez de bonté et me donna même la pâtée, me voyant grelotter presque nu dans un coin; mais dès que mes pauvres ailerons transis[3] commencèrent à se recouvrir de duvet, à chaque plume blanche qu'il vit paraître, il entra dans une telle colère, que je craignis qu'il ne me plumât[4] pour le reste de mes jours. Hélas! je n'avais pas de miroir; j'ignorais le sujet de cette fureur, et je me demandais pourquoi le meilleur des pères se montrait pour moi si barbare.

Un jour qu'un rayon de soleil et ma fourrure naissante m'avaient mis, malgré moi, le cœur en joie, comme je voltigeais[5] dans une allée, je me mis, pour mon malheur, à chanter. A la première note qu'il entendit, mon père sauta en l'air comme une fusée.

"Qu'est-ce que j'entends là?" s'écria-t-il; "est-ce ainsi qu'un merle siffle? est-ce ainsi que je siffle? est-ce là siffler?"

Et, s'abattant près de ma mère avec la contenance la plus terrible:

"Malheureuse!" dit-il, "qui est-ce qui a pondu dans ton nid?"

[1] *écuelle*: bowl.
[2] *mue*: moulting.
[3] *transis*: benumbed.
[4] *plumât*: pluck bare.
[5] *voltigeais*: fluttered.

A ces mots, ma mère indignée, s'élança de son écuelle, non sans se faire du mal à une patte; elle voulut parler, mais ses sanglots la suffoquaient; elle tomba à terre à demi pâmée.[1] Je la vis près d'expirer; épouvanté[2] et tremblant de peur, je me jetai aux genoux de mon père.

"O mon père!" lui dis-je, "si je siffle de travers,[3] et si je suis mal vêtu, que ma mère n'en soit point punie! Est-ce sa faute si la nature m'a refusé une voix comme la vôtre! Est-ce sa faute si je n'ai pas votre beau bec jaune et votre bel habit noir à la française, qui vous donnent l'air d'un marguillier[4] en train d'avaler une omelette? Si le ciel a fait de moi un monstre, et si quelqu'un doit en porter la peine, que je sois du moins le seul malheureux!"

"Il ne s'agit pas de cela," dit mon père; "que signifie la manière absurde dont tu viens de te permettre de siffler? qui t'a appris à siffler ainsi contre tous les usages et toutes les règles?"

"Hélas! monsieur," répondis-je humblement, "j'ai sifflé comme je pouvais, me sentant gai parce qu'il fait beau, et ayant peut-être mangé trop de mouches."

"On ne siffle pas ainsi dans ma famille," reprit mon père hors de lui. "Il y a des siècles que nous sifflons de père en fils, et, lorsque je fais entendre ma voix la nuit, apprends qu'il y a ici, au premier étage, un vieux monsieur, et au grenier[5] une jeune grisette, qui ouvrent leurs fenêtres pour m'entendre. N'est-ce pas assez que j'aie devant les yeux l'affreuse couleur de tes sottes plumes qui te donnent l'air enfariné, comme un paillasse[6] de la foire? Si je n'étais le plus pacifique des merles, je t'aurais déjà cent fois mis à nu, ni plus ni moins qu'un poulet de basse-cour prêt à être embroché."[7]

"Eh bien!" m'écriai-je, révolté de l'injustice de mon père, "s'il en est ainsi, monsieur, qu'à cela ne tienne! je me déroberai à votre présence, je délivrerai vos regards de cette malheureuse

---

[1] *pâmée*: swooning.
[2] *épouvanté*: terrified.
[3] *de travers*: wrong.
[4] *marguillier*: churchwarden.
[5] *grenier*: attic.
[6] *paillasse*: clown.
[7] *embroché*: put on the spit.

queue blanche par laquelle vous me tirez toute la journée. Je partirai, monsieur, je fuirai; assez d'autres enfants consoleront votre vieillesse, puisque ma mère pond trois fois par an; j'irai loin de vous cacher ma misère, et peut-être, ajoutai-je en sanglotant, peut-être trouverai-je, dans le potager du voisin ou sur les gouttières, quelques vers de terre ou quelques araignées pour soutenir ma triste existence."

"Comme tu voudras," répliqua mon père, loin de s'attendrir à ce discours; "que je ne te voie plus! Tu n'es pas mon fils; tu n'es pas un merle."

"Et que suis-je donc, monsieur, s'il vous plaît?"

"Je n'en sais rien, mais tu n'es pas un merle."

Après ces paroles foudroyantes, mon père s'éloigna à pas lents. Ma mère se releva tristement, et alla, en boitant, achever de pleurer dans son écuelle. Pour moi, confus et désolé, je pris mon vol du mieux que je pus, et j'allai, comme je l'avais annoncé, me percher sur la gouttière d'une maison voisine.

Mon père eut l'inhumanité de me laisser pendant plusieurs jours dans cette situation mortifiante. Malgré sa violence, il avait bon cœur, et, aux regards détournés qu'il me lançait, je voyais bien qu'il aurait voulu me pardonner et me rappeler; ma mère, surtout, levait sans cesse vers moi des yeux pleins de tendresse, et se risquait même parfois à m'appeler d'un petit cri plaintif; mais mon horrible plumage blanc leur inspirait, malgré eux, une répugnance et un effroi auxquels je vis bien qu'il n'y avait point de remède.

"Je ne suis point un merle?" me répétais-je; et, en effet, en m'épluchant[1] le matin et en me mirant dans l'eau de la gouttière, je ne reconnaissais que trop clairement combien je ressemblais peu à ma famille. "O ciel!" répétai-je encore, "apprends-moi donc ce que je suis!"

Une certaine nuit qu'il pleuvait à verse, j'allais m'endormir exténué de faim et de chagrin, lorsque je vis se poser près de moi un oiseau plus mouillé, plus pâle et plus maigre que je ne le

---

[1] *m'épluchant*: preening myself.

croyais possible. Il était à peu près de ma couleur, autant que j'en pus juger à travers la pluie qui nous inondait; à peine avait-il sur le corps assez de plumes pour habiller un moineau, et il était plus gros que moi. Il me sembla, au premier abord, un oiseau tout à fait pauvre et nécessiteux; mais il gardait, en dépit de l'orage qui maltraitait son front presque tondu, un air de fierté qui me charma. Je lui fis modestement une grande révérence, à laquelle il répondit par un coup de bec qui faillit me jeter à bas de la gouttière. Voyant que je me grattais l'oreille et que je me retirais avec componction sans essayer de lui répondre en sa langue:

"Qui es-tu?" me demanda-t-il d'une voix aussi enrouée que son crâne était chauve.

"Hélas! monseigneur," répondis-je (craignant une seconde estocade), "je n'en sais rien. Je croyais être un merle, mais l'on m'a convaincu que je n'en suis pas un."

La singularité de ma réponse et mon air de sincérité l'intéressèrent. Il s'approcha de moi et me fit conter mon histoire, ce dont je m'acquittai avec toute la tristesse et toute l'humilité qui convenaient à ma position et au temps affreux qu'il faisait.

"Si tu étais un ramier[1] comme moi," me dit-il après m'avoir écouté, "les niaiseries dont tu t'affliges ne t'inquiéteraient pas un moment. Nous voyageons, c'est là notre vie, et nous avons bien nos amours, mais je ne sais qui est mon père. Fendre l'air, traverser l'espace, voir à nos pieds les monts et les plaines, respirer l'azur même des cieux, et non les exhalaisons de la terre, courir comme la flèche à un but marqué qui ne nous échappe jamais, voilà notre plaisir et notre existence. Je fais plus de chemin en un jour qu'un homme n'en peut faire en dix."

"Sur ma parole, monsieur," dis-je un peu enhardi, "vous êtes un oiseau bohémien."

"C'est encore une chose dont je ne me soucie guère," reprit-il. "Je n'ai point de pays; je ne connais que trois choses: les voyages, ma femme et mes petits. Où est ma femme, là est ma patrie."

---

[1] *ramier*: wood-pigeon.

"Mais qu'avez-vous là qui vous pend au cou? C'est comme une vieille papillote[1] chiffonnée."

"Ce sont des papiers d'importance," répondit-il en se rengorgeant; "je vais à Bruxelles de ce pas, et je porte au célèbre banquier — une nouvelle qui va faire baisser la rente d'un franc soixante-dix-huit centimes."

"Juste Dieu!" m'écriai-je, "c'est une belle existence que la vôtre, et Bruxelles, j'en suis sûr, doit être une ville bien curieuse à voir. Ne pourriez-vous pas m'emmener avec vous? Puisque je ne suis pas un merle, je suis peut-être un pigeon ramier."

"Si tu en étais un," répliqua-t-il, "tu m'aurais rendu le coup de bec que je t'ai donné tout à l'heure."

"Eh bien! monsieur, je vous le rendrai; ne nous brouillons pas pour si peu de chose. Voilà le matin qui paraît et l'orage qui s'apaise. De grâce, laissez-moi vous suivre! Je suis perdu, je n'ai plus rien au monde — si vous me refusez, il ne me reste plus qu'à me noyer dans cette gouttière."

"Eh bien, en route! suis-moi, si tu peux."

Je jetai un dernier regard sur le jardin où dormait ma mère. Une larme coula de mes yeux; le vent et la pluie l'emportèrent. J'ouvris mes ailes, et je partis.

Mes ailes, je l'ai dit, n'étaient pas encore bien robustes. Tandis que mon conducteur allait comme le vent, je m'essoufflais à ses côtés; je tins bon pendant quelque temps, mais bientôt il me prit un éblouissement si violent, que je me sentis près de défaillir.

"Y en a-t-il encore pour longtemps?" demandai-je d'une voix faible.

"Non," me répondit-il, "nous sommes au Bourget; nous n'avons plus que soixante lieues à faire."

J'essayai de reprendre courage, ne voulant pas avoir l'air d'une poule mouillée, et je volai encore un quart d'heure, mais, pour le coup, j'étais rendu.[2]

"Monsieur," bégayai-je de nouveau, "ne pourrait-on pas

---

[1] *papillote*: curl-paper.   [2] *rendu*: exhausted.

s'arrêter un instant? J'ai une soif horrible qui me tourmente, et, en nous perchant sur un arbre..."

"Va-t'en au diable! tu n'es qu'un merle!" me répondit le ramier en colère.

Et, sans daigner tourner la tête, il continua son voyage enragé. Quant à moi, abasourdi et n'y voyant plus, je tombai dans un champ de blé.

J'ignore combien de temps dura mon évanouissement. Lorsque je repris connaissance, ce qui me revint d'abord en mémoire fut la dernière parole du ramier: 'Tu n'es qu'un merle,' m'avait-il dit. — O mes chers parents, pensai-je, vous vous êtes donc trompés! Je vais retourner près de vous; vous me reconnaîtrez pour votre vrai et légitime enfant, et vous me rendrez ma place dans ce bon petit tas de feuilles qui est sous l'écuelle de ma mère.

Je fis un effort pour me lever; mais la fatigue du voyage et la douleur que je ressentais de ma chute me paralysaient tous les membres. A peine me fus-je dressé sur mes pattes, que la défaillance[1] me reprit, et je retombai sur le flanc.

L'affreuse pensée de la mort se présentait déjà à mon esprit, lorsque, à travers les bluets et les coquelicots,[2] je vis venir à moi, sur la pointe du pied, deux charmantes personnes. L'une était une petite pie[3] fort bien mouchetée[4] et extrêmement coquette, et l'autre une tourterelle couleur de rose. La tourterelle s'arrêta à quelques pas de distance, avec un grand air de pudeur et de compassion pour mon infortune; mais la pie s'approcha en sautillant de la manière la plus agréable du monde.

"Eh! bon Dieu! pauvre enfant, que faites-vous là?" me demanda-t-elle d'une voix folâtre et argentine.

"Hélas! madame la marquise," répondis-je (car c'en devait être une pour le moins), "je suis un pauvre diable de voyageur que son postillon a laissé en route, et je suis en train de mourir de faim."

"Sainte Vierge! que me dites-vous?" répondit-elle.

---

[1] *défaillance*: faintness.   [2] *coquelicots*: field-poppies.
[3] *pie*: magpie.   [4] *mouchetée*: spotted.

Et aussitôt elle se mit à voltiger çà et là sur les buissons qui nous entouraient, allant et venant de côté et d'autre, m'apportant quantité de baies[1] et de fruits, dont elle fit un petit tas près de moi, tout en continuant ses questions.

"Mais qui êtes-vous? mais d'où venez-vous? C'est une chose incroyable que votre aventure! Et où alliez-vous? Voyager seul, si jeune, car vous sortez de votre première mue! Que font vos parents? d'où sont-ils? comment vous laissent-ils aller dans cet état-là? Mais c'est à faire dresser les plumes sur la tête!"[2]

Pendant qu'elle parlait, je m'étais soulevé un peu de côté, et je mangeais de grand appétit. La tourterelle restait immobile, me regardant toujours d'un œil de pitié. Cependant elle remarqua que je retournais la tête d'un air languissant, et elle comprit que j'avais soif. De la pluie tombée dans la nuit une goutte restait sur un brin de mouron;[3] elle recueillit timidement cette goutte dans son bec, et me l'apporta toute fraîche. Certainement, si je n'eusse pas été si malade, une personne si réservée ne se serait jamais permis une pareille démarche.

Je ne savais pas encore ce que c'est que l'amour, mais mon cœur battait violemment. Partagé entre deux émotions diverses, j'étais pénétré d'un charme inexplicable. Ma panetière[4] était si gaie, mon échanson[5] si expansif et si doux, que j'aurais voulu déjeuner ainsi pendant toute l'éternité. Malheureusement, tout a un terme, même l'appétit d'un convalescent. Le repas fini et mes forces venues, je satisfis la curiosité de la petite pie, et lui racontai mes malheurs avec autant de sincérité que je l'avais fait la veille devant le pigeon. La pie m'écouta avec plus d'attention qu'il ne semblait devoir lui appartenir, et la tourterelle me donna des marques charmantes de sa profonde sensibilité. Mais, lorsque j'en fus à toucher le point capital qui causait ma peine, c'est-à-dire l'ignorance où j'étais de moi-même:

[1] *baies*: berries.
[2] *Mais...tête*: But it's enough to make the feathers stand up on one's head.
[3] *brin de mouron*: sprig of chickweed.
[4] *panetière*: pantry-maid (old expression).
[5] *échanson*: cup-bearer.

"Plaisantez-vous?" s'écria la pie; "vous, un merle! vous, un pigeon! Fi donc! vous êtes une pie, mon cher enfant, pie s'il en fut, et très gentille pie," ajouta-t-elle en me donnant un petit coup d'aile, comme qui dirait un coup d'éventail.

"Mais, madame la marquise," répondis-je, "il me semble que, pour une pie, je suis d'une couleur, ne vous en déplaise..."

"Une pie russe, mon cher, vous êtes une pie russe! Vous ne savez pas qu'elles sont blanches? Pauvre garçon, quelle innocence!"

"Mais, madame," repris-je, "comment serais-je une pie russe, étant né au fond du Marais, dans une vieille écuelle cassée?"

"Ah! le bon enfant! Vous êtes de l'invasion, mon cher; croyez-vous qu'il n'y ait que vous? Fiez-vous à moi, et laissez-vous faire; je veux vous emmener tout à l'heure et vous montrer les plus belles choses de la terre."

"Où cela, madame, s'il vous plaît?"

"Dans mon palais vert, mon mignon; vous verrez quelle vie on y mène. Vous n'aurez pas plus tôt été pie un quart d'heure, que vous ne voudrez plus entendre parler d'autre chose. Nous sommes là une centaine, non pas de ces grosses pies de village qui demandent l'aumône sur les grands chemins, mais toutes nobles et de bonne compagnie, effilées,[1] lestes, et pas plus grosses que le poing. Pas une de nous n'a ni plus ni moins de sept marques noires et de cinq marques blanches; c'est une chose invariable, et nous méprisons le reste du monde. Les marques noires vous manquent, il est vrai, mais votre qualité de Russe suffira pour vous faire admettre. Notre vie se compose de deux choses: caqueter et nous attifer.[2] Depuis le matin jusqu'à midi, nous nous attifons, et, depuis midi jusqu'au soir, nous caquetons. Chacune de nous perche sur un arbre, le plus haut et le plus vieux possible. Au milieu de la forêt s'élève un chêne immense, inhabité, hélas! C'était la demeure du feu roi Pie X, où nous allons en pèlerinage en poussant de bien gros soupirs; mais, à part ce léger chagrin, nous passons le temps à merveille. Nos femmes ne sont pas plus

[1] *effilées*: slim.　　[2] *nous attifer*: dress ourselves up.

89

bégueules[1] que nos maris ne sont jaloux, mais nos plaisirs sont purs et honnêtes, parce que notre cœur est aussi noble que notre langage est libre et joyeux. Notre fierté n'a pas de bornes, et, si un geai ou toute autre canaille vient par hasard à s'introduire chez nous, nous le plumons impitoyablement. Mais nous n'en sommes pas moins les meilleures gens du monde, et les passereaux, les mésanges,[2] les chardonnerets, qui vivent dans nos taillis, nous trouvent toujours prêtes à les aider, à les nourrir et à les défendre. Nulle part il n'y a plus de caquetage que chez nous, et nulle part moins de médisance. Nous ne manquons pas de vieilles pies dévotes qui disent leurs patenôtres toute la journée, mais la plus éventée de nos jeunes commères peut passer, sans crainte d'un coup de bec, près de la plus sévère douairière. En un mot, nous vivons de plaisir, d'honneur, de bavardage, de gloire et de chiffons."

"Voilà qui est fort beau, madame," répliquai-je, "et je serais certainement mal appris de ne point obéir aux ordres d'une personne comme vous. Mais avant d'avoir l'honneur de vous suivre, permettez-moi, de grâce, de dire un mot à cette bonne demoiselle qui est ici. — Mademoiselle," continuai-je en m'adressant à la tourterelle, "parlez-moi franchement, je vous en supplie; pensez-vous que je sois véritablement une pie russe?"

A cette question, la tourterelle baissa la tête, et devint rouge pâle, comme les rubans de Lolotte.

"Mais, monsieur," dit-elle, "je ne sais si je puis..."

"Au nom du ciel, parlez, mademoiselle! Mon dessein n'a rien qui puisse vous offenser, bien au contraire. Vous me paraissez toutes deux si charmantes, que je fais ici le serment d'offrir mon cœur et ma patte à celle de vous qui en voudra, dès l'instant que je saurai si je suis pie ou autre chose; car, en vous regardant," ajoutai-je, parlant un peu plus bas à la jeune personne, "je me sens je ne sais quoi de tourtereau[3] qui me tourmente singulièrement."

"Mais, en effet," dit la tourterelle en rougissant encore davantage, "je ne sais si c'est le reflet du soleil qui tombe sur vous

---

[1] *bégueules*: strait-laced.   [2] *mésanges*: blue-tits.
[3] *je me sens...tourtereau*: I have a sort of turtle-dovey feeling.

à travers ces coquelicots, mais votre plumage me semble avoir une légère teinte..."

Elle n'osa en dire plus long.

"O perplexité!" m'écriai-je, "comment savoir à quoi m'en tenir? comment donner mon cœur à l'une de vous, lorsqu'il est si cruellement déchiré? O Socrate! quel précepte admirable, mais difficile à suivre, tu nous a donné, quand tu as dit: 'Connais-toi toi-même!'"

Depuis le jour où une malheureuse chanson avait si fort contrarié mon père, je n'avais pas fait usage de ma voix. En ce moment, il me vint à l'esprit de m'en servir comme d'un moyen pour discerner la vérité. "Parbleu!" pensais-je, "puisque monsieur mon père m'a mis à la porte dès le premier couplet, c'est bien le moins que le second produise quelque effet sur ces dames!" Ayant donc commencé par m'incliner poliment, comme pour réclamer l'indulgence, à cause de la pluie que j'avais reçue, je me mis d'abord à siffler, puis à gazouiller,[1] puis à faire des roulades, puis enfin à chanter à tue-tête,[2] comme un muletier espagnol en plein vent.

A mesure que je chantais, la petite pie s'éloignait de moi d'un air de surprise qui devint bientôt de la stupéfaction, puis qui passa à un sentiment d'effroi accompagné d'un profond ennui. Elle décrivait des cercles autour de moi, comme un chat autour d'un morceau de lard trop chaud qui vient de le brûler, mais auquel il voudrait pourtant goûter encore. Voyant l'effet de mon épreuve, et voulant la pousser jusqu'au bout, plus la pauvre marquise montrait d'impatience, plus je m'égosillais[3] à chanter. Elle résista pendant vingt-cinq minutes à mes mélodieux efforts; enfin, n'y pouvant plus tenir, elle s'envola à grand bruit, et regagna son palais de verdure. Quant à la tourterelle, elle s'était, presque dès le commencement, profondément endormie.

"Admirable effet de l'harmonie!" pensai-je. "O Marais! ô écuelle maternelle! plus que jamais je reviens à vous!"

---

[1] *gazouiller*: warble.   [2] *à tue-tête*: lustily.
[3] *m'égosillais*: made myself hoarse.

Au moment où je m'élançais pour partir, la tourterelle rouvrit les yeux.

"Adieu," dit-elle, "étranger si gentil et si ennuyeux! Mon nom est Gourouli; souviens-toi de moi!"

"Belle Gourouli," lui répondis-je, "vous êtes bonne, douce et charmante; je voudrais vivre et mourir pour vous. Mais vous êtes couleur de rose; tant de bonheur n'est pas fait pour moi!"

Le triste effet produit par mon chant ne laissait pas que de m'attrister. "Hélas! musique, hélas! poésie," me répétais-je en regagnant Paris, "qu'il y a peu de cœurs qui vous comprennent!"

En faisant cês réflexions, je me cognai la tête contre celle d'un oiseau qui volait dans le sens opposé au mien. Le choc fut si rude et si imprévu, que nous tombâmes tous deux sur la cime d'un arbre qui, par bonheur, se trouva là. Après que nous nous fûmes un peu secoués, je regardai le nouveau venu, m'attendant à une querelle. Je vis avec surprise qu'il était blanc. A la vérité, il avait la tête un peu plus grosse que moi, et, sur le front, une espèce de panache que lui donnait un air héroï-comique. De plus, il portait sa queue fort en l'air, avec une grande magnanimité; du reste, il ne me parut nullement disposé à la bataille. Nous nous abordâmes fort civilement, et nous nous fîmes de mutuelles excuses, après quoi nous entrâmes en conversation. Je pris la liberté de lui demander son nom et de quel pays il était.

"Je suis étonné," me dit-il, "que vous ne me connaissiez pas. Est-ce que vous n'êtes pas des nôtres?"

"En vérité, monsieur," répondis-je, "je ne sais pas desquels je suis. Tout le monde me demande et me dit la même chose; il faut que ce soit une gageure qu'on ait faite."

"Vous voulez rire," répliqua-t-il; "votre plumage vous sied trop bien pour que je méconnaisse un confrère. Vous appartenez infailliblement à cette race illustre et vénérable qu'on nomme en latin *cacuata*, en langue savante *kakatoès*, et en jargon vulgaire cacatois."[1]

---

[1] *cacatois*: cockatoo.

"Ma foi, monsieur, cela est possible, et ce serait bien de l'honneur pour moi. Mais ne laissez pas de faire comme si je n'en étais pas, et daignez m'apprendre à qui j'ai la gloire de parler."

"Je suis," répondit l'inconnu, "le grand poète Kacatogan. J'ai fait de puissants voyages, monsieur, des traversées arides et de cruelles pérégrinations. Ce n'est pas d'hier que je rime, et ma muse a eu des malheurs. J'ai fredonné[1] sous Louis XVI, monsieur, j'ai braillé[2] pour la République, j'ai noblement chanté l'Empire, j'ai discrètement loué la Restauration, j'ai même fait un effort dans ces derniers temps, et je me suis soumis, non sans peine, aux exigences de ce siècle sans goût. J'ai lancé dans le monde des distiques piquants, des hymnes sublimes, de gracieux dithyrambes, de pieuses élégies, des drames chevelus,[3] des romans crépus,[4] des vaudevilles poudrés et des tragédies chauves. En un mot, je puis me flatter d'avoir ajouté au temple des Muses quelques festons galants, quelques sombres créneaux[5] et quelques ingénieuses arabesques. Que voulez-vous? je me suis fait vieux. Mais je rime encore vertement, monsieur, et, tel que vous me voyez, je rêvais à un poème en un chant, qui n'aura pas moins de six pages, quand vous m'avez fait une bosse au front. Du reste, si je puis vous être bon à quelque chose, je suis tout à votre service."

"Vraiment, monsieur, vous le pouvez," répliquai-je, "car vous me voyez en ce moment dans un grand embarras poétique. Je n'ose dire que je sois un poète, ni surtout un aussi grand poète que vous, ajoutai-je en le saluant, mais j'ai reçu de la nature un gosier qui me démange quand je me sens bien aise ou que j'ai du chagrin. A vous dire la vérité, j'ignore absolument les règles."

"Je les ai oubliées," dit Kacatogan, "ne vous inquiétez pas de cela."

"Mais il m'arrive," repris-je, "une chose fâcheuse; c'est que

---

[1] *fredonné*: hummed.   [2] *braillé*: bellowed, bawled.
[3] *chevelus*: long-haired.   [4] *crépus*: woolly-haired.
[5] *créneaux*: loop-holes.

ma voix produit sur ceux qui l'entendent à peu près le même effet
que celle d'un certain Jean de Nivelle sur...[1] Vous savez ce que
je veux dire?"

"Je le sais," dit Kacatogan; "je connais par moi-même cet
effet bizarre. La cause ne m'en est pas connue, mais l'effet
est incontestable."

"Eh bien! monsieur, vous qui me semblez être le Nestor de
la poésie, sauriez-vous, je vous prie, un remède à ce pénible
inconvénient?"

"Non," dit Kacatogan, "pour ma part, je n'en ai jamais pu
trouver. Je m'en suis fort tourmenté étant jeune, à cause qu'on
me sifflait toujours; mais, à l'heure qu'il est, je n'y songe plus. Je
crois que cette répugnance vient de ce que le public en lit d'autres
que nous: cela le distrait."

"Je le pense comme vous; mais vous conviendrez, monsieur,
qu'il est dur, pour une créature bien intentionnée, de mettre les
gens en fuite dès qu'il lui prend un bon mouvement. Voudriez-
vous me rendre le service de m'écouter, et de me dire sincèrement
votre avis?"

"Très volontiers," dit Kacatogan; "je suis tout oreilles."

Je me mis à chanter aussitôt, et j'eus la satisfaction de voir que
Kacatogan ne s'enfuyait ni ne s'endormait. Il me regardait
fixement, et, de temps en temps, il inclinait la tête d'un air
d'approbation, avec une espèce de murmure flatteur. Mais je
m'aperçus bientôt qu'il ne m'écoutait pas, et qu'il rêvait à son
poème. Profitant d'un moment où je reprenais haleine, il
m'interrompit tout à coup.

"Je l'ai pourtant trouvée, cette rime!" dit-il en souriant et en
branlant la tête; "c'est la soixante mille-sept-cent-quatorzième
qui sort de cette cervelle-là! Et l'on ose dire que je vieillis! Je vais
lire cela aux bons amis, je vais le leur lire, et nous verrons ce qu'on
en dira!"

[1] Inaccurate version of story of Jean de Nivelle who, despite reiterated appeals
of his father Jean II of Montmorency to march against the Duke of Burgundy,
took flight every time he heard his voice.

Parlant ainsi, il prit son vol et disparut, ne semblant plus se souvenir de m'avoir rencontré.

Resté seul et désappointé, je n'avais rien de mieux à faire que de profiter du reste du jour et de voler à tire-d'aile vers Paris. Malheureusement, je ne savais pas ma route. Mon voyage avec le pigeon avait été trop peu agréable pour me laisser un souvenir exact; en sorte que, au lieu d'aller tout droit, je tournai à gauche au Bourget, et, surpris par la nuit, je fus obligé de chercher un gîte dans les bois de Morfontaine.

Tout le monde se couchait lorsque j'arrivai. Les pies et les geais, qui, comme on le sait, sont les plus mauvais coucheurs de la terre, se chamaillaient[1] de tous les côtés. Dans les buissons piaillaient les moineaux, en piétinant les uns sur les autres. Au bord de l'eau marchaient gravement deux hérons, perchés sur leurs longues échasses, dans l'attitude de la méditation, George Dandins du lieu, attendant patiemment leurs femmes. D'énormes corbeaux, à moitié endormis, se posaient lourdement sur la pointe des arbres les plus élevés, et nasillaient leurs prières du soir. Plus bas, les mésanges amoureuses se pourchassaient encore dans les taillis, tandis qu'un pivert ébouriffé[2] poussait son ménage par derrière, pour le faire entrer dans le creux d'un arbre. Des phalanges de friquets[3] arrivaient des champs en dansant en l'air comme des bouffées de fumée, et se précipitant sur un arbrisseau qu'elles couvraient tout entier; des pinsons, des fauvettes, des rouges-gorges, se groupaient légèrement sur des branches découpées, comme des cristaux sur une girandole. De toute part résonnaient des voix qui disaient bien distinctement: "Allons, ma femme!" — "Allons, ma fille!" — "Venez, ma belle!" — "Par ici, ma mie!" — "Me voilà, mon cher!" — "Bonsoir, ma maîtresse!" — "Adieu, mes amis!" — "Dormez bien, mes enfants!"

Quelle position pour un célibataire, que de coucher dans une pareille auberge! J'eus la tentation de me joindre à quelques

---

[1] *se chamaillaient*: squabbled.   [2] *pivert ébouriffé*: ruffled wood-pecker.
[3] *friquets*: tree-sparrows.

oiseaux de ma taille, et de leur demander l'hospitalité. "La nuit," pensais-je, "tous les oiseaux sont gris; et d'ailleurs, est-ce faire tort aux gens que de dormir poliment près d'eux?"

Je me dirigeai d'abord vers un fossé où se rassemblaient des étourneaux.[1] Ils faisaient leur toilette de nuit avec un soin tout particulier, et je remarquai que la plupart d'entre eux avaient les ailes dorées et les pattes vernies: c'étaient les dandies de la forêt. Ils étaient assez bons enfants, et ne m'honorèrent d'aucune attention. Mais leurs propos étaient si creux, ils se racontaient avec tant de fatuité leurs tracasseries et leurs bonnes fortunes, ils se frottaient si lourdement l'un à l'autre, qu'il me fut impossible d'y tenir.

J'allai ensuite me percher sur une branche où s'alignaient une demi-douzaine d'oiseaux de différentes espèces. Je pris modestement la dernière place à l'extrémité de la branche, espérant qu'on m'y souffrirait. Par malheur, ma voisine était une vieille colombe, aussi sèche qu'une girouette rouillée.[2] Au moment où je m'approchai d'elle, le peu de plumes qui couvraient ses os était l'objet de sa sollicitude; elle feignait de les éplucher, mais elle eût trop craint d'en arracher une: elle les passait seulement en revue pour voir si elle avait son compte. A peine l'eus-je touchée du bout de l'aile, qu'elle se redressa majestueusement.

"Qu'est-ce que vous faites donc, monsieur?" me dit-elle en pinçant le bec avec une pudeur britannique.

Et, m'allongeant un grand coup de coude, elle me jeta à bas avec une vigueur qui eût fait honneur à un portefaix.[3]

Je tombai dans une bruyère où dormait une grosse gelinotte.[4] Ma mère elle-même, dans son écuelle, n'avait pas un tel air de béatitude. Elle était si rebondie, si épanouie, si bien assise sur son triple ventre, qu'on l'eût prise pour un pâté dont on avait mangé la croûte. Je me glissai furtivement près d'elle. "Elle ne s'éveillera pas," me disais-je, "et, en tout cas, une si bonne grosse

---

[1] *étourneaux*: starlings.
[2] *girouette rouillée*: rusty weather-cock.
[3] *portefaix*: street-porter.   [4] *gelinotte*: hazel-hen.

maman ne peut pas être bien méchante." Elle ne le fut pas en effet. Elle ouvrit les yeux à demi, et me dit en poussant un léger soupir:

"Tu me gênes, mon petit, va-t'en de là."

Au même instant, je m'entendis appeler: c'étaient des grives qui, du haut d'un sorbier,[1] me faisaient signe de venir à elles. "Voilà enfin de bonnes âmes," pensai-je. Elles me firent place en riant comme des folles, et je me fourrai aussi lestement dans leur groupe emplumé qu'un billet doux dans un manchon. Mais je ne tardai pas à juger que ces dames avaient mangé plus de raisin qu'il n'est raisonnable de le faire; elles se soutenaient à peine sur les branches, et leurs plaisanteries de mauvaise compagnie, leurs éclats de rire et leurs chansons grivoises[2] me forcèrent de m'éloigner.

Je commençais à désespérer, et j'allais m'endormir dans un coin solitaire, lorsqu'un rossignol se mit à chanter. Tout le monde aussitôt fit silence. Hélas! que sa voix était pure! que sa mélancolie même paraissait douce! Loin de troubler le sommeil d'autrui, ses accords semblaient le bercer. Personne ne songeait à le faire taire, personne ne trouvait mauvais qu'il chantât sa chanson à pareille heure; son père ne le battait pas, ses amis ne prenaient pas la fuite.

"Il n'y a donc que moi," m'écriai-je, "à qui il soit défendu d'être heureux! Partons, fuyons ce monde cruel! Mieux vaut chercher ma route dans les ténèbres, au risque d'être avalé par quelque hibou, que de me laisser déchirer ainsi par le spectacle du bonheur des autres!"

Sur cette pensée, je me remis en chemin et j'errai longtemps au hasard. Aux premières clartés du jour, j'aperçus les tours de Notre-Dame. En un clin d'œil j'y atteignis, et je ne promenai pas longtemps mes regards avant de reconnaître notre jardin. J'y volai plus vite que l'éclair... Hélas! il était vide... J'appelai en vain mes parents: personne ne me répondit. L'arbre où se tenait mon père, le buisson maternel, l'écuelle chérie, tout avait

---

[1] *sorbier*: mountain-ash or rowan tree.   [2] *chansons grivoises*: risky songs.

disparu. La cognée[1] avait tout détruit; au lieu de l'allée verte où j'étais né, il ne restait qu'un cent de fagots.

Je cherchai d'abord mes parents dans tous les jardins d'alentour, mais ce fut peine perdue; ils s'étaient sans doute réfugiés dans quelque quartier éloigné, et je ne pus jamais savoir de leurs nouvelles.

Pénétré d'une tristesse affreuse, j'allai me percher sur la gouttière où la colère de mon père m'avait d'abord exilé. J'y passais les jours et les nuits à déplorer ma triste existence. Je ne dormais plus, je mangeais à peine: j'étais près de mourir de douleur.

Un jour que je me lamentais comme à l'ordinaire:

"Ainsi donc", me disais-je tout haut, "je ne suis ni un merle, puisque mon père me plumait; ni un pigeon, puisque je suis tombé en route quand j'ai voulu aller en Belgique: ni une pie russe, puisque la petite marquise s'est bouché les oreilles dès que j'ai ouvert le bec; ni une tourterelle, puisque Gourouli, la bonne Gourouli elle-même, ronflait comme un moine quand je chantais; ni un perroquet, puisque Kacatogan n'a pas daigné m'écouter; ni un oiseau quelconque, enfin, puisque à Morfontaine on m'a laissé coucher tout seul. Et cependant j'ai des plumes sur le corps; voilà des pattes et voilà des ailes. Je ne suis point un monstre, témoin Gourouli, et cette petite marquise elle-même, qui me trouvaient assez à leur gré. Par quel mystère inexplicable ces plumes, ces ailes et ces pattes, ne sauraient-elles former un ensemble auquel on puisse donner un nom? Ne serais-je pas par hasard..."

J'allais poursuivre mes doléances, lorsque je fus interrompu par deux portières qui se disputaient dans la rue.

"Ah! parbleu!" dit l'une d'elles à l'autre, "si tu en viens jamais à bout, je te fais cadeau d'un merle blanc!"

"Dieu juste!" m'écriai-je, "voilà mon affaire. O Providence! je suis fils d'un merle, et je suis blanc: je suis un merle blanc!"

[1] *cognée*: felling-axe.

Cette découverte, il faut l'avouer, modifia beaucoup mes idées. Au lieu de continuer à me plaindre, je commençai à me rengorger et à marcher fièrement le long de la gouttière, en regardant l'espace d'un air victorieux.

"C'est quelque chose," me dis-je, "que d'être un merle blanc: cela ne se trouve point dans le pas d'un âne. J'étais bien bon de m'affliger de ne pas rencontrer mon semblable: c'est le sort du génie, c'est le mien! Je voulais fuir le monde, je veux l'étonner! Puisque je suis cet oiseau sans pareil dont le vulgaire nie l'existence, je dois et prétends me comporter comme tel, ni plus ni moins que le Phénix, et mépriser le reste des volatiles. Il faut que j'achète les mémoires d'Alfieri[1] et les poèmes de lord Byron; cette nourriture substantielle m'inspirera un noble orgueil, sans compter celui que Dieu m'a donné. Oui, je veux ajouter, s'il se peut, au prestige de ma naissance. La nature m'a fait rare, je me ferai mystérieux. Ce sera une faveur, une gloire de me voir. — Et, au fait," ajoutai-je plus bas, "si je me montrais tout bonnement pour de l'argent?"

"Fi donc! quelle indigne pensée! Je veux faire un poème comme Kacatogan, non pas en un chant, mais en vingt-quatre, comme tous les grands hommes; ce n'est pas assez, il y en aura quarante-huit, avec des notes et un appendice! Il faut que l'univers apprenne que j'existe. Je ne manquerai pas, dans mes vers, de déplorer mon isolement; mais ce sera de telle sorte, que les plus heureux me porteront envie. Puisque le ciel m'a refusé une femelle, je dirai un mal affreux de celles des autres. Je prouverai que tout est trop vert, hormis les raisins que je mange. Les rossignols n'ont qu'à se bien tenir;[2] je démontrerai, comme deux et deux font quatre, que leurs complaintes font mal au cœur, et que leur marchandise ne vaut rien. Il faut que j'aille trouver Charpentier. Je veux me créer tout d'abord une puissante position littéraire. J'entends avoir autour de moi une cour composée, non pas seulement de journalistes, mais d'auteurs véritables et

---

[1] Alfieri, Victor (1749–1803): celebrated Italian tragic poet.
[2] *n'ont...tenir*: had better look out.

même de femmes de lettres. J'écrirai un rôle pour Mlle Rachel,[1] et, si elle refuse de le jouer, je publierai à son de trompe que son talent est bien inférieur à celui d'une vieille actrice de province. J'irai à Venise, et je louerai, sur les bords du grand canal, au milieu de cette cité féerique, le beau palais Mocenigo, qui coûte quatre livres dix sous par jour; là, je m'inspirerai de tous les souvenirs que l'auteur de *Lara* doit y avoir laissés. Du fond de ma solitude, j'inonderai le monde d'un déluge de rimes croisées, calquées sur la strophe de Spencer, où je soulagerai ma grande âme; je ferai soupirer toutes les mésanges, roucouler toutes les tourterelles, fondre en larmes toutes les bécasses, et hurler toutes les vieilles chouettes.[2] Mais, pour ce qui regarde ma personne, je me montrerai inexorable et inaccessible à l'amour. En vain me pressera-t-on, me suppliera-t-on d'avoir pitié des infortunées qu'auront séduites mes chants sublimes; à tout cela, je répondrai: 'Foin!' O excès de gloire! mes manuscrits se vendront au poids de l'or, mes livres traverseront les mers; la renommée, la fortune, me suivront partout; seul, je semblerai indifférent aux murmures de la foule qui m'environnera. En un mot, je serai un parfait merle blanc, un véritable écrivain excentrique, fêté, choyé, admiré, envié, mais complètement grognon et insupportable."

Il ne me fallut pas plus de six semaines pour mettre au jour mon premier ouvrage. C'était, comme je me l'étais promis, un poème en quarante-huit chants. Il s'y trouvait bien quelques négligences, à cause de la prodigieuse fécondité avec laquelle je l'avais écrit; mais je pensai que le public d'aujourd'hui, accoutumé à la belle littérature qui s'imprime au bas des journaux, ne m'en ferait pas un reproche.

J'eus un succès digne de moi, c'est-à-dire sans pareil. Le sujet de mon ouvrage n'était autre que moi-même: je me conformai en cela à la grande mode de notre temps. Je racontais mes souffrances passées avec une fatuité charmante; je mettais le lecteur au fait de mille détails domestiques du plus piquant

---

[1] Rachel, Elisa Félix (1820–58): famous French tragedienne.
[2] *chouettes*: screech-owls.

intérêt; la description de l'écuelle de ma mère ne remplissait pas moins de quatorze chants: j'en avais compté les rainures,[1] les trous, les bosses, les éclats, les échardes,[2] les clous, les taches, les teintes diverses, les reflets; je montrais le dedans, le dehors, les bords, le fond, les côtés, les plans inclinés, les plans droits; passant au contenu, j'avais étudié les brins d'herbe, les pailles, les feuilles sèches, les petits morceaux de bois, les graviers, les gouttes d'eau, les débris de mouches, les pattes de hannetons[3] cassées qui s'y trouvaient; c'était une description ravissante. Mais ne pensez pas que je l'eusse imprimée tout d'une venue; il y a des lecteurs impertinents qui l'auraient sautée. Je l'avais habilement coupée par morceaux, et entremêlée au récit, afin que rien n'en fût perdu; en sorte que, au moment le plus intéressant et le plus dramatique, arrivaient tout à coup quinze pages d'écuelle. Voilà, je crois, un des grands secrets de l'art, et, comme je n'ai point d'avarice, en profitera qui voudra.

L'Europe entière fut émue à l'apparition de mon livre; elle dévora les révélations intimes que je daignais lui communiquer. Comment en eût-il été autrement? Non seulement j'énumérais tous les faits qui se rattachaient à ma personne, mais je donnais encore au public un tableau complet de toutes les rêvasseries qui m'avaient passé par la tête depuis l'âge de deux mois; j'avais même intercalé, au plus bel endroit, une ode composée dans mon œuf. Bien entendu d'ailleurs que je ne négligeais pas de traiter en passant le grand sujet qui préoccupe maintenant tant de monde; à savoir, l'avenir de l'humanité. Ce problème m'avait paru intéressant; j'en ébauchai, dans un moment de loisir, une solution qui passa généralement pour satisfaisante.

On m'envoyait tous les jours des compliments en vers, des lettres de félicitation et des déclarations d'amour anonymes. Quant aux visites, je suivais rigoureusement le plan que je m'étais tracé; ma porte était fermée à tout le monde. Je ne pus cependant me dispenser de recevoir deux étrangers qui s'étaient annoncés

---

[1] *rainures*: grooves. [2] *échardes*: splinters.
[3] *hannetons*: cockchafers.

comme étant de mes parents. L'un était un merle du Sénégal, et l'autre un merle de la Chine.

"Ah! monsieur," me dirent-ils, en m'embrassant à m'étouffer, "que vous êtes un grand merle! que vous avez bien peint, dans votre poème immortel, la profonde souffrance du génie méconnu! Si nous n'étions pas déjà aussi incompris que possible, nous le deviendrions après vous avoir lu. Combien nous sympathisons avec vos douleurs, avec votre sublime mépris du vulgaire! Nous aussi, monsieur, nous les connaissons par nous-mêmes, les peines secrètes que vous avez chantées! Voici deux sonnets que nous avons faits, l'un portant l'autre, et que nous vous prions d'agréer."

"Voici en outre," ajouta le Chinois, "de la musique que mon épouse a composée sur un passage de votre préface. Elle rend merveilleusement l'intention de l'auteur."

"Messieurs," leur dis-je, "autant que j'en puis juger, vous me semblez doués d'un grand cœur et d'un esprit plein de lumières. Mais pardonnez-moi de vous faire une question. D'où vient votre mélancolie?"

"Eh! monsieur," répondit l'habitant du Sénégal, "regardez comme je suis bâti. Mon plumage, il est vrai, est agréable à voir, et je suis revêtu de cette belle couleur verte qu'on voit briller sur les canards; mais mon bec est trop court et mon pied trop grand; et voyez de quelle queue je suis affublé! La longueur de mon corps n'en fait pas les deux tiers. N'y a-t-il pas là de quoi se donner au diable?"

"Et moi, monsieur," dit le Chinois, "mon infortune est encore plus pénible. La queue de mon confrère balaye les rues; mais les polissons me montrent au doigt, à cause que je n'en ai point."

"Messieurs," repris-je, "je vous plains de toute mon âme; il est toujours fâcheux d'avoir trop ou trop peu n'importe de quoi. Mais permettez-moi de vous dire qu'il y a au Jardin des Plantes plusieurs personnes qui vous ressemblent, et qui demeurent là depuis longtemps, fort paisiblement empaillées. De même qu'il ne suffit pas à une femme de lettres d'être dévergondée[1] pour faire un bon livre, ce n'est pas non plus assez pour un merle d'être mécontent pour avoir du génie. Je suis seul de mon espèce, et je m'en afflige; j'ai peut-être tort, mais c'est mon droit. Je suis blanc, messieurs; devenez-le, et nous verrons ce que vous saurez dire."

Malgré la résolution que j'avais prise et le calme que j'affectais, je n'étais pas heureux. Mon isolement, pour être glorieux, ne m'en semblait pas moins pénible, et je ne pouvais songer sans effroi à la nécessité où je me trouvais de passer ma vie entière dans le célibat. Le retour du printemps, en particulier, me causait une gêne mortelle, et je commençais à tomber de nouveau dans la tristesse, lorsqu'une circonstance imprévue décida de ma vie entière.

Il va sans dire que mes écrits avaient traversé la Manche, et que les Anglais se les arrachaient. Les Anglais s'arrachent tout, hormis ce qu'ils comprennent. Je reçus un jour, de Londres, une lettre signée d'une jeune merlette:

"J'ai lu votre poème," me disait-elle, "et l'admiration que j'ai éprouvée m'a fait prendre la résolution de vous offrir ma main et ma personne. Dieu nous a créés l'un pour l'autre! Je suis semblable à vous, je suis une merlette blanche!..."

On suppose aisément ma surprise et ma joie. Une merlette blanche! me dis-je, est-il bien possible? Je ne suis donc plus seul sur la terre! Je me hâtai de répondre à la belle inconnue, et je le fis d'une manière qui témoignait assez combien sa proposition m'agréait. Je la pressais de venir à Paris ou de me permettre de voler près d'elle. Elle me répondit qu'elle aimait mieux venir, parce que ses parents l'ennuyaient, qu'elle mettait ordre à ses affaires et que je la verrais bientôt.

Elle vint, en effet, quelques jours après. O bonheur! c'était la plus jolie merlette du monde, et elle était encore plus blanche que moi.

"Ah! mademoiselle," m'écriai-je, "ou plutôt madame, car je

_____
[1] *être dévergondée*: lead a disorderly life.

vous considère dès à présent comme mon épouse légitime, est-il croyable qu'une créature si charmante se trouvât sur la terre sans que la renommée m'apprît son existence? Bénis soient les malheurs que j'ai éprouvés et les coups de bec que m'a donnés mon père, puisque le ciel me réservait une consolation si inespérée! Jusqu'à ce jour, je me croyais condamné à une solitude éternelle, et, à vous parler franchement, c'était un rude fardeau à porter; mais je me sens, en vous regardant, toutes les qualités d'un père de famille. Acceptez ma main sans délai; marions-nous à l'anglaise, sans cérémonie, et partons ensemble pour la Suisse."

"Je ne l'entends pas ainsi," me répondit la jeune merlette; "je veux que nos noces soient magnifiques, et que tout ce qu'il y a en France de merles un peu bien nés y soient solennellement rassemblés. Des gens comme nous doivent à leur propre gloire de ne pas se marier comme des chats de gouttière. J'ai apporté une provision de *bank-notes*. Faites vos invitations, allez chez vos marchands, et ne lésinez pas sur [1] les rafraîchissements."

Je me conformai aveuglément aux ordres de la blanche merlette. Nos noces furent d'un luxe écrasant; on y mangea dix mille mouches. Nous reçûmes la bénédiction nuptiale d'un révérend père Cormoran, qui était archevêque *in partibus*. Un bal superbe termina la journée; enfin rien ne manqua à mon bonheur.

Plus j'approfondissais le caractère de ma charmante femme, plus mon amour augmentait. Elle réunissait, dans sa petite personne, tous les agréments de l'âme et du corps. Elle était seulement un peu bégueule; mais j'attribuai cela à l'influence du brouillard anglais dans lequel elle avait vécu jusqu'alors, et je ne doutai pas que le climat de la France ne dissipât bientôt ce léger nuage.

Une chose qui m'inquiétait plus sérieusement, c'était une sorte de mystère dont elle s'entourait quelquefois avec une rigueur singulière, s'enfermant à clef avec ses cméristes, et passant ainsi des heures entières pour faire sa toilette, à ce qu'elle prétendait.

[1] *ne lésinez pas sur*: don't be stingy with.

Les maris n'aiment pas beaucoup ces fantaisies dans leur ménage. Il m'était arrivé vingt fois de frapper à l'appartement de ma femme sans pouvoir obtenir qu'on m'ouvrît la porte. Cela m'impatientait cruellement. Un jour, entre autres, j'insistai avec tant de mauvaise humeur, qu'elle se vit obligée de céder et de m'ouvrir un peu à la hâte, non sans se plaindre fort de mon importunité. Je remarquai, en entrant, une grosse bouteille pleine d'une espèce de colle faite avec de la farine et du blanc d'Espagne. Je demandai à ma femme ce qu'elle faisait de cette drogue; elle me répondit que c'était un opiat pour des engelures [1] qu'elle avait.

Cet opiat me sembla tant soit peu louche; mais quelle défiance pouvait m'inspirer une personne si douce et si sage, qui s'était donnée à moi avec tant d'enthousiasme et une sincérité si parfaite? J'ignorais d'abord que ma bien-aimée fût une femme de plume; elle me l'avoua au bout de quelque temps, et elle alla même jusqu'à me montrer le manuscrit d'un roman où elle avait imité à la fois Walter Scott et Scarron.[2] Je laisse à penser le plaisir que me causa une si aimable surprise. Non-seulement je me voyais possesseur d'une beauté incomparable, mais j'acquérais encore la certitude que l'intelligence de ma compagne était digne en tout point de mon génie. Dès cet instant nous travaillâmes ensemble. Tandis que je composais mes poèmes, elle barbouillait des rames de papier. Je lui récitais mes vers à haute voix, et cela ne la gênait nullement pour écrire pendant ce temps-là. Elle pondait ses romans avec une facilité presque égale à la mienne, choisissant toujours les sujets les plus dramatiques, des parricides, des rapts, des meurtres, et même jusqu'à des filouteries,[3] ayant toujours soin, en passant, d'attaquer le gouvernement et de prêcher l'émancipation des merlettes. En un mot, aucun effort ne coûtait à son esprit, aucun tour de force à sa pudeur; il ne lui arrivait jamais de rayer une ligne, ni de faire un plan avant de se mettre à l'œuvre. C'était le type de la merlette lettrée.

[1] *engelures*: chilblains.
[2] Scarron, Paul (1610–60): French poet and novelist who wrote in satiric, burlesque style. [3] *filouteries*: swindles.

Un jour qu'elle se livrait au travail avec une ardeur inaccoutumée, je m'aperçus qu'elle suait à grosses gouttes, et je fus étonné de voir en même temps qu'elle avait une grande tache noire dans le dos.

"Eh! bon Dieu!" lui dis-je, "qu'est-ce donc? est-ce que vous êtes malade?"

Elle parut d'abord un peu effrayée et même penaude; mais la grande habitude qu'elle avait du monde l'aida bientôt à reprendre l'empire admirable qu'elle gardait toujours sur elle-même. Elle me dit que c'était une tache d'encre, et qu'elle y était fort sujette, dans ses moments d'inspiration.

"Est-ce que ma femme déteint?"[1] me dis-je tout bas. Cette pensée m'empêcha de dormir. La bouteille de colle me revint en mémoire. "O ciel!" m'écriai-je, "quel soupçon!" Cette créature céleste ne serait-elle qu'une peinture, un léger badigeon?[2] se serait-elle vernie pour abuser de moi?... Quand je croyais presser sur mon cœur la sœur de mon âme, l'être privilégié créé pour moi seul, n'aurais-je donc épousé que de la farine?

Poursuivi par ce doute horrible, je formai le dessein de m'en affranchir. Je fis l'achat d'un baromètre, et j'attendis avidement qu'il vînt à faire un jour de pluie. Je voulais emmener ma femme à la campagne, choisir un dimanche douteux, et tenter l'épreuve d'une lessive. Mais nous étions en plein juillet; il faisait un beau temps effroyable.

L'apparence du bonheur et l'habitude d'écrire avaient fort excité ma sensibilité. Naïf comme j'étais, il m'arrivait parfois, en travaillant, que le sentiment fût plus fort que l'idée, et de me mettre à pleurer en attendant la rime. Ma femme aimait beaucoup ces rares occasions: toute faiblesse masculine enchante l'orgueil féminin. Une certaine nuit que je limais une rature,[3] selon le précepte de Boileau, il advint à mon cœur de s'ouvrir.

"O toi!" dis-je à ma chère merlette, "toi, la seule et la plus aimée! toi, sans qui ma vie est un songe, toi, dont un regard, un sourire métamorphose pour moi l'univers, vie de mon cœur,

---

[1] *déteint*: is fading, losing colour.   [2] *badigeon*: coat of whitewash.
[3] *je limais une rature*: was polishing up a passage I had crossed out.

sais-tu combien je t'aime? Pour mettre en vers une idée banale déjà usée par d'autres poètes, un peu d'étude et d'attention me font aisément trouver des paroles; mais où en prendrai-je jamais pour t'exprimer ce que ta beauté m'inspire? Le souvenir même de mes peines passées pourrait-il me fournir un mot pour te parler de mon bonheur présent? Avant que tu fusses venue à moi, mon isolement était celui d'un orphelin exilé; aujourd'hui, c'est celui d'un roi. Dans ce faible corps, dont j'ai le simulacre jusqu'à ce que la mort en fasse un débris, dans cette petite cervelle enfiévrée où fermente une inutile pensée, sais-tu, mon ange, comprends-tu, ma belle, que rien ne peut être qui ne soit à toi? Écoute ce que mon cerveau peut dire, et sens combien mon amour est plus grand! Oh! que mon génie fût une perle, et que tu fusses Cléopâtre!"

En radotant ainsi, je pleurais sur ma femme, et elle déteignait visiblement. A chaque larme qui tombait de mes yeux, apparaissait une plume, non pas même noire, mais du plus vieux roux (je crois qu'elle avait déjà déteint autre part). Après quelques minutes d'attendrissement, je me trouvai vis-à-vis d'un oiseau décollé et désenfariné, identiquement semblable aux merles les plus plats et les plus ordinaires.

Que faire? que dire? quel parti prendre? Tout reproche était inutile. J'aurais bien pu, à la vérité, considérer le cas comme rédhibitoire,[1] et faire casser mon mariage; mais comment oser publier ma honte? N'était-ce pas assez de mon malheur? Je pris mon courage à deux pattes, je résolus de quitter le monde, d'abandonner la carrière des lettres, de fuir dans un désert, s'il était possible, d'éviter à jamais l'aspect d'une créature vivante, et de chercher, comme Alceste,

> ...un endroit écarté,
> Où d'être un merle blanc on eût la liberté![2]

Je m'envolai là-dessus, toujours pleurant; et le vent, qui est le

---

[1] *rédhibitoire*: redhibitory, annulling the contract.
[2] *Un endroit...liberté*: parody of line from *Le Misanthrope*, "Où d'être homme d'honneur on ait la liberté".

hasard des oiseaux, me rapporta sur une branche de Morfontaine. Pour cette fois, on était couché. "Quel mariage!" me disais-je, "quelle équipée! C'est certainement à bonne intention que cette pauvre enfant s'est mis du blanc; mais je n'en suis pas moins à plaindre, ni elle moins rousse."

Le rossignol chantait encore. Seul, au fond de la nuit, il jouissait à plein cœur du bienfait de Dieu qui le rend si supérieur aux poètes, et donnait librement sa pensée au silence qui l'entourait. Je ne pus résister à la tentation d'aller à lui et de lui parler.

"Que vous êtes heureux!" lui dis-je: "non-seulement vous chantez tant que vous voulez, et très bien, et tout le monde écoute; mais vous avez une femme et des enfants, votre nid, vos amis, un bon oreiller de mousse, la pleine lune et pas de journaux. Rubini [1] et Rossini [2] ne sont rien auprès de vous: vous valez l'un, et vous devinez l'autre. J'ai chanté aussi, monsieur, et c'est pitoyable. J'ai rangé des mots en bataille comme des soldats prussiens, et j'ai coordonné des fadaises [3] pendant que vous étiez dans les bois. Votre secret peut-il s'apprendre?"

"Oui," me répondit le rossignol, "mais ce n'est pas ce que vous croyez. Ma femme m'ennuie, je ne l'aime point; je suis amoureux de la rose: Sadi, le Persan, en a parlé. Je m'égosille toute la nuit pour elle, mais elle dort et ne m'entend pas. Son calice est fermé à l'heure qu'il est: elle y berce un vieux scarabée [4] — et demain matin, quand je regagnerai mon lit, épuisé de souffrance et de fatigue, c'est alors qu'elle s'épanouira, pour qu'une abeille lui mange le cœur!"

[1] Rubini, J.-B. (1795–1854): famous Italian tenor.
[2] Rossini, Gioacchino (1792–1868): famous Italian composer.
[3] *fadaises*: nonsense, trifles.
[4] *scarabée*: scarab, beetle.

CHARLES NODIER

(1780–1844)

⸙

NODIER was born at Besançon where his father officiated as President of the Revolutionary Tribunal. Until the Restoration, young Nodier led a chequered existence and under the Empire was persecuted by Napoleon's police because of his affiliations with several secret societies. The range of Nodier's intellectual interests was encyclopaedic and is reflected in the variety of his writings. He was an entomologist, botanist, philologist, historian, poet and novelist. He translated Shakespeare, and developed a passion for German literature which inspired him to write in 1803 a gloomy novel, *Le Peintre de Salzbourg*, and a collection of indifferent poems entitled *Les Essais d'un jeune barde*. Afflicted by a disordered imagination, Nodier could never clearly distinguish between fiction and reality so that it is impossible to believe a word of what he says about his early life.

In 1824, having become a fervent royalist and contributor to the *Quotidienne*, Nodier was made librarian of the Arsénal where his salon was the rendez-vous of the young Romantics, poets, painters, musicians, novelists and engravers. This first Romantic *cénacle* included Hugo, Musset, Vigny, Sainte-Beuve. After some hesitation, for he had a foot also in the camp of the Classics, Nodier began in 1818 to publish a series of novels and short stories, in which he gave free rein to his Romantic taste for the melodramatic and the sensational. *Jean Sbogar* (1818), *Thérèse Aubert* (1819), *Lord Ruthwen et les vampires* (1820), *Adèle* (1820), *Smarra ou les Démons de la nuit* (1821) and *Trilby ou le Lutin d'Argail* (1822). Here we have the favourite themes of the early Romantic French novelists: Wertherian melancholy, Byronic passion, exoticism, vampirism and satanism. For all this, however, Nodier was, as Faguet has said, a Classic in his style and language, an alert and spontaneous *conteur* whose imaginative excesses are tempered by a delicate sensibility.

CHARLES NODIER

L'HOMME ET LA FOURMI

APOLOGUE PRIMITIF

QUAND l'homme arriva sur la terre, les animaux y vivaient depuis des siècles sans nombre, chacun selon ses mœurs, et ne reconnaissaient point de maîtres.

L'année n'avait alors qu'une saison qui surpassait en douceur les plus beaux printemps. Toute la terre était chargée d'arbres qui prodiguaient quatre fois par an leurs fleurs aux papillons, leurs fruits aux oiseaux du ciel, et sous lesquels s'étendait un ample et gras pâturage, infini par son étendue, perpétuellement vivace dans sa riche verdure, dont les quadrupèdes, grands et petits, avaient peine à émonder [1] la luxuriante abondance.

Le sol était parfaitement égal et uni, comme s'il eût été poli à la roue du tourneur, parce qu'il n'avait encore été ni remué par les tremblements de terre, ni bouleversé par les volcans, ni ravagé par les déluges. Il n'y avait point de ces sites âpres qui font naître de tristes pensées, comme il n'y avait point de ces besoins dévorants qui développent des passions farouches. Il n'y avait point de bêtes féroces ni malfaisantes d'aucune espèce. Pour quiconque se serait trouvé une âme,[2] c'était alors plaisir de vivre. Le monde était si beau avant que l'homme fût venu!

Quand l'homme arriva sur la terre, nu, inquiet, peureux, mais déjà ambitieux, convoiteur, impatient d'agitation et de puissance, les animaux le regardèrent avec surprise, s'éparpillèrent [3] devant lui, et le laissèrent passer. Il chercha de nuit un lieu solitaire; les anciennes histoires racontent qu'une femelle lui fut donnée dans son sommeil; une race entière sortit de lui, et cette race, jalouse et craintive, tant qu'elle etait faible, se parqua dans ses domaines et disparut longtemps.

---

[1] *émonder*: prune.   [2] *Pour quiconque...âme*: for anyone possessing a soul.
[3] *s'éparpillèrent*: scattered.

Un jour enfin, l'espace qu'elle occupait ne suffit plus à la nourrir. Elle fit des sorties fugitives autour de ses enceintes pour surprendre l'oiseau dans son nid, le lièvre dans son gîte du soir, le chevreau sous ses buissons, le chevreuil sous ses grands ombrages. Elle les emporta palpitants au fond de son repaire,[1] les égorgea sans pitié, et mangea de la chair et du sang.

Les mères s'en aperçurent d'abord. On entendit pour la première fois dans la forêt un bruit immense de gémissements qui ne pouvait se comparer à rien, car on ne connaissait pas les tempêtes.

L'homme était doué d'une faculté particulière, ou, pour s'exprimer plus justement, Dieu l'avait frappé, entre toutes ses autres créatures, d'une infirmité propre à sa malheureuse espèce. Il était intelligent. Il pressentit bientôt que les animaux irrités deviendraient dangereux pour lui. Il inventa des pièges pour traquer les imprudents et les maladroits, des amorces[2] pour duper les faibles, des armes pour tuer les forts. Comme il tenait surtout à se défendre,[3] il s'entoura de palissades et de remparts.

Le nombre de ses enfants s'accroissant de jour en jour, il imagina d'élever leurs demeures au-dessus de la surface des basses terres. Il bâtit des étages sur des étages, il construisit les premières maisons, il fonda la première ville, que les Grecs ont appelée *Biblios*, par allusion au nom de *Biblion*, qu'ils donnaient au livre, et il est probable qu'ils firent ainsi pour représenter par un seul mot l'origine de toutes les calamités du monde. Cette ville fut la reine des peuples.

On ne sait rien d'ailleurs de son histoire, si ce n'est qu'elle vit danser les premiers baladins,[4] approvisionner la première boucherie, et dresser le premier échafaud.

Les animaux s'effrayèrent en effet des accroissements de cette espèce ennemie qui avait inventé la mort; car, avant elle, la cessation de l'existence ne passait que pour ce qu'elle est réelle-

---

[1] *repaire*: lair. [2] *amorce* (f.): bait, lure.
[3] *il tenait surtout à se défendre*: his chief anxiety was to defend himself.
[4] *baladins*: mountebanks.

ment, pour un sommeil plus long et plus doux que l'autre, qui arrivait à son terme, et que chaque espèce allait goûter à son tour dans un lieu retiré, au jour marqué par la nature.

Depuis l'avènement[1] de l'homme, c'était autre chose. L'agneau manquait au bêlement d'appel de sa mère, et, quand elle cherchait à retrouver sa trace aux débris de ses toisons, elle flairait du sang sur les herbes à l'endroit où il avait cessé de les brouter.[2]

Elle se disait: l'homme a passé là.

On s'assembla pour remédier aux malheurs qu'amenait avec lui ce nouvel hôte de la création, destiné par un instinct fatal à en troubler l'harmonie. Et comme les idées les plus indulgentes prévalaient toujours dans le sage conseil de ces peuples innocents, on avisa d'envoyer[3] vers l'homme des ambassadeurs choisis parmi les plus intelligents et les plus graves, l'éléphant, le cheval, le bœuf, le faucon et le chien. On chargea ces notables personnages d'offrir au nouveau venu la domination de la moitié du monde, sous la condition qu'il s'y renfermerait avec sa famille, et qu'il cesserait d'épouvanter le reste des êtres vivants de son aspect menaçant et de ses sanglantes excursions.

"Qu'il vive," dit le lion, "mais qu'il respecte nos droits et notre liberté, s'il ne veut pas je fasse sur lui, comme il l'a fait sur nous, l'épreuve de mes ongles et de mes dents![4] C'est le meilleur parti qu'il puisse prendre, si j'en crois ma force; car les lâches avantages qu'il a usurpés jusqu'ici reposent sur des artifices indignes du vrai courage."

Et en même temps le lion apprit à rugir, et battit ses flancs de sa queue.

"Il n'y a point d'avantages que nous ne possédions bien mieux," dit la biche. "Il s'est vainement fatigué à poursuivre le plus petit de mes faons, celui dont la tête s'élève à peine au-dessus

---

[1] *avènement*: arrival. [2] *brouter*: to browse on.
[3] *on avisa d'envoyer*: they hit on the idea of sending.
[4] *s'il ne veut pas que je fasse...l'épreuve...de mes dents*: unless he wants me to try out my teeth and claws on him.

des plus modestes bruyères, et je l'ai vu tomber, haletant et rebuté,[1] après quelques efforts maladroits."

"Je construirai comme lui, quand il me plaira," dit le castor,[2] "des maisons et des citadelles."

"Je lui opposerai une cuirasse que ne redoute pas ses atteintes," dit le rhinocéros.

"J'enlèverais, s'il m'en prenait envie, ses nouveau-nés dans les bras de leur mère," dit le vautour.

"Il ne me suivra pas dans les eaux," dit l'hippopotame.

"Ni moi dans les airs," dit le roitelet.[3] "Je suis faible et petit, mais je vole."

Les ambassadeurs, assurés des dispositions de leurs commettants,[4] se rendirent à la demeure de l'homme qui les attendait, et qui s'était tenu en mesure de les recevoir.

Il les accueillit avec cette perfidie caressante et fardée[5] qu'on a depuis appelée de la politesse.

Le lendemain, il mit un chaperon au faucon, un mors et une bride au cheval, au bœuf un joug, des ceps[6] à l'éléphant, et il s'occupa de construire sur son dos une tour pour la guerre. C'est ce jour-là que cet exécrable mot fut inventé.

Le chien, qui était de son tempérament paresseux, glouton et couard, se coucha aux pieds de l'homme, et lécha indignement la main qui allait l'enchaîner. L'homme jugea le chien assez méprisable pour le trouver bon à devenir son complice. Mais, comme tout méchant que fût[7] le dernier des animaux créés, il avait du moins apporté avec lui quelque vague sentiment du bien et du mal, il imprima, au nom de son vil esclave, un sceau éternel d'infamie qui ne s'est effacé dans aucun langage.

---

[1] *haletant et rebuté*: panting and disheartened.

[2] *castor*: beaver.   [3] *roitelet*: wren.

[4] *commettants*: i.e. those who charged them with the task of representing their interests, principals.

[5] *fardée*: meretricious (lit. painted over as if with cosmetics).

[6] *ceps*: here in archaic sense of "bonds". Usual meaning, stem of a vine-plant.

[7] *tout méchant que fût*...: however wicked was....

Ces conquêtes achevées, il s'enhardit au crime par la facilité de le commettre. Il fit profession de la chasse et de la guerre, inonda du sang des animaux la riante parure des prairies, et n'épargna pas même dans sa rage ses frères et ses enfants. Il avait travaillé un métal meurtrier qui perçait et coupait la chair; et il lui avait donné des ailes en le munissant des[1] plumes de l'oiseau. Il ne négligeait pas, pendant ce temps-là, de s'envelopper de nouvelles forteresses, et les enfants qui sortaient du monstre allaient plus loin construire d'autres villes et porter d'autres ravages.

Et, partout où l'homme arrivait, la création désolée poussait des hurlements de douleur.

La matière inorganisée elle-même parut sensible à l'affreuse détresse des créatures. Les éléments se déchaînèrent contre l'homme avec autant de fureur que s'ils avaient pu le connaître. La terre qu'il avait vue encore si paisible et si magnifique fut incendiée par des feux souterrains, foudroyée par les météores de l'air, et noyée par les eaux de ciel.

Et quand le phénomène avait disparu, l'homme se retrouvait debout.

Le petit nombre d'animaux qui s'étaient soustraits à ces désastres, et qui ne faisaient pas partie de ceux que l'ennemi commun avait soumis, n'hésitèrent pas à se soustraire a son dangereux voisinage par tous les moyens que leur donnaient[2] leur instinct et leur génie. L'aigle, heureux d'avoir vu surgir des rochers inaccessibles, se hâta de placer son aire à leur sommet; la panthère se réfugia dans des forêts impénétrables; la gazelle, dans des sables mouvants qui auraient aisément saisi des pieds moins vites et moins légers que les siens; le chamois, dans les franges bleues des glaciers; l'hyène, dans les sépultures. La licorne, l'hippogriffe et le dragon firent tant de chemin qu'on ne les a jamais revus depuis. Le bruit commun dans l'Orient est que le griffon s'en alla d'un vol se cacher dans la fameuse montagne de Kaff, qui est la ceinture du monde, et que les navigateurs cherchent encore.

---

[1] *munissant des...*: arming or providing it with....
[2] *que leur donnaient*: given to them by.

L'HOMME ET LA FOURMI

L'homme croyait avoir asservi tout le reste. Il fut content.
Un jour qu'il marchait en grande pompe dans son orgueil insolent (c'était un dieu de ce temps-là), un jour donc, fatigué de carnage et de gloire, il s'assit sur un cône assez grossier que ses ouvriers paraissaient avoir élevé à dessein dans la campagne. La construction en était régulière, solide, assez compacte pour résister au marteau, et rien n'y manquait pour seoir[1] commodément le maître du monde.

"Eh bien!" dit-il, "que sont devenus les animaux que mes pères ont rencontrés? Les uns ont fui ma colère, et je m'en inquiète peu! Je les retrouverai bien avec mes chiens et mes faucons, avec mes soldats et mes vaisseaux, quand j'aurai besoin de leur duvet pour mes sommiers[2] ou de leur poil pour mes fourrures. Les autres se sont dévoués de bonne grâce au pouvoir de leur maître légitime. Ils ouvrent mes sillons, traînent mes chars, ou servent mes plaisirs. Ils fournissent leurs molles toisons à mes vêtements, leurs plumes diaprées[3] à ma parure, leur sang à ma soif et leur chair à mon appétit. Je n'ai pas trop à me plaindre. Je suis l'homme et je règne. Est-il un seul être animé, sur tout l'espace où je daigne étendre mon empire, qui m'ait refusé son hommage et sa foi?..."

"Oui," dit une voix grêle, mais aigre et sifflante, qui s'élevait en face de lui du haut d'un grain de sable; "oui, tyran, tu n'as pas encore dompté la fourmi Termès qui se rit de ton pouvoir, et qui te forcera peut-être demain à t'enfuir de tes cités, et à te livrer nu, comme tu es arrivé, à la mouche de Nubie! Prends garde, roi des animaux, car tu n'as pensé ni à la mouche, ni à la fourmi!..."

C'était une fourmi en effet; et l'homme s'élançait pour la tuer, quand elle disparut dans un trou. Longtemps il le cerna[4] de la pointe de son fer; mais il eut beau[5] soulever le sable à une grande profondeur: la galerie souterraine se prolongeait en s'élargissant, et il s'arrêta d'épouvante et d'horreur en sentant le sol s'ébranler

---

[1] *seoir*: seat.   [2] *sommiers*: mattresses.
[3] *diaprées*: variegated.   [4] *cerna*: encircled, dug round.
[5] *il eut beau*...: in vain he...

sous ses pieds, tout près de l'entraîner dans un abîme horrible à concevoir, pour y servir de pâture à la famille de la fourmi Termès.

Il appela ses gardes et ses esclaves. L'homme en avait déjà; car l'esclavage et l'inégalité sont les premières choses qu'il ait inventées pour son usage. Il fit retourner, il fit labourer, il fit creuser la terre. Il fit renverser à grand'peine tous ces monticules artificiels sur l'un desquels il s'était reposé. La bêche et la sape lui découvrirent partout des trous pareils à celui où la fourmi Termès s'était précipitée à ses yeux. Il calcula en frémissant de terreur que le nombre de ses sujets rebelles excédait, dans une proportion infinie, celui des grains de sable du désert, puisqu'il n'y avait pas un grain de sable qui n'eût son trou, pas un trou qui n'eût sa fourmi, pas une fourmi qui n'eût son peuple. Il se demanda sans doute avec un ressentiment amer pourquoi le vainqueur des éléphants n'avait point de pouvoir sur le plus vil des insectes de la nature! Mais il était déjà trop avancé en civilisation pour être resté capable d'attacher une solution naturelle à une idée simple.

"Que me veut-elle enfin?" s'écria-t-il, "cette fourmi Termès qui abuse de sa bassesse et de son obscurité pour insulter à ma juste domination sur tout ce qui respire? que m'importe qu'elle murmure dans les retraites où elle se sauve de ma colère, et où je suis peu jaloux de la suivre? Toutes les fois qu'elle se retrouvera sur mon chemin, je l'écraserai du talon. C'est à moi que le monde appartient."

L'homme rentra dans son palais. Il s'endormit à la vapeur des parfums et au chant des femmes.

La femme, c'est autre chose. C'était la femelle de l'homme; une créature ingénue, vive et délicate, irritable et flexible; un autre animal plein de charmes dans lequel l'esprit créateur avait suppléé à la force par la finesse et par la grâce, et qui caressait l'homme sans l'aimer, parce qu'elle croyait l'aimer; une espèce crédule et tendre que Dieu avait déplacée à dessein de sa destinée naturelle pour éprouver jusqu'au bout son dévouement et sa pureté; un ange tombé par excès d'amour qui achevait son expiation dans l'alliance de l'homme, pour subir tout le malheur de sa faute. L'amour d'une femme pour un homme; Dieu lui-même ne l'aurait pas compris! Mais il se jouait, dans les ironies de sa haute sagesse, des déceptions d'un cœur qu'il avait formé à se laisser surprendre aux apparences de quelque beauté, à la foi de quelques serments, à l'espérance d'un faux bonheur.

La femme n'était pas de ce monde matériel; c'est la première fiction que le ciel ait donnée à la terre.

L'homme parvint donc à se distraire ainsi, entre les molles voluptés et les jeux cruels qui se partageaient sa vie,[1] du regret de n'avoir pas assujetti une fourmi à sa puissance, et il se reprocha même le mouvement passager de douleur qu'il en avait ressenti, comme une faiblesse indigne de la majesté souveraine.

Pendant ce temps, la fourmi Termès, descendue dans ses chemins couverts, avait convoqué son peuple entier; elle continuait, avec une infatigable persévérance, à ouvrir de loin mille voies convergentes vers la principale ville de l'homme. Elle arriva, suivie d'un monde de fourmis, sous les fondations de ses édifices, et cent mille noires légions, plus pressées que des troupeaux de moutons, s'introduisirent de toutes parts dans les pièces de charpente, ou allèrent fouiller la terre autour de la base des colonnes. Quand les pierres angulaires de tous les bâtiments ne s'appuyèrent plus que sur des plans inclinés d'un terrain mobile et perfide; quand les poutres et les solives,[2] rongées intérieurement jusqu'à leur épiderme, et vides comme le chalumeau flétri[3] d'une paille sèche, n'offrirent plus qu'une vaine apparence d'écorce, la fourmi Termès se retira subitement avec son armée de mineurs en bon ordre.

Et, le lendemain, tout Biblios tomba sur ses habitants.

Elle poursuivit ensuite son dessein, en dirigeant ses troupes d'impitoyables ouvriers sur tous les points où l'homme avait bâti ses villes: et, pendant qu'il fuyait, éperdu, devant son invisible

---

[1] *qui se partageaient sa vie*: of which his life was made up.
[2] *les poutres et les solives*: the beams and joists.
[3] *chalumeau flétri*: withered tube.

vainqueur, il n'y eut pas une de ses villes qui ne tombât comme Biblios. Après cela, l'empire de l'homme ne fut plus qu'une solitude, où s'élevaient seulement çà et là des constructions de peu d'apparence, qui annonçaient aux yeux la demeure du conquérant définitif de la terre. Ce grand ravageur de cités, cet envahisseur formidable à qui demeurait, du droit royal de dernière possession, la propriété des immenses pays qu'il avait parcourus, ce n'était ni Bélus, ni Sésostris: c'était la fourmi Termès.

Les faibles débris de la famille humaine qui échappèrent à la ruine des villes, aux obsessions opiniâtres de la mouche homicide et aux ardeurs du seymoun,[1] furent trop heureux de se réfugier dans les contrées disgraciées qui ne reçoivent du soleil que des rayons obliques, pâlis par d'incessantes vapeurs, et de relever[2] des villes pauvres, fétides, pétries de fange ou d'ossements calcinés délayés avec du sang, et fières, pour toute gloire, de quelques ignobles monuments qui trahissent partout l'orgueil, l'avarice et la misère.

Dieu ne s'irrite que dans le langage des orateurs et des prophètes auxquels il permet quelquefois d'interpréter sa parole; il sourit aux erreurs qu'il méprise, aux fureurs mêmes qu'il sait réparer; car rien de tout ce qui a été n'a cessé d'être qu'en apparence; et il ne crut pas que la création eût besoin d'un autre vengeur qu'une pauvre fourmi en colère. "Patient, parce qu'il est éternel," il attendit que la fourmi Termès se fût creusé des routes sous les mers, et qu'elle vînt ouvrir des abîmes sous les cités d'une espèce qu'il ne daignerait pas haïr, s'il était capable de haine; il la croit assez punie par sa démence et ses passions.

L'homme bâtit encore, et la fourmi Termès marche toujours.

[1] *seymoun*: more usually *simoun*: simoon.
[2] *relever*: raise up.

GÉRARD DE NERVAL

(1808–1855)

NERVAL was born in Paris. But his boyhood was spent in Le Valois, that charming region of the Île de France now comprised in the departments of the Oise and Aisne. Here Gérard lived in an atmosphere of history and legend, a world where dreams and realities were hopelessly interfused. This was to be reflected permanently in Nerval's consciousness. At twenty, he translated Goethe's *Faust*, receiving from the author a letter of generous praise. A born wanderer, he travelled in France, Flanders, Germany, Italy and, in 1843, collected his impression of the East in a delightful book (*Voyage en Orient*). But already in 1841, Nerval had revealed the first symptoms of the gentle madness which revisited his mind at intermittent periods. In 1855, one terrible winter's night, he hanged himself from a staircase in the rue de la Vieille Lanterne. His stories reflect in graceful lyrical language the various climates of a mind whose subconscious and conscious memories and impressions were in a state of continual mobility and flux. This is most charmingly reflected in *Les Filles du Feu*, especially in *Sylvie* and *Octavie*. *Émilie*, the third of this little trilogy, is much more lucid and objective, though also revealing Nerval's talent for harmonious fluid prose. In recent years, his sonnets *Les Chimères* have excited the interest of critics who tend to regard Nerval as a precursor of the Symbolists. His other collections of short stories are: *Les faux Sauniers* (1851), *Les Illuminés* (1852) and *La Bohème galante* (1855).

GÉRARD DE NERVAL

ÉMILIE

Personne n'a bien su l'histoire du lieutenant Desroches, qui se fit tuer l'an passé au combat de Hambergen, deux mois après ses noces. Si ce fut là un véritable suicide, que Dieu veuille lui pardonner! Mais, certes, celui qui meurt en défendant sa patrie ne mérite pas que son action soit nommée ainsi, quelle qu'ait été sa pensée d'ailleurs.

"Nous voilà retombés," dit le docteur, "dans le chapitre des capitulations de consciences. Desroches était un philosophe décidé à quitter la vie: il n'a pas voulu que sa mort fût inutile; il s'est élancé bravement dans[1] la mêlée; il a tué le plus d'Allemands qu'il a pu, en disant: Je ne puis mieux faire à présent; je meurs content; et il a crié: *Vive l'Empereur!* en recevant le coup de sabre qui l'a abattu. Dix soldats de sa compagnie vous le diront."

"Et ce n'en fut pas moins un suicide," répliqua Arthur. "Toutefois, je pense qu'on aurait eu tort de lui fermer l'église..."

"A ce compte,[2] vous flétririez le dévouement de Curtius. Ce jeune chevalier romain était peut-être ruiné par le jeu, malheureux dans ses amours, las de la vie, qui sait? Mais, assurément, il est beau en songeant à quitter le monde de rendre sa mort utile aux autres, et voilà pourquoi cela ne peut s'appeler un suicide, car le suicide n'est autre chose que l'acte suprême de l'égoïsme, et c'est pour cela seulement qu'il est flétri parmi les hommes... A quoi pensez-vous, Arthur?"

"Je pense à ce que vous disiez tout à l'heure, que Desroches, avant de mourir, avait tué le plus d'Allemands possible..."

"Eh bien?"

"Eh bien, ces braves gens sont allés rendre devant Dieu un triste témoignage de la belle mort du lieutenant, vous me permettrez de dire que c'est là un *suicide* bien *homicide*."

[1] *s'est élancé...dans*: dashed into.   [2] *à ce compte*: at that rate.

120

"Eh! qui va songer à cela? Des Allemands, ce sont des ennemis."

"Mais y en a-t-il pour l'homme résolu à *mourir*? A ce moment-là, tout instinct de nationalité s'efface, et je doute que l'on songe à un autre pays que l'autre monde, et à un autre empereur que Dieu. Mais l'abbé nous écoute sans rien dire, et cependant j'espère que je parle ici selon ses idées. Allons, l'abbé, dites-nous votre opinion, et tâchez de nous mettre d'accord; c'est là une mine de controverse assez abondante, et l'histoire de Desroches, ou plutôt ce que nous en croyons savoir, le docteur et moi, ne paraît pas moins ténébreuse que les profonds raisonnements qu'elle a soulevés parmi nous."

"Oui," dit le docteur, "Desroches, à ce qu'on prétend, était très affligé de sa dernière blessure, celle qui l'avait si fort défiguré; et peut-être a-t-il surpris quelque grimace ou quelque raillerie de sa nouvelle épouse; les philosophes sont susceptibles. En tout cas, il est mort et volontairement."

"Volontairement, puisque vous y persistez; mais n'appelez pas suicide la mort qu'on trouve dans une bataille; vous ajouteriez un contresens de mots à celui que peut-être vous faites en pensée; on meurt dans une mêlée parce qu'on y rencontre quelque chose qui tue; ne meurt pas qui veut."[1]

"Eh bien! voulez-vous que ce soit la fatalité?"

"A mon tour," interrompit l'abbé, qui s'était recueilli pendant cette discussion: "il vous semblera singulier peut-être que je combatte vos paradoxes ou vos suppositions..."

"Eh bien! parlez, parlez; vous en savez plus que nous, assurément. Vous habitez Bitche depuis longtemps; on dit que Desroches vous connaissait, et peut-être même s'est-il confessé à vous..."

"En ce cas, je devrais me taire; mais il n'en fut rien malheureusement, et toutefois la mort de Desroches fut chrétienne, croyez-moi; et je vais vous en raconter les causes et les circonstances, afin que vous emportiez cette idée que ce fut là encore un honnête

---

[1] *ne meurt pas qui veut*: dying is not just a question of wanting to.

homme ainsi qu'un bon soldat, mort à temps pour l'humanité, pour lui-même, et selon les desseins de Dieu.

"Desroches était entré dans un régiment à quatorze ans, à l'époque où la plupart des hommes s'étant fait tuer sur la frontière, notre armée républicaine se recrutait parmi les enfants. Faible de corps, mince comme une jeune fille, et pâle, ses camarades souffraient de lui voir porter un fusil sous lequel ployait son épaule. Vous devez avoir entendu dire qu'on obtint du capitaine l'autorisation de le lui rogner de six pouces.[1] Ainsi accommodée à ses forces, l'arme de l'enfant fit merveille dans les guerres de Flandre; plus tard, Desroches fut dirigé sur Hagueneau, dans ce pays où nous faisions, c'est-à-dire où vous faisiez la guerre depuis si longtemps.

"A l'époque dont je vais vous parler, Desroches était dans la force de l'âge et servait d'enseigne au régiment bien plus que le numéro d'ordre[2] et le drapeau, car il avait à peu près seul survécu à deux renouvellements, et il venait enfin d'être nommé lieutenant quand, à Bergheim, il y a vingt-sept mois, en commandant une charge à la baïonnette, il reçut un coup de sabre prussien tout au travers de la figure. La blessure était affreuse; les chirurgiens à l'ambulance, qui l'avaient souvent plaisanté, lui vierge encore d'une égratignure,[3] après trente combats, froncèrent le sourcil quand on l'apporta devant eux. S'il guérissait, dirent-ils, le malheureux deviendra imbécile ou fou.

"C'est à Metz que le lieutenant fut envoyé pour se guérir. La civière[4] avait fait plusieurs lieues sans qu'il s'en aperçût; installé dans un bon lit et entouré de soins, il lui fallut cinq ou six mois pour arriver à se mettre sur son séant,[5] et cent jours encore pour ouvrir un œil et distinguer les objets. On lui commanda bientôt les fortifiants, le soleil, puis le mouvement, enfin la promenade, et, un matin, soutenu par deux camarades, il s'achemina tout vacil-

---

[1] *de le lui...pouces*: to cut six inches off it.
[2] *numéro d'ordre*: regimental number.
[3] *vierge...égratignure*: still without a scratch.
[4] *civière*: stretcher.   [5] *se mettre sur son séant*: sit up.

lant, tout étourdi, vers le quai Saint-Vincent, qui touche presque à l'hôpital militaire, et là, on le fit asseoir sur l'esplanade, au soleil du midi, sous les tilleuls [1] du jardin public: le pauvre blessé croyait voir le jour pour la première fois.

"A force d'aller ainsi, il put bientôt marcher seul, et chaque matin, il s'asseyait sur un banc, au même endroit de l'esplanade, la tête ensevelie dans un amas de taffetas [2] noir, sous lequel à peine on découvrait un coin de visage humain, et sur son passage, lorsqu'il se croisait avec des promeneurs, il était assuré d'un grand salut des hommes, et d'un geste de profonde commisération des femmes, ce qui le consolait peu.

"Mais une fois assis à sa place, il oubliait son infortune pour ne plus songer qu'au bonheur de vivre après un tel ébranlement, et au plaisir de voir en quel séjour il vivait. Devant lui, la vieille citadelle, ruinée sous Lous XVI, étalait ses remparts dégradés; sur sa tête les tilleuls en fleur projetaient leur ombre épaisse; à ses pieds, dans la vallée qui se déploie au-dessous de l'esplanade, les prés Saint-Symphorien que vivifie, en les noyant, la Moselle débordée, et qui verdissent [3] entre ses deux bras; puis le petit îlot, l'oasis de la poudrière, [4] cette île du Saulcy, semée d'ombrages, de chaumières; enfin, la chute de la Moselle et ses blanches écumes, ses détours étincelants au soleil, puis, tout au bout, bornant le regard, la chaîne des Vosges bleuâtre et comme vaporeuse au grand jour, voilà le spectacle qu'il admirait toujours davantage, en pensant que là était son pays, non pas la terre conquise, mais la province vraiment française, tandis que ces riches départements nouveaux, où il avait fait la guerre, n'étaient que des beautés fugitives, incertaines, comme celles de la femme gagnée hier, qui ne nous appartiendra plus demain.

"Vers le mois de juin, aux premiers jours, la chaleur était grande, et le banc favori de Desroches se trouvant bien à l'ombre, deux femmes vinrent s'asseoir près du blessé. Il salua tranquillement et continua de contempler l'horizon; mais sa position

---

[1] *tilleuls*: lime trees. [2] *taffetas*: sticking-plaster.
[3] *verdissent*: flourish (lit. grow green). [4] *poudrière*: powder-magazine.

inspirait tant d'intérêt, que les deux femmes ne purent s'empêcher de le questionner et de le plaindre.

"L'une des deux, fort âgée, était la tante de l'autre, qui se nommait Émilie, et qui avait pour occupation de broder des ornements d'or sur de la soie ou du velours. Desroches questionna comme on lui en avait donné l'exemple, et la tante lui apprit que la jeune fille avait quitté Hagueneau pour lui faire compagnie, qu'elle brodait pour les églises et qu'elle était depuis longtemps privée de tous ses autres parents.

"Le lendemain, le banc fut occupé comme la veille; au bout d'une semaine, il y avait traité d'alliance entre les trois propriétaires de ce banc favori, et Desroches, tout faible qu'il fût, tout humilié par les attentions que la jeune fille lui prodiguait comme au plus inoffensif vieillard, Desroches se sentit léger, en fonds de plaisanteries,[1] et plus près de se réjouir que de s'affliger de cette bonne fortune inattendue.

"Alors, de retour à l'hôpital, il se rappela sa hideuse blessure, cet épouvantail dont il avait souvent gémi en lui-même, lui, et que l'habitude et la convalescence lui avaient rendu depuis longtemps moins déplorable.

"Il est certain que Desroches n'avait pu encore ni soulever l'appareil inutile de sa blessure, ni se regarder dans un miroir. De ce jour-là cette idée le fit frémir plus que jamais. Cependant, il se hasarda à écarter un coin du taffetas protecteur, et il trouva dessous une cicatrice un peu rose encore, mais qui n'avait rien de trop repoussant. En poursuivant cette observation, il reconnut que les différentes parties de son visage s'étaient recousues[2] convenablement entre elles, et que l'œil demeurait fort limpide et fort sain. Il manquait bien quelques brins du sourcil, mais c'était si peu de chose! cette raie oblique qui descendait du front à l'oreille en traversant la joue, c'était... Eh bien! c'était un coup de sabre reçu à l'attaque des lignes de Bergheim, et rien n'est plus beau, les chansons l'ont assez dit.

---

[1] *en fonds de plaisanteries*: in jocular mood.
[2] *s'étaient recousues*: had joined together again.

"Donc, Desroches fut étonné de se retrouver si présentable après la longue absence qu'il avait faite de lui-même. Il ramena fort adroitement ses cheveux qui grisonnaient du côté blessé, sous les cheveux noirs abondants du côté gauche, étendit sa moustache sur la ligne de la cicatrice, le plus loin possible, et ayant endossé son uniforme neuf, il se rendit le lendemain à l'esplanade d'un air assez triomphant.

"Dans le fait, il s'était si bien redressé, si bien tourné, son épée avait si bonne grâce à battre sa cuisse, et il portait le schako si martialement incliné en avant que personne ne le reconnut dans le trajet de l'hôpital au jardin; il arriva le premier au banc des tilleuls, et s'assit comme à l'ordinaire, en apparence, mais au fond bien plus troublé et bien plus pâle, malgré l'approbation du miroir.

"Les deux femmes ne tardèrent pas à arriver; mais elles s'éloignèrent tout à coup, en voyant un bel officier occuper leur place habituelle. Desroches fut tout ému.

"'Eh quoi!' leur cria-t-il, 'vous ne me reconnaissez pas?...'

"Ne pensez pas que ces préliminaires nous conduisent à une de ces histoires où la pitié devient de l'amour comme dans les opéras du temps. Le lieutenant avait désormais des idées plus sérieuses. Content d'être encore jugé comme un cavalier passable, il se hâta de rassurer les deux dames, qui paraissaient disposées, d'après sa transformation, à revenir sur l'intimité COMMENCÉE entre eux trois. Leur réserve ne put tenir devant ses franches déclarations. L'union était sortable[1] de tous points, d'ailleurs: Desroches avait un petit bien de famille près d'Epinal; Émilie possédait, comme héritage de ses parents, une petite maison à Hagueneau, louée au café de la ville, et qui rapportait encore cinq à six cents francs de rente. Il est vrai qu'il en revenait la moitié à son frère Wilhelm, principal clerc du notaire de Schennberg.

"Quand les dispositions furent bien arrêtées, on résolut de se rendre pour la noce à cette petite ville, car là était le domicile réel de la jeune fille, qui n'habitait Metz depuis quelque temps que

---

[1] *sortable*: suitable.

pour ne point quitter sa tante. Toutefois, on convint de revenir à Metz après le mariage. Emilie se faisait un grand plaisir de revoir son frère. Desroches s'étonna à plusieurs reprises que ce jeune homme ne fût pas aux armées comme tous ceux de notre temps; on lui répondit qu'il avait été réformé[1] pour cause de santé. Desroches le plaignit vivement.

"Voici donc les deux fiancés et la tante en route pour Hagueneau; ils ont pris des places dans la voiture publique qui relaye à Bitche, laquelle était alors une simple patache[2] composée de cuir et d'osier. La route est belle, comme vous savez. Desroches, qui ne l'avait jamais faite qu'en uniforme, un sabre à la main, en compagnie de trois à quatre mille hommes, admirait les solitudes, les roches bizarres, les horizons bornés par cette dentelure[3] des monts revêtus d'une sombre verdure, que de longues vallées interrompent seulement de loin en loin. Les riches plateaux de Saint-Avold, les manufactures de Sarreguemines, les petits taillis compacts de Limblingne, où les frênes, les peupliers et les sapins étalent leur triple couche de verdure nuancée du gris au vert sombre; vous savez combien tout cela est d'un aspect magnifique et charmant.

"A peine arrivés à Bitche, les voyageurs descendirent à la petite auberge du Dragon, et Desroches me fit demander au fort. J'arrivai avec empressement; je vis sa nouvelle famille, et je complimentai la jeune demoiselle, qui était d'une rare beauté, d'un maintien doux, et qui paraissait fort éprise de son futur époux. Ils déjeunèrent tous trois avec moi, à la place où nous sommes assis dans ce moment. Plusieurs officiers, camarades de Desroches, attirés par le bruit de son arrivée, le vinrent chercher à l'auberge et le retinrent à dîner chez l'hôtelier de la redoute, où l'état-major payait pension. Il fut convenu que les deux dames se retireraient de bonne heure, et que le lieutenant donnerait à ses camarades sa dernière soirée de garçon.

"Le repas fut gai; tout le monde savourait sa part du bonheur et de la gaieté que Desroches ramenait avec lui. On lui parla de

[1] *réformé*: discharged.   [2] *patache*: ramshackle conveyance.
[3] *dentelure*: jagged crest.

l'Egypte, de l'Italie, avec transport, en faisant des plaintes amères sur cette mauvaise fortune qui confinait tant de bons soldats dans des forteresses de frontière.

"'Oui,' murmuraient quelques officiers, 'nous étouffons ici, la vie est fatigante et monotone; autant vaudrait être[1] sur un vaisseau, que de vivre ainsi sans combats, sans distractions, sans avancement possible. Le fort est imprenable, a dit Bonaparte quand il a passé ici en rejoignant l'armée d'Allemagne, nous n'avons donc rien que la chance de mourir d'ennui.'

"'Hélas! mes amis,' répondit Desroches, 'ce n'était guère plus amusant de mon temps; car j'ai été ici comme vous, et je me suis plaint comme vous aussi. Moi soldat parvenu jusqu'à l'épaulette à force d'user les souliers du gouvernement dans tous les chemins du monde, je ne savais guère alors que trois choses: l'exercice, la direction du vent et la grammaire, comme on l'apprend chez le magister. Aussi, lorsque je fus nommé sous-lieutenant et envoyé à Bitche avec le 2e bataillon du Cher, je regardais ce séjour comme une excellente occasion d'études sérieuses et suivies. Dans cette pensée, je m'étais procuré une collection de livres, de cartes et de plans. J'ai étudié la théorie et appris l'allemand sans étude, car dans ce pays français et bon français, on ne parle que cette langue. De sorte que ce temps, si long pour vous qui n'avez plus tant à apprendre, je le trouvais court et insuffisant, et quand la nuit venait, je me réfugiais dans un petit cabinet de pierre sous la vis[2] du grand escalier; j'allumais ma lampe en calfeutrant hermétiquement les meurtrières,[3] et je travaillais. Une de ces nuits-là...'

"Ici, Desroches s'arrêta un instant, passa la main sur ses yeux, vida son verre, et reprit son récit sans terminer sa phrase.

"'Vous connaissez tous,' dit-il, 'ce petit sentier qui monte de la plaine ici, et que l'on a rendu tout à fait impraticable, en faisant sauter un gros rocher, à la place duquel à présent s'ouvre un abîme. Eh bien! ce passage a toujours été meurtrier pour les ennemis toutes les fois qu'ils ont tenté d'assaillir le fort; à peine

---

[1] *autant vaudrait être*: one might as well be.   [2] *vis*: spiral.
[3] *en...meurtrières*: hermetically sealing up the loop-holes.

engagés dans ce sentier, les malheureux essuyaient[1] le feu de quatre pièces de vingt-quatre qu'on n'a pas dérangées sans doute, et qui rasaient le sol dans toute la longueur de cette pente...' 'Vous avez dû vous distinguer,' dit un colonel à Desroches, 'est-ce là que vous avez gagné la lieutenance?' 'Oui, colonel, et c'est là que j'ai tué le premier, le seul homme que j'aie frappé en face et de ma propre main. C'est pourquoi la vue de ce fort me sera toujours pénible.'

"'Que nous dites-vous là?' s'écria-t-on; 'quoi! vous avez fait vingt ans la guerre, vous avez assisté à quinze batailles rangées, à cinquante combats peut-être, et vous prétendez n'avoir jamais tué qu'un seul ennemi?'

"'Je n'ai pas dit cela, messieurs: des dix mille cartouches que j'ai bourrées dans mon fusil, qui sait si la moitié n'a pas lancé une balle au but que le soldat cherche? Mais j'affirme qu'à Bitche, pour la première fois, ma main s'est rougie du sang d'un ennemi, et que j'ai fait le cruel essai d'une pointe de sabre que le bras pousse jusqu'à ce qu'elle crève une poitrine humaine et s'y cache en frémissant.'

"'C'est vrai,' interrompit l'un des officiers, 'le soldat tue beaucoup et ne le sent presque jamais. Une fusillade n'est pas, à vrai dire, une exécution, mais une intention mortelle. Quant à la baïonnette, elle fonctionne peu dans les charges les plus désastreuses; c'est un conflit dans lequel l'un des deux ennemis tient ou cède sans porter de coups, les fusils s'entrechoquent, puis se relèvent quand la résistance cesse; le cavalier, par exemple, frappe réellement...'

"'Aussi,' reprit Desroches, 'de même que l'on n'oublie pas le dernier regard d'un adversaire tué en duel, son dernier râle, le bruit de sa lourde chute, de même, je porte en moi presque comme un remords, riez-en si vous pouvez, l'image pâle et funèbre du sergent prussien que j'ai tué dans la petite poudrière du fort.'

Tout le monde fit silence, et Desroches commença son récit.

[1] *essuyaient*: came under.

128

"'C'était la nuit, je travaillais, comme je l'ai expliqué tout à l'heure. A deux heures tout doit dormir, excepté les sentinelles. Les patrouilles sont fort silencieuses, et tout bruit fait esclandre.[1] Pourtant, je crus entendre comme un mouvement prolongé dans la galerie qui s'étendait sous ma chambre; on heurtait à une porte, et cette porte craquait. Je courus, je prêtai l'oreille au fond du corridor, et j'appelai à demi-voix la sentinelle; pas de réponse. J'eus bientôt réveillé les canonniers, endossé l'uniforme, et prenant mon sabre sans fourreau, je courus du côté du bruit. Nous arrivâmes trente à peu près dans le rond-point que forme la galerie vers son centre, et à la lueur de quelques lanternes, nous reconnûmes les Prussiens, qu'un traître avait introduits par la poterne fermée. Ils se pressaient avec désordre, et en nous apercevant, ils tirèrent quelques coups de fusil, dont l'éclat fut effroyable dans cette pénombre et sous ces voûtes écrasées.

"'Alors, on se trouva face à face; les assaillants continuaient d'arriver; les défenseurs descendirent précipitamment dans la galerie; on en vint à pouvoir à peine se remuer,[2] mais il y avait entre les deux partis un espace de six à huit pieds, un champ clos que personne ne songeait à occuper, tant il y avait de stupeur chez les Français surpris, et de défiance chez les Prussiens désappointés.

"'Pourtant, l'hésitation dura peu. La scène se trouvait éclairée par des flambeaux et des lanternes; quelques canonniers avaient suspendu les leurs aux parois; une sorte de combat antique s'engagea; j'étais au premier rang, je me trouvais en face d'un sergent prussien de haute taille, tout couvert de chevrons et de décorations. Il était armé d'un fusil, mais il pouvait à peine le remuer, tant la presse était compacte; tous ces détails me sont encore présents, hélas! Je ne sais s'il songeait même à me résister; je m'élançai vers lui, j'enfonçai mon sabre dans ce noble cœur; la victime ouvrit horriblement les yeux, crispa ses mains avec effort, et tomba dans les bras des autres soldats.

[1] *fait esclandre*: gives rise to a scene; causes a fuss.
[2] *on en vint...se remuer*: they got so that they could hardly move.

"'Je ne me rappelle pas ce qui suivit; je me retrouvai dans la première cour, tout mouillé de sang; les Prussiens, refoulés par la poterne, avaient été reconduits à coups de canon jusqu'à leurs campements.'

"Après cette histoire, il se fit un long silence, et puis l'on parla d'autre chose. C'était un triste et curieux spectacle pour le penseur, que toutes ces physionomies de soldats assombries par le récit d'une infortune si vulgaire en apparence... et l'on pouvait savoir au juste ce que vaut la vie d'un homme, même d'un Allemand, docteur, en interrogeant les regards intimidés de ces tueurs de profession."

"Il est certain," répondit le docteur un peu étourdi, "que le sang de l'homme crie bien haut, de quelque façon qu'il soit versé; cependant Desroches n'a point fait de mal; il se défendait."

"Qui le sait?" murmura Arthur.

"Vous qui parliez de capitulation de conscience, docteur, dites-nous si cette mort du sergent ne ressemble pas un peu à un assassinat. Est-il sûr que le Prussien eût tué Desroches?"

"Mais c'est la guerre, que voulez-vous?"

"A la bonne heure, oui, c'est la guerre. On tue à trois cents pas dans les ténèbres un homme qui ne vous connaît pas et ne vous voit pas; on égorge en face et avec la fureur dans le regard des gens contre lesquels on n'a pas de haine, et c'est avec cette réflexion qu'on s'en console et qu'on s'en glorifie! Et cela se fait honorablement entre des peuples chrétiens!...

"L'aventure de Desroches sema donc différentes impressions dans l'esprit des assistants. Et puis, l'on fut se mettre au lit. Notre officier oublia le premier sa lugubre histoire, parce que de la petite chambre qui lui était donnée on apercevait parmi les massifs d'arbres une certaine fenêtre de l'hotel du Dragon éclairée de l'intérieur par une veilleuse. Là dormait tout son avenir. Lorsque, au milieu de la nuit, les rondes et le qui-vive venaient le réveiller, il se disait qu'en cas d'alarme son courage ne pourrait plus comme autrefois galvaniser tout l'homme, et qu'il s'y mêlerait un peu de regret et de crainte. Avant l'heure de la diane,[1] le lendemain, le capitaine de garde lui ouvrit là une porte, et il trouva ses deux amies qui se promenaient en l'attendant le long des fossés extérieurs. Je les accompagnai jusqu'à Neunhoffen, car ils devaient se marier à l'état civil[2] d'Hagueneau, et revenir à Metz pour la bénédiction nuptiale.

"Wilhelm, le frère d'Émilie, fit à Desroches un accueil assez cordial. Les deux beaux-frères se regardaient parfois avec une attention opiniâtre. Wilhelm était d'une taille moyenne, mais bien prise. Ses cheveux blonds étaient rares déjà, comme s'il eût été miné par l'étude ou par les chagrins; il portait des lunettes bleues à cause de sa vue, si faible, disait-il, que la moindre lumière le faisait souffrir. Desroches apportait une liasse de papiers que le jeune praticien examina curieusement, puis il produisit lui-même tous les titres de sa famille, en forçant Desroches à s'en rendre compte; mais il avait affaire à un homme confiant, amoureux et désintéressé, les enquêtes ne furent donc pas longues. Cette manière de procéder parut flatter quelque peu Wilhelm; aussi commença-t-il à prendre le bras de Desroches, à lui offrir une de ses meilleures pipes, et à le conduire chez tous ses amis d'Hagueneau.

"Partout, on fumait et l'on buvait force bière. Après dix présentations, Desroches demanda grâce, et on lui permit de ne plus passer ses soirées qu'auprès de sa fiancée.

"Peu de jours après, les deux amoureux du banc de l'esplanade étaient deux époux unis par M. le maire d'Hagueneau, vénérable fonctionnaire qui avait dû être bourgmestre, avant la Révolution française, et qui avait tenu dans ses bras bien souvent la petite Émilie, que peut-être il avait enregistrée lui-même à sa naissance; aussi lui dit-il bien bas, la veille de son mariage: 'Pourquoi n'épousez-vous donc pas un bon Allemand?'

"Émilie paraissait peu tenir à ces distinctions. Wilhelm luimême s'était réconcilié avec la moustache du lieutenant, car, il faut le dire, au premier abord, il y avait eu réserve de la part de ces deux hommes; mais Desroches y mettant beaucoup du sien,[3]

---

[1] *diane*: reveille.   [2] i.e. *le bureau d'état civil*: registrar's office.
[3] *y mettant...sien*: since Desroches went a long way to meet him.

Wilhelm faisant un peu pour sa sœur, et la bonne tante pacifiant et adoucissant toutes les entrevues, on réussit à fonder un parfait accord. Wilhelm embrassa de fort bonne grâce son beau-frère après la signature du contrat. Le jour même, car tout s'était conclu vers neuf heures, les quatre voyageurs partirent pour Metz. Il était six heures du soir, quand la voiture s'arrêta à Bitche, au grand hôtel du Dragon.

"On voyage difficilement dans ce pays entrecoupé de ruisseaux et de bouquets de bois; il y a dix côtes par lieue, et la voiture du messager secoue rudement ses voyageurs. Ce fut là peut-être la meilleure raison du malaise qu'éprouva la jeune épouse en arrivant à l'auberge. Sa tante et Desroches s'installèrent auprès d'elle, et Wilhelm, qui souffrait d'une faim dévorante, descendit dans la petite salle où l'on servait à huit heures le souper des officiers.

"Cette fois, personne ne savait le retour de Desroches. La journée avait été employée par la garnison à des excursions dans les taillis de Huspoletden. Desroches, pour n'être pas enlevé au poste qu'il occupait près de sa femme, défendit à l'hôtesse de prononcer son nom. Réunis tous trois près de la petite fenêtre de la chambre, ils virent rentrer les troupes au fort, et la nuit s'approchant, les glacis se bordèrent de soldats en négligé qui savouraient le pain de munition[1] et le fromage de chèvre fournis par la cantine.

"Cependant, Wilhelm, en homme qui veut tromper l'heure et la faim, avait allumé sa pipe, et, sur le seuil de la porte, il se reposait entre la fumée de tabac et celle du repas, double volupté pour l'oisif et pour l'affamé. Les officiers, à l'aspect de ce voyageur bourgeois, dont la casquette était enfoncée jusqu'aux oreilles et les lunettes bleues braquées vers la cuisine, comprirent qu'ils ne seraient pas seuls à table et voulurent lier connaissance avec l'étranger; car il pouvait venir de loin, avoir de l'esprit, raconter des nouvelles, et dans ce cas c'était une bonne fortune; ou arriver des environs, garder un silence stupide, et alors c'était un niais dont on pouvait rire.

[1] *pain de munition*: ration bread.

"Un sous-lieutenant des écoles[1] s'approcha de Wilhelm avec une politesse qui frisait l'exagération.

"'Bonsoir, monsieur, savez-vous de nouvelles de Paris?'

"'Non, monsieur, et vous?' dit tranquillement Wilhelm.

"'Ma foi, monsieur, nous ne sortons pas de Bitche, comment saurions-nous quelque chose?'

"'Et moi, monsieur, je ne sors jamais de mon cabinet.'

"'Seriez-vous dans le génie?'[2]...

"Cette raillerie dirigée contre les lunettes de Wilhelm, égaya beaucoup l'assemblée.

"'Je suis clerc de notaire, monsieur.'

"'En vérité? à votre âge, c'est surprenant.'

"'Monsieur,' dit Wilhelm, 'est-ce que vous voudriez voir mon passeport?'

"'Non, certainement.'

"'Eh bien! dites-moi que vous ne vous moquez pas de ma personne, et je vais vous satisfaire sur tous les points.'

"L'assemblée reprit son sérieux.

"'Je vous ai demandé, sans intention maligne, si vous faisiez partie du génie, parce que vous portiez des lunettes. Ne savez-vous pas que les officiers de cette arme ont seuls le droit de se mettre des verres sur les yeux?'

"'Et cela prouve-t-il que je sois soldat ou officier, comme vous voudrez?'

"'Mais tout le monde est soldat aujourd'hui. Vous n'avez pas vingt-cinq ans, vous devez appartenir à l'armée; ou bien vous êtes riche, vous avez quinze mille francs de rente, vos parents ont fait des sacrifices... et dans ce cas-là, on ne dîne pas à une table d'hôte d'auberge.'

"'Monsieur,' dit Wilhelm, en secouant sa pipe, 'peut-être avez-vous le droit de me soumettre à cette inquisition, alors je dois vous répondre catégoriquement. Je n'ai pas de rentes, puisque je suis un simple clerc de notaire, comme je vous l'ai dit. J'ai été réformé pour cause de mauvaise vue. Je suis myope, en un mot.'

---

[1] *sous-lieutenant des écoles*: cadet subaltern.   [2] *génie*: engineers.

"Un éclat de rire général et intempéré accueillit cette déclaration.

"'Ah! jeune homme, jeune homme!' s'écria le capitaine Vallier en lui frappant sur l'épaule, 'vous avez bien raison, vous profitez du proverbe: Il vaut mieux être poltron et vivre plus longtemps!'

"Wilhelm rougit jusqu'aux yeux: 'Je ne suis pas un poltron, monsieur le capitaine! et je vous le prouverai quand il vous plaira. D'ailleurs, mes papiers sont en règle, et si vous êtes officier de recrutement, je puis vous les montrer.'

"'Assez, assez,' crièrent quelques officiers, 'laisse ce bourgeois tranquille, Vallier. Monsieur est un particulier paisible, il a le droit de souper ici.'

"'Oui,' dit le capitaine, 'ainsi mettons-nous à table, et sans rancune, jeune homme. Rassurez-vous, je ne suis pas chirurgien examinateur et cette salle à manger n'est pas une salle de révision.[1] Pour vous prouver ma bonne volonté, je m'offre à vous découper une aile de ce vieux dur à cuire qu'on nous donne pour un poulet.'

"'Je vous remercie,' dit Wilhelm, à qui la faim avait passé, 'je mangerai seulement de ces truites qui sont au bout de la table.' Et il fit signe à la servante de lui apporter le plat.

"'Sont-ce des truites, vraiment?' dit le capitaine à Wilhelm, qui avait ôté ses lunettes en se mettant à table. 'Ma foi, monsieur, vous avez meilleure vue que moi-même; tenez franchement, vous ajusteriez votre fusil tout aussi bien qu'un autre... Mais vous avez eu des protections, vous en profitez, très bien. Vous aimez la paix, c'est un goût tout comme un autre. Moi, à votre place, je ne pourrais pas lire un bulletin de la grande armée, et songer que les jeunes gens de mon âge se font tuer en Allemagne, sans me sentir bouillir le sang dans les veines. Vous n'êtes donc pas Français?'

"'Non,' dit Wilhelm, avec effort et satisfaction à la fois, 'je suis né à Hagueneau; je ne suis pas Français, je suis Allemand.'

"'Allemand? Hagueneau est situé en deçà de la frontière rhénane, c'est un bon et beau village de l'Empire français, département du Bas-Rhin. Voyez la carte.'

[1] *salle de révision*: a medical board.

"'Je suis de Hagueneau, vous dis-je, village d'Allemagne il y a dix ans, aujourd'hui village de France; et moi je suis Allemand toujours, comme vous seriez Français jusqu'à la mort, si votre pays appartenait jamais aux Allemands.'

"'Vous dites là des choses dangereuses, jeune homme, songez-y.'

"'J'ai tort peut-être,' dit impétueusement Wilhelm; 'mon sentiment à moi est de ceux qu'il importe, sans doute, de garder dans son cœur, si l'on ne peut les changer. Mais c'est vous-même qui avez poussé si loin les choses, qu'il faut, à tout prix, que je me justifie ou que je passe pour un lâche. Oui, tel est le motif qui, dans ma conscience, légitime le soin que j'ai mis à profiter d'une infirmité réelle, sans doute, mais qui peut-être n'eût pas dû arrêter un homme de cœur. Oui, je l'avouerai, je ne me sens point de haine contre les peuples que vous combattez aujourd'hui. Je songe que si le malheur eût voulu que je fusse obligé de marcher contre eux, j'aurais dû, moi aussi, ravager des campagnes allemandes, brûler des villes, égorger des compatriotes ou d'anciens compatriotes, si vous aimez mieux, et frapper, au milieu d'un groupe de prétendus ennemis, oui, frapper, qui sait? des parents, d'anciens amis de mon père... Allons, allons, vous voyez bien qu'il vaut mieux pour moi écrire des rôles chez le notaire d'Hagueneau... D'ailleurs il y a assez de sang versé dans ma famille; mon père a répandu le sien jusqu'à la dernière goutte, voyez-vous, et moi...'

"'Votre père était soldat?' interrompit le capitaine Vallier.

"'Mon père était sergent dans l'armée prussienne, et il a défendu longtemps ce territoire que vous occupez aujourd'hui. Enfin, il fut tué à la dernière attaque du fort de Bitche.'

"Tout le monde était fort attentif à ces dernières paroles de Wilhelm, qui arrêtèrent l'envie qu'on avait quelques minutes auparavant, de rétorquer ses paradoxes[1] touchant le cas particulier de sa nationalité.

"'C'était donc en 93?'

[1] *rétorquer ses paradoxes*: to explode his clever paradoxes.

"'En 93, le 17 novembre, mon père était parti la veille de Pirmasens pour rejoindre sa compagnie. Je sais qu'il dit à ma mère qu'au moyen d'un plan hardi, cette citadelle serait emportée sans coup férir.[1] On nous le rapporta mourant vingt-quatre heures après; il expira sur le seuil de la porte, après m'avoir fait jurer de rester auprès de ma mère, qui lui survécut quinze jours.

"'J'ai su que dans l'attaque qui eut lieu cette nuit-là, il reçut dans la poitrine le coup de sabre d'un jeune soldat, qui abattit ainsi l'un des plus beaux grenadiers de l'armée du prince de Hohenlohe.'

"'Mais on nous a raconté cette histoire,' dit le major...

"'Eh bien!' dit le capitaine Vallier, 'c'est toute l'aventure du sergent prussien tué par Desroches.'

"'Desroches!' s'écria Wilhelm; 'est-ce du lieutenant Desroches que vous parlez?'

"'Oh! non, non,' se hâta de dire un officier, qui s'aperçut qu'il allait y avoir là quelque révélation terrible; 'ce Desroches dont nous parlons était un chasseur de la garnison mort il y a quatre ans, car son premier exploit ne lui a pas porté bonheur.'

"'Ah! il est mort,' dit Wilhelm en appuyant son front d'où tombaient de larges gouttes de sueur.

"Quelques minutes après, les officiers le saluèrent et le laissèrent seul. Desroches ayant vu par la fenêtre qu'ils s'étaient tous éloignés, descendit dans la salle à manger, où il trouva son beau-frère accoudé sur la longue table et la tête dans ses mains.

"'Eh bien, eh bien, nous dormons déjà?... Mais je veux souper, moi, ma femme s'est endormie enfin, et j'ai une faim terrible. Allons, un verre de vin, cela nous réveillera et vous me tiendrez compagnie.'

"'Non, j'ai mal à la tête,' dit Wilhelm 'je monte à ma chambre. A propos, ces messieurs m'ont beaucoup parlé des curiosités du fort. Ne pourriez-vous pas m'y conduire demain?'

"'Mais sans doute, mon ami.'

---

[1] *sans coup férir*: without striking a blow.

"'Alors demain matin, je vous éveillerai.'

"Desroches soupira, puis il alla prendre possession du second lit qu'on avait préparé dans la chambre où son beau-frère venait de monter (car Desroches couchait seul, n'étant mari qu'au civil[1]). Wilhelm ne put dormir de la nuit, et tantôt il pleurait en silence, tantôt il dévorait de regards furieux le dormeur, qui souriait dans ses songes.

"Ce qu'on appelle le pressentiment ressemble fort au poisson précurseur qui avertit les cétacés[2] immenses et presque aveugles que là pointille[3] une roche tranchante, ou qu'ici est un fond de sable. Nous marchons dans la vie si machinalement que certains caractères, dont l'habitude est insouciante, iraient se heurter ou se briser sans avoir pu se souvenir de Dieu, s'il ne paraissait un peu de limon[4] à la surface de leur bonheur. Les uns s'assombrissent au vol du corbeau, les autres sans motifs, d'autres, en s'éveillant, restent soucieux sur leur séant, parce qu'ils ont fait un rêve sinistre. Tout cela est pressentiment. Vous allez courir un danger, dit le rêve; prenez garde, crie le corbeau; soyez triste, murmure le cerveau qui s'alourdit.

"Desroches, vers la fin de la nuit, eut un songe étrange. Il se trouvait au fond d'un souterrain, derrière lui marchait une ombre blanche dont les vêtements frôlaient ses talons; quand il se retournait, l'ombre reculait; elle finit par s'éloigner à une telle distance que Desroches ne distinguait plus qu'un point blanc, ce point grandit, devint lumineux, emplit toute la grotte et s'éteignit. Un léger bruit se faisait entendre, c'était Wilhelm qui rentrait dans la chambre, le chapeau sur la tête et enveloppé d'un long manteau bleu.

"Desroches se réveilla en sursaut.

"'Diable!' s'écria-t-il, 'vous étiez déjà sorti ce matin?'

"'Il faut vous lever,' répondit Wilhelm.

"'Mais nous ouvrira-t-on au fort?'

---

[1] *n'étant mari qu'au civil*: being a husband only in the eyes of the civilian authorities.

[2] *cétacés*: whales.   [3] *pointille*: sticks out.   [4] *limon*: mud.

"'Sans doute, tout le monde est à l'exercice; il n'y a plus que le poste de garde.'

"'Dejà! eh bien, je suis à vous... Le temps seulement de dire bonjour à ma femme.'

"'Elle va bien, je l'ai vue; ne vous occupez pas d'elle.'

"Desroches fut surpris de cette réponse, mais il la mit sur le compte de l'impatience, et plia encore une fois devant cette autorité fraternelle qu'il allait bientôt pouvoir secouer.

"Comme ils passaient sur la place pour aller au fort, Desroches jeta les yeux sur les fenêtres de l'auberge. Emilie dort sans doute, pensa-t-il. Cependant le rideau tremble, se ferme, et le lieutenant crut remarquer qu'on s'était éloigné du carreau pour n'être pas aperçu de lui.

"Les guichets[1] s'ouvrirent sans difficulté. Un capitaine invalide, qui n'avait pas assisté au souper de la veille, commandait l'avant-poste. Desroches prit une lanterne et se mit à guider de salle en salle son compagnon silencieux.

"Après une visite de quelques minutes sur différents points où l'attention de Wilhelm ne trouva guère à se fixer: 'Montrez-moi donc les souterrains,' dit-il à son beau-frère.

'Avec plaisir, mais ce sera, je vous jure, une promenade peu agréable; il règne là-dessous une grande humidité. Nous avons les poudres sous l'aile gauche, et là, on ne saurait pénétrer sans ordre supérieur. A droite sont les conduits d'eau réservés et les salpêtres bruts;[2] au milieu, les contre-mines et les galeries... Vous savez ce que c'est qu'une voûte?'

"'N'importe, je suis curieux de visiter des lieux où se sont passés tant d'événements sinistres... où même vous avez couru des dangers, à ce qu'on m'a dit.'

"'Il ne me fera pas grâce d'un caveau,'[3] pensa Desroches. 'Suivez-moi, frère, dans cette galerie qui mène à la poterne ferrée.'

"La lanterne jetait une triste lueur aux murailles moisies, et

---

[1] *guichets*: wicket-gates.   [2] *salpêtres bruts*: raw saltpetre.
[3] *il ne me fera...caveau*: he wont let me off a single vault.

tremblait en se reflétant sur quelques lames de sabres et quelques canons de fusil rongés par la rouille.

"'Qu'est-ce que ces armes?' demanda Wilhelm.

"'Les dépouilles des Prussiens tués à la dernière attaque du fort, et dont mes camarades ont réuni les armes en trophées.'

"'Il est donc mort plusieurs Prussiens ici?'

"'Il en est mort beaucoup dans ce rond-point.'

"'N'y tuâtes-vous pas un sergent, vieillard de haute taille, à moustaches rousses?'

"'Sans doute, ne vous en ai-je pas conté l'histoire?'

"'Non, pas vous; mais hier à table on m'a parlé de cet exploit... que votre modestie nous avait caché.'

"'Qu'avez-vous donc, frère, vous pâlissez?'

Wilhelm répondit d'une voix forte:

"'Ne m'appelez pas frère, mais ennemi!... Regardez, je suis un Prussien! Je suis le fils de ce sergent que vous avez assassiné.'

"'Assassiné!'

"'Ou tué, qu'importe! Voyez; c'est là que votre sabre a frappé.'

"Wilhelm avait rejeté son manteau et indiquait une déchirure dans l'uniforme vert qu'il avait revêtu, et qui était l'habit même de son père, pieusement conservé.

"'Vous êtes le fils de ce sergent! Oh! mon Dieu, me raillez-vous?'

"'Vous railler? Joue-t-on avec de pareilles horreurs?... Ici a été tué mon père, son noble sang a rougi ces dalles; ce sabre est peut-être le sien! Allons, prenez-en un autre et donnez-moi la revanche de cette partie!... Allons, ce n'est pas un duel, c'est le combat d'un Allemand contre un Français; en garde!'

"'Mais vous êtes fou, cher Wilhelm, laissez donc ce sabre rouillé. Vous voulez me tuer, suis-je coupable?'

"'Aussi vous avez la chance de me frapper à mon tour, et elle est double pour le moins de votre côté. Allons, défendez-vous.'

"'Wilhelm! tuez-moi sans défense; je perds la raison moi-même, la tête me tourne... Wilhelm! j'ai fait comme tout soldat doit faire; mais songez-y donc… D'ailleurs, je suis le mari de votre sœur; elle m'aime! Oh! ce combat est impossible.'

"'Ma sœur!… et voilà justement ce qui rend impossible que nous vivions tous deux sous le même ciel! Ma sœur! elle sait tout; elle ne reverra jamais celui qui l'a faite orpheline. Hier, vous lui avez dit le dernier adieu.'

"Desroches poussa un cri terrible et se jeta sur Wilhelm pour le désarmer; ce fut une lutte assez longue, car le jeune homme opposait aux secousses de son adversaire la résistance de la rage et du désespoir.

"'Rends-moi ce sabre, malheureux,' criait Desroches, 'rends-le-moi! Non, tu ne me frapperas pas, misérable fou!… rêveur cruel!…'

"'C'est cela,' criait Wilhelm d'une voix étouffée, 'tuez aussi le fils dans la galerie!… Le fils est un Allemand… un Allemand!'

"En ce moment des pas retentirent et Desroches lâcha prise. Wilhelm abattu ne se relevait pas…

"Ces pas étaient les miens, messieurs," ajouta l'abbé. "Émilie était venue au presbytère[1] me raconter tout pour se mettre sous la sauvegarde de la religion, la pauvre enfant. J'étouffai la pitié qui parlait au fond de mon cœur, et lorsqu'elle me demanda si elle pouvait aimer encore le meurtrier de son père, je ne répondis pas. Elle comprit, me serra la main et partit en pleurant. Un pressentiment me vint; je la suivis, et quand j'entendis qu'on lui répondait à l'hôtel que son frère et son mari étaient allés visiter le fort, je me doutai de l'affreuse vérité. Heureusement j'arrivai à temps pour empêcher une nouvelle péripétie[2] entre ces deux hommes égarés par la colère et par la douleur.

"Wilhelm, bien que désarmé, résistait toujours aux prières de Desroches; il était accablé, mais son œil gardait encore toute sa fureur.

"'Homme inflexible!' lui dis-je, c'est vous qui réveillez les morts et qui soulevez des fatalités effrayantes! N'êtes-vous pas chrétien, et voulez-vous empiéter sur la justice de Dieu? Voulez-

---

[1] *presbytère*: priest's house; parsonage.　　　[2] *péripétie*: outburst.

vous devenir ici le seul criminel et le seul meurtrier? L'expiation sera faite, n'en doutez point; mais ce n'est pas à nous qu'il appartient de la prévoir, ni de la forcer.'

"Desroches me serra la main et me dit: 'Émilie sait tout. Je ne la reverrai pas; mais je sais ce que j'ai à faire pour lui rendre sa liberté.'

"'Que dites-vous,' m'écriai-je, 'un suicide?'

"A ce mot, Wilhelm s'était levé et avait saisi la main de Desroches.

"'Non!' disait-il, 'j'avais tort. C'est moi seul qui suis coupable, et qui devais garder mon secret et mon désespoir!'

"Je ne vous peindrai pas les angoisses que nous souffrîmes dans cette heure fatale; j'employai tous les raisonnements de ma religion et de ma philosophie, sans faire naître d'issue satisfaisante à cette cruelle situation; une séparation était indispensable dans tous les cas, mais le moyen d'en déduire les motifs devant la justice! Il y avait là non seulement un débat pénible à subir, mais encore un danger politique à révéler ces fatales circonstances.

"Je m'appliquai surtout à combattre les projets sinistres de Desroches et à faire pénétrer dans son cœur les sentiments religieux qui font un crime du suicide. Vous savez que ce malheureux avait été nourri à l'école des matérialistes du dix-huitième siècle. Toutefois, depuis sa blessure, ses idées avaient changé beaucoup. Il était devenu l'un de ces chrétiens à demi sceptiques comme nous en avons tant, qui trouvent qu'après tout un peu de religion ne peut nuire, et qui se résignent même à consulter un prêtre *en cas* qu'il y ait un Dieu! C'est en vertu de cette religiosité vague qu'il acceptait mes consolations. Quelques jours s'étaient passés. Wilhelm et sa sœur n'avaient pas quitté l'auberge; car Émilie était fort malade après tant de secousses. Desroches logeait au presbytère et lisait toute la journée des livres de piété que je lui prêtais. Un jour il alla seul au fort, y resta quelques heures, et, en revenant, il me montra une feuille de papier où son nom était inscrit; c'était une commission de capitaine dans un régiment qui partait pour rejoindre la division Partouneaux.

"Nous reçûmes au bout d'un mois la nouvelle de sa mort glorieuse autant que singulière. Quoi qu'on puisse dire de l'espèce de frénésie qui le jeta dans la mêlée, on sent que son exemple fut un grand encouragement pour tout le bataillon, qui avait perdu beaucoup de monde à la première charge..."

Tout le monde se tut après ce récit; chacun gardait la pensée étrange qu'excitaient une telle vie et une telle mort. L'abbé reprit en se levant: "Si vous voulez, messieurs, que nous changions ce soir la direction habituelle de nos promenades, nous suivrons cette vallée de peupliers jaunis par le soleil couchant, et je vous conduirai jusqu'à la Butte-aux-Lierres, d'où nous pourrons apercevoir la croix du couvent où s'est retirée Mme Desroches."

EDMOND ABOUT

(1828–1885)

ABOUT was born at Dieuze and died in tragic circumstances at the age of fifty-seven in Paris. Educated at the École Normale,· he studied at the École d'Athènes and in 1857 published his Greek impressions in *La Grèce Contemporaine*. About, who had an alert and malicious eighteenth-century style, wrote several novels, the most amusing of which is *Le Roi des montagnes* (1856), a skit on the brigand theme, hinging on the secret understanding between the Greek police and bandits. He lacked, however, the creative imagination and sensibility of the true novelist. His short stories, on the other hand, often display real talent. But About was primarily a journalist. A free-thinker, originally a Bonapartist, he joined forces with the Third Republic and, in 1884, was elected to the Académie Française.

EDMOND ABOUT

GORGEON

COMME il avait eu le second prix de tragédie du Conservatoire, il ne tarda pas à débuter à l'Odéon. C'était, si j'ai bonne mémoire, en janvier 1846. Il joua Orosmane[1] le jour de la Sainte-Charlemagne, et fut sifflé par tous les collégiens de la rive gauche.[2] Aucun de ses amis n'en fut surpris: il est si difficile de réussir dans la tragédie lorsqu'on s'appelle Gorgeon ! Il aurait dû prendre un nom de guerre, et s'appeler Montreuil ou Thabor; mais que voulez-vous? Il tenait à ce nom de Gorgeon comme au seul héritage que ses parents lui eussent laissé. Sa chute fit peu de bruit; il ne tombait pas de bien haut. Il avait vingt ans, peu d'amis et point de protecteurs dans les journaux. Pauvre Gorgeon! Cependant il avait eu un beau moment au cinquième acte, et il avait poignardé Zaïre avec un rugissement de lion.

Nul directeur ne voulut l'engager pour la tragédie; mais un vieux vaudevilliste qui le connaissait le fit entrer au Palais-Royal.[3] Il prit son parti en philosophe: "Après tout," pensait-il, "le vaudeville a plus d'avenir que la tragédie, car on n'écrira plus de tragédies aussi belles que celles de Racine, et tout me porte à croire qu'on rimera de meilleurs couplets que ceux de M. Clairville."[4] On reconnut bientôt qu'il ne manquait pas de talent: il avait le geste comique, la grimace facile et la voix plaisante. Non seulement il comprenait ses rôles, mais il y mettait du sien.[5] Le public le prit en amitié, et le nom de Gorgeon circula agréablement dans la bouche des hommes. On répéta que Gorgeon s'était

---

[1] Orosmane, hero of Voltaire's tragedy of jealousy, *Zaïre* (1732).

[2] *rive gauche*: i.e. of the Seine. The traditional students' quarter of Paris.

[3] *Palais-Royal*: Théâtre du Palais-Royal which specializes in farces.

[4] Clairville, Louis-François (1811–79): author of numerous operettas and revues, once very popular.

[5] *il y mettait du sien*: he put a good deal of his own into them.

fait une place entre Sainville et Alcide Tousez, et qu'il confondait en un mélange heureux la finesse et la niaiserie.[1]

Cette métamorphose d'Orosmane en Jocrisse[2] fut l'affaire de dix-huit mois. A vingt-deux ans, Gorgeon gagnait dix mille francs, sans compter les feux et les bénéfices.[3] On n'avance pas aussi vite dans la diplomatie. Lorsqu'il se vit au faîte de la gloire et des appointements, il perdit un peu la tête: nous ne savons pas ce que nous aurions fait à sa place. L'étonnement de voir des meubles dans sa chambre et des louis dans son tiroir troubla sa raison. Il mena la vie de jeune homme et apprit à jouer le lansquenet, ce qui n'est malheureusement pas difficile. Je crois que personne ne se ruinerait au jeu si tous les jeux étaient aussi compliqués que les échecs.

Le pauvre garçon se persuada, en regardant sa cassette, qu'il était un fils de famille. Lorsqu'il sortait du théâtre, le 3 du mois, avec ses appointements dans sa poche, il se disait: "J'ai un bonhomme de père, un Gorgeon laborieux, studieux et vertueux, qui m'a gagné quelques écus sur les planches du Palais-Royal: à moi de les faire rouler!"[4]

Les écus roulèrent si bien, que l'année 1849 le surprit au milieu d'un petit peuple de créanciers: il devait vingt mille francs, et il s'en étonnait un peu: "Comment!" disait-il, "à l'époque où je ne gagnais rien je ne devais rien à personne! Plus je gagne, plus je dois. Est-ce que les gros appointements auraient la vertu d'endetter leur homme?"

Ses créanciers venaient le voir tous les jours, et il regrettait sincèrement de déranger tant de monde. Il n'est pas vrai que les artistes se complaisent dans les dettes comme les poissons dans l'eau. Ils sont sensibles, comme tous les autres hommes, à l'ennui d'éviter certaines rues, de tressaillir au coup de sonnette, et de lire des hiéroglyphes sur papier timbré. Gorgeon regretta plus

---

[1] *niaiserie*: nonsense, silliness.
[2] Jocrisse: a character in the old French farces who played the part of the dupe or ninny.   [3] *les feux et les bénéfices*: extras and benefit performances.
[4] *à moi...rouler*: it is up to me to squander them.

d'une fois le temps de ses débuts, ce temps, cet heureux temps où l'épicier et la laitière refusaient tout crédit à Orosmane.

Un jour qu'il méditait tristement sur les embarras qu'apporte la richesse, il s'écria: "Heureux celui qui n'a que le nécessaire! Si je gagnais tout juste ce qui suffit à mes besoins, je ne ferais pas de folies, donc pas de dettes, et je pourrais circuler librement dans tous les quartiers. Malheureusement, j'ai plus qu'il ne me faut: c'est ce maudit superflu qui me ruine. J'ai besoin de cinq cents francs par mois, tout le reste est de trop. Donnez-moi de vieux parents à nourrir, des sœurs à doter,[1] des frères à mettre au collège! Je suffirai à tout, et je trouverai encore le moyen de payer mes dettes. Mais je suis seul de ma race, et je n'ai point de charges de famille. Si je me mariais!"

Il se maria, par économie, à la fille la plus coquette de son théâtre et de Paris.

Je suis sûr que vous ne l'avez pas oubliée, cette petite Pauline Rivière, dont l'esprit et la beauté ont servi de parachute à sept ou huit vaudevilles. Elle parlait un peu trop vite, mais c'était plaisir de l'entendre bredouiller. Ses petits yeux, car ils étaient petits, semblaient par moment se répandre sur toute sa figure. Elle n'ouvrait jamais la bouche sans montrer deux rangées de dents aiguës comme celles d'un jeune loup. Ses épaules étaient celles d'un gros enfant de quatre ans, roses et potelées. Ses cheveux noirs étaient si longs qu'on lui fit un rôle de Suissesse tout exprès pour les montrer. Quant à ses mains, c'était un objet de curiosité, et Jouven inventa un numéro[2] pour elles, le cinq et demi.

A dix-sept ans, sans autre fortune que sa beauté, et sans autres ancêtres que le chef de claque du théâtre, ce joli *baby* avait failli se métamorphoser en marquise. Un descendant des chevaliers de la Table ronde, très marquis et très Breton, s'était mis en tête de l'épouser. Il s'en fallut de bien peu,[3] et sans l'intervention des douairières du Huelgoat et de Sarravent, l'affaire était faite. Mais la colère des douairières, comme dit Salomon, est terrible;[4] surtout

[1] *doter*: to provide with dowries.   [2] *numéro*: tr. here "size" in gloves.
[3] *Il s'en fallut de bien peu*: it nearly came off, it was touch and go.
[4] Parody of Proverbs, xxvii, 4: Wrath is cruel, and anger is outrageous.

celle des douairières bretonnes. Pauline resta Pauline comme devant; son marquisat tomba dans l'eau, et elle ne se désola pas au point d'aller l'y chercher. Elle continua à mener à grandes guides¹ cinq ou six petits amours de toute condition sur la route royale du mariage. Ce fut alors que Gorgeon vint s'atteler à son char. Elle le reçut comme elle recevait tous ses prétendants, sérieux ou légers, avec une bonne grâce impartiale. Il était grand et bien fait, et ne ressemblait pas à une porcelaine rapportée de la Chine. Il n'avait ni les yeux bouffis, ni la voix rauque, ni le menton bleu. Sa tenue était digne et presque sévère. Il portait des gants de chevreau, et s'habillait comme un sociétaire² de la Comédie-Française.

Il fit sa cour. Dès le premier jour, Pauline le trouva bien. Au bout d'un mois elle le trouva très bien: c'était en février 1849. En mars, elle le trouva mieux que tous les autres; en avril, elle prit de l'amour pour lui, et ne lui en fit pas un secret. Il s'attendit à voir éconduire³ ses rivaux; mais Pauline ne se pressait pas. Les préparatifs du mariage se firent au milieu d'un encombrement d'amoureux qui donnait des impatiences à Gorgeon. Il n'était bien nulle part, ni chez lui ni chez Pauline: chez elle, il trouvait ses rivaux; chez lui, ses créanciers. Il lui demanda un jour assez nettement si ces messieurs n'iraient pas bientôt soupirer ailleurs.

"Seriez-vous jaloux?" dit-elle.

"Non, quoique j'aie débuté dans Orosmane."

"A la ville?"

"A la scène. Mais je le jouerais à la ville si j'y étais forcé."

"Tais-toi; tu as l'œil mauvais.⁴ Pourquoi serais-tu jaloux? Tu sais bien que je t'aime. La jalousie est toujours un peu ridicule, mais dans notre état elle est absurde. Si tu t'y mets une fois, il faudra que tu sois jaloux des directeurs, des auteurs, des journalistes et du public. Le public me fait la cour tous les soirs!

¹ *mener à grandes guides*: go the pace with.
² *sociétaire*: member. (The regular members of this state theatre receive shares or dividends according to their seniority.)
³ *éconduire*: dismiss, to refuse admittance to.
⁴ *tu as l'œil mauvais*: you always suspect the worst.

Qu'est-ce que cela te fait? Je t'aime, je te le dis, je te le prouve en t'épousant; si cela ne te suffisait pas, c'est que tu serais difficile."

Le mariage se fit dans les derniers jours d'avril. Le public avait payé les dettes de Gorgeon et la corbeille de la mariée.[1] Ce fut l'affaire de deux représentations à bénéfice. La première se donna à l'Odéon; la seconde, aux Italiens. Tous les théâtres de Paris voulurent y prendre part: Gorgeon et Pauline étaient aimés partout. Ils s'épousèrent à Saint-Roch, donnèrent un grand déjeuner chez Pestel, et partirent le soir pour Fontainebleau. Le premier quartier de leur lune de miel éclaira les hautes futaies[2] de la vieille forêt. Gorgeon était radieux comme un fils de roi. Autour de lui le printemps faisait éclater les bourgeons des arbres. Tout verdissait, excepté les chênes, qui sont toujours en retard, comme si leur grandeur les attachait au rivage. L'herbe et la mousse s'étendaient en tapis moelleux sous les pieds des deux amants. Pauline remplissait ses poches de gros bouquets de violettes blanches. Ils sortaient au petit jour et rentraient à la nuit. Le matin, ils effarouchaient les lézards; le soir les hannetons[3] bourdonnants se jetaient à leur tête. Le 1er mai, ils se rendirent à la fête des Sablons qui se prolonge du soir au matin sous les grands hêtres. Toute la jeunesse des environs était là: les petites bourgeoises de Moret, les vigneronnes des Sablons et de Veneux, et les belles filles de Thomery, paysannes aux mains blanches, dont le travail consiste à surveiller les treilles, à éclaircir les grappes[4] et à enlever les petits grains de raisin qui gêneraient les gros. Toute cette jeunesse admira Pauline; on la prit pour une châtelaine des environs. Elle dansa de tout son cœur jusqu'à trois heures du matin, quoiqu'elle eût un peu de sable dans ses bottines. Puis elle s'achemina, au bras de son mari, vers la voiture qui les attendait.

Ils retournèrent plus d'une fois les yeux vers la fête qui se dessinait derrière eux comme une large tache rouge. La musique

---

[1] *corbeille de la mariée*: wedding presents.
[2] *hautes futaies*: tall trees.
[3] *hannetons*: cockchafers.
[4] *éclaircir les grappes*: thin out the clusters.

des ménétriers,[1] le bruit des sifflets de sucre, le grincement des crécelles[2] et les détonations des pétards arrivaient confusément à leurs oreilles. Puis ils marchèrent dans un silence charmant, éclairés par la lune et interrompus de minute en minute par la voix d'un rossignol. Gorgeon se sentit ému; il laissa tomber deux bonnes grosses larmes. Je vous jure qu'un poëte élégiaque n'aurait pas mieux pleuré; et la preuve, c'est que Pauline se mit à rire en sanglotant:

"Comme ils s'amuseraient," dit-elle, "s'ils nous voyaient pleurer ainsi! Il me semble que nous sommes à deux cents lieues du théâtre."

"Malheureusement, nous y rentrerons dans trois jours."

"Bah! la vie n'est pas faite pour pleurer. Nous ne nous aimerons pas moins pour nous aimer gaiement."

Gorgeon n'était pas jaloux. Lorsqu'il reparut au Palais-Royal, il ne se scandalisa point d'entendre les vieux comédiens tutoyer sa femme comme ils en avaient l'habitude. Elle était presque leur fille adoptive; ils l'avaient vue toute petite dans les coulisses, et elle se souvenait d'avoir dansé sur leurs genoux. Ce qui le gênait davantage, c'était de voir à l'orchestre les anciens admirateurs de Pauline, la lorgnette à la main. Il eut des distractions, et il manqua une ou deux fois de mémoire; on s'en aperçut, et il fut un peu moqué par ses camarades. L'un prétendit qu'il tournait au troisième rôle. Dans la langue spéciale du théâtre, les troisièmes rôles sont les traîtres, les jaloux et tous les personnages d'humeur noire. Un mauvais plaisant lui demanda s'il ne songeait pas à retourner à l'Odéon. Il prit assez bien tous les quolibets; mais il ne digérait pas[3] les jeunes gens à lorgnette.

"Heureusement," pensait-il, "ces messieurs ne viendront ni dans la coulisse ni chez moi." Chaque fois qu'il montait à sa loge par le petit escalier malpropre de la rue Montpensier, il relisait avec une certaine satisfaction l'arrêt du préfet de police qui interdit l'entrée des coulisses à toute personne étrangère au

---

[1] _ménétriers_: fiddlers. [2] _crécelles_: rattles.
[3] _ne digérait pas_: couldn't stomach.

théâtre. Pour plus de prudence, il accompagnait Pauline chaque fois qu'elle jouait sans lui, et il l'emmenait chaque fois qu'il jouait sans elle. Pauline ne demandait pas mieux. Elle était coquette et elle lançait volontiers des sourires dans la salle, mais elle aimait son mari.

L'été se passa bien; l'orchestre était à moitié vide; les beaux jeunes gens qui déplaisaient si fort à Gorgeon promenaient leurs loisirs à Bade, à Cauterets ou à Vichy; M. de Gaudry, ce marquis breton qui avait dû épouser Pauline, passait la belle saison dans ses terres. Le jeune ménage vécut dans une paix profonde, et la lune de miel ne roussit pas.[1]

Mais en décembre tout Paris était revenu, et la Société des artistes dramatiques affichait partout un grand bal pour le 1er février. Gorgeon était commissaire et sa femme patronnesse. Tous les hommes qui s'intéressent de près ou de loin aux théâtres de Paris couraient chez les patronnesses acheter des billets; les belles vendeuses rivalisaient de zèle, et c'était à qui en placerait davantage.[2] Gorgeon vit bien qu'il lui serait impossible de tenir sa porte fermée. Ce fut un va-et-vient formidable dans son escalier, et les gants jaunes usèrent le cordon de sa sonnette. Que faire? Il avait beau se constituer prisonnier à la maison, il répétait dans deux pièces, et son temps était pris de midi à quatre heures. Rarement il rentra chez lui sans rencontrer quelque beau monsieur qui descendait en fredonnant un air de ses vaudevilles. Lorsqu'il en trouvait un auprès de sa femme, il était forcé de faire bon visage; tout le monde était d'une politesse exquise avec lui. M. de Gaudry vint prendre un billet, puis il revint en reprendre un second pour son frère. Puis il perdit le sien, et vint en chercher un troisième; puis il lui en fallut un quatrième pour un jeune homme de son club; ainsi de suite jusqu'à douze. Gorgeon était le meilleur élève de Bertrand; il etait de première force au pistolet,

---

[1] *ne roussit pas*: lit. to turn reddish or brown. Here, the honeymoon showed no signs of waning.

[2] *c'était...davantage*: there was great competition as to who would get rid of most.

et faisait quinze mouches[1] en vingt coups; mais à quoi bon? M. de Gaudry ne lui avait jamais manqué, tout au contraire. Il le félicitait, il l'adulait, il le portait aux nues; il lui disait: "Mon cher Gorgeon, vous êtes un farceur admirable. Vous n'avez pas votre pareil pour amuser les gens. Hier encore vous m'avez fait rire au point que j'avais les larmes dans les yeux. Que vous êtes donc comique, mon cher Gorgeon!" Si le pauvre homme s'était fâché, non seulement tout le monde lui eût donné tort, mais on aurait dit qu'il devenait fou.

Pauline l'aimait comme au premier jour, mais elle était bien aise de voir un peu le monde et d'entendre des compliments. L'amour de quelques hommes bien nés et bien élevés ne l'ennuyait pas, elle jouait avec le feu en femme qui est sûre de ne point s'y brûler. Elle tenait registre des passions qu'elle avait faites; elle notait soigneusement les sottises qu'on lui avait dites, et elle en riait avec son mari, qui ne riait guère. Lorsque Gorgeon lui proposa tout net de fermer sa porte aux galants, elle le renvoya bien loin: "Je ne veux pas," dit-elle, "te rendre ridicule. Ne crains rien; si quelqu'un de ces messieurs s'avisait de passer les bornes, je saurais le remettre à sa place. Tu peux te reposer sur moi du soin de ton honneur. Mais si nous faisions un coup d'éclat, tout Paris le saurait, et tu serais montré au doigt. Bien obligé!"[2]

Il eut l'imprudence de faire allusion à ces débats devant ses camarades du théâtre. On taquina Gorgeon; on lui infligea le sobriquet de Gorgeon *le Tigre*. Il se radoucit, il s'abstint de toute observation, il fit bon visage à ceux qui lui déplaisaient le plus. Ses amis changèrent de note, et l'appelèrent Gorgeon-Dandin.[3] Personne ne se serait avisé de le railler en face, mais ce maudit nom de Dandin voltigeait dans l'air autour de lui. Au moment d'entrer en scène, il l'entendait derrière un décor. Il regardait, et ne voyait personne, le parleur s'était éclipsé. Il voulait courir

[1] *mouches*: bull's-eyes. [2] *Bien obligé*: No, thank you!
[3] Dandin: character in Molière's comedy *George Dandin* (1668). He is the type of complaisant husband, who meekly suffers all his wife's whims and extravagances.

plus loin, impossible! à moins de manquer son entrée. Ne cherchez pas à cette persécution des causes surnaturelles; elle s'explique assez par la légèreté de Pauline, qui n'était qu'une enfant, et par la malice naturelle aux comédiens, qui veulent rire à tout prix.

Les quolibets aigrirent l'humeur de Gorgeon, et la bonne harmonie du ménage fut rompue. Il querella sa femme. Pauline, forte de son innocence, lui tint tête.[1]

Elle disait: "Je ne veux pas être tyrannisée." Gorgeon répondait: "Je ne veux pas être ridicule." Leurs amis communs donnaient tort au mari. "S'il était si ombrageux, pourquoi avoir choisi sa femme au théâtre? Il eût mieux fait d'épouser une petite bourgeoise, personne ne serait allé la relancer chez lui." Au milieu de ces débats, le jour anniversaire de leur mariage s'écoula sans qu'ils y eussent songé ni l'un ni l'autre. Ils s'en aperçurent le lendemain, chacun de son côté; Gorgeon se dit: "Il faut qu'elle m'aime bien peu pour l'avoir laissé passer." Pauline pensa que son mari regrettait probablement de l'avoir épousée. M. de Gaudry, qui n'était jamais loin, envoya un bracelet à Pauline. Gorgeon voulait aller le rendre, avec un remercîment de sa façon; Pauline prétendit le garder. "Parce que vous n'avez pas eu l'idée de me faire un cadeau," dit-elle, "il vous plaît de trouver à redire aux[2] moindres attentions de mes amis!"

"Vos amis sont des drôles que je corrigerai."

"Vous feriez mieux de vous corriger vous-même. J'ai cru jusqu'ici qu'il y avait deux classes d'hommes au-dessus des autres, les gentilshommes et les artistes: je sais maintenant ce qu'il faut penser des artistes."

"Vous en penserez ce qu'il vous plaira," dit Gorgeon en prenant son chapeau, "mais ce n'est plus moi qui fournirai un texte à vos comparaisons."

"Vous partez?"

"Adieu."

"Où allez-vous?"

"Vous le saurez."

---

[1] *lui tint tête*: stood up to him.   [2] *trouver à redire aux*...: object to.

"Tu reviendras?"

"Jamais."

Pauline fut quatre mois sans nouvelles de son mari. On le chercha partout, et jusque dans la rivière. Le public le regretta; ses rôles étaient distribués à d'autres. Sa femme le pleura sincèrement; elle n'avait jamais cessé de l'aimer. Elle tint sa porte fermée à tout le monde, renvoya avec horreur le bracelet du marquis, et repoussa toutes les consolations des hommes. Elle détestait sa coquetterie et disait, en tirant ses beaux cheveux: "J'ai tué mon pauvre Gorgeon."

Vers la fin de septembre, un bruit se répandit que Gorgeon n'était pas mort, et qu'il faisait les délices de la Russie.

"Le drôle serait-il vivant?" pensa l'inconsolable Pauline. "S'il est vrai qu'il se porte bien et qu'il m'ait fait pleurer sans raison, il me payera mes larmes." Et elle essaya de rire; mais la douleur fut plus forte, et tout finit par un redoublement de pleurs.

Huit jours après, un ami anonyme, qui n'était autre que M. de Gaudry, lui fit parvenir l'article suivant, découpé dans le *Journal de Saint-Pétersbourg*:

'Le 6 (18) septembre, en présence de la cour et devant une brillante assemblée, le rival de Sainville et d'Alcide Tousez, le célèbre Gorgeon, a débuté au théâtre Michel, dans la *Sœur de Jocrisse*. Son succès a été complet, et le jeune transfuge[1] du Palais-Royal s'est vu comblé d'applaudissements, de bouquets, d'oranges et de cadeaux de toute sorte. Encore une ou deux acquisitions pareilles, et notre théâtre, déjà si riche, n'aura plus d'égal en Europe. Gorgeon est engagé à raison de quatre mille roubles argent (16 000 fr.) et un bénéfice par an. Son dédit,[2] qui est d'abord insignifiant, sera payé sur la caisse des théâtres impériaux.'

Pauline ne pleura plus: la jolie veuve entrait dans la catégorie des femmes abandonnées. Tout Paris s'accorda à la plaindre et à blâmer son mari. "Après un an de ménage, quitter une femme adorable dont il n'avait jamais eu à se plaindre! la livrer à elle-

---

[1] *transfuge*: deserter.　　　　[2] *dédit*: forfeit.

même à l'âge de dix-huit ans! Et cela sans raison, sans prétexte, par un pur caprice! Quelle excuse pouvait-il alléguer? la jalousie? Pauline était le modèle des femmes; elle avait traversé toutes les séductions sans y laisser une plume de ses blanches ailes." Pour ajouter un dernier trait au tableau, on ne manqua pas de dire que Gorgeon abandonnait sa femme sans ressources: comme si elle ne touchait pas cinq cents francs par mois au Palais-Royal! Son mari lui avait laissé tout ce qu'il avait d'argent et un beau mobilier, dont elle vendit une partie lorsqu'elle se transporta rue de la Fontaine-Molière, au quatrième étage.

Elle inspirait une vive compassion à tous les hommes, et surtout à M. de Gaudry et à ses voisins de l'orchestre. Mais elle ne souffrit pas qu'aucune bonne âme en souliers vernis vînt la plaindre à domicile. Elle vivait seule avec une cousine de son âge qui lui servait de cuisinière et de femme de chambre. Son père ne lui était ni d'un grand secours ni d'une grande consolation: il buvait. Dans sa retraite, elle se consumait en projets inutiles et en résolutions contradictoires. Tantôt elle voulait vendre tout ce qu'elle possédait, s'embarquer pour Pétersbourg et se jeter dans les bras de son mari; tantôt elle trouvait plus juste et plus conjugal d'aller lui arracher les yeux. Puis elle se ravisait,[1] elle voulait rester à Paris donner l'exemple de toutes les vertus, édifier le monde par son veuvage et mériter le nom de Pénélope du Palais-Royal. Son imagination lui conseilla aussi d'autres coups de tête,[2] mais elle ne s'y arrêta pas.

Gorgeon, peu de temps après ses débuts, lui écrivit une lettre pleine de tendresse. Sa colère était refroidie, il n'avait plus ses rivaux sous les yeux, il voyait sainement les choses; il pardonnait, il demandait pardon, il appelait sa femme auprès de lui; il lui avait trouvé un engagement. Par malheur, ces paroles de paix arrivèrent dans un moment où Pauline, entourée de trois bonnes amies, attisait sa haine contre son mari. Elle fit du drame, et brûla la lettre sans la lire. Gorgeon, qui comptait sur une réponse, fut froissé et n'écrivit plus.

[1] *se ravisait*: changed her mind.   [2] *coups de tête*: rash actions.

En novembre, le ressentiment de Pauline, entretenu par ses amies, était encore dans toute sa force. Un matin, vers onze heures, elle s'habillait devant son armoire à glace pour se rendre à une répétition. Sa cousine était allée au marché Saint-Honoré, en laissant la clef sur la porte. La jeune femme ôtait sa dernière papillote[1] lorsqu'elle se retourna en poussant un cri d'épouvante. Elle avait vu dans le miroir un petit homme excessivement laid, enveloppé d'une pelisse de renard.

"Qui êtes-vous? que voulez-vous? sortez! On n'entre pas ainsi... Marie!" cria-t-elle si précipitamment que ses paroles tombaient les unes sur les autres.

"Je ne vous aime pas, vous ne me plaisez pas," répondit le petit homme visiblement embarrassé.

"Est-ce que je vous aime, moi? Sortez!"

"Je ne vous aime pas, madame; vous ne me..."

"Insolent! Sortez ou j'appelle; je crie au voleur! je me jette par la fenêtre!"

Le petit bonhomme joignit piteusement les mains et répondit d'une voix suppliante:

"Pardonnez-moi; je ne voulais pas vous offenser. J'ai fait sept cents lieues pour vous proposer quelque chose; j'arrive de Saint-Pétersbourg; je parle mal le français; j'ai préparé ce que je devais vous dire, et vous m'avez tellement intimidé...."

Il s'assit, et passa un mouchoir de batiste sur son front tout dépouillé. Pauline profita de ce moment pour jeter un châle sur ses épaules.

"Madame," reprit le bonhomme, "je ne vous aime pas, excusez-moi, et ne vous fâchez plus. Votre mari m'a joué un tour infâme. Je suis le prince Vasilikof; j'ai un million de revenu, mais je ne suis que de la quatorzième classe de noblesse, parce que je n'ai jamais servi."

"Ceci m'est tout à fait égal."

"Je le sais bien, mais j'avais préparé ce que je devais vous dire, et... je poursuis. Vous voyez, madame, que je ne suis ni très beau, ni ce qui s'appelle de la première jeunesse. De plus, j'ai pris, en

---

[1] *papillote*: curl-paper.

avançant en âge, certaines habitudes, ou, si vous voulez, certains tics nerveux qui font que, dans la société, on cherche à me tourner en ridicule. Cela ne m'a pas empêché d'aimer une personne charmante, de très bonne famille, et de la demander en mariage. Les parents m'avaient agréé à cause de ma fortune, et Vava (elle s'appelle Vava) était sur le point de donner son consentement, lorsque votre mari a eu l'infernale idée..."

"De l'épouser?"

"Non, mais de faire ma caricature sur la scène et d'amuser toute la ville à mes dépens. Mon mariage a manqué. Après la première représentation, j'ai reçu mon congé; à la deuxième, Vava s'est fiancée à un petit colonel finlandais qui n'a pas seulement cent mille livres de rente."

"Eh bien?"

"Eh bien, j'ai résolu que je me vengerais de Gorgeon; et, si vous voulez m'y aider, votre fortune est faite. Je ne vous aime pas, quoique vous soyez fort jolie, et aucune femme ne peut me plaire, excepté Vava. Les propositions que je vous apporte sont donc parfaitement honorables, et je vous prie de ne pas vous étonner de ce qu'elles peuvent avoir d'extraordinaire. Voulez-vous partir pour Saint-Pétersbourg dans une excellente chaise de poste? vous trouverez, place du Palais-Michel, à cent pas du théâtre, un hôtel magnifique qui m'appartient et que je vous donne. Les gens de la maison sont des moujiks à moi qui vous obéiront aveuglément. Le maître d'hôtel et l'intendant sont Français; vous êtes libre d'emmener avec vous une femme de chambre et une dame de compagnie; vous aurez deux voitures à vos ordres. Au théâtre, j'ai loué pour vous une avant-scène du rez-de-chaussée. Je fournirai à toutes les dépenses de votre maison; mon intendant vous comptera tous les mois la somme que vous lui indiquerez; enfin, la veille du jour où vous quitterez Paris, je déposerai chez votre notaire un capital aussi considérable qu'il vous plaira de le demander. Je ne parle pas d'une bagatelle de cinquante ou soixante mille francs, mais d'une fortune de deux ou trois cent mille: vous n'aurez qu'à parler."

Pauline avait eu le temps de se remettre. Elle croisa les bras et regarda en face son singulier interlocuteur:

"Mon cher monsieur," lui dit-elle, "pour qui me prenez-vous?"

"Pour une honnête femme indignement abandonnée, et qui a mille raisons de se venger de son mari."

"Il y a du vrai dans ce que vous dites; mais si je me vengeais de Gorgeon, je le ferais en honnête femme et je ne prendrais point d'associé."

"Madame, permettez-moi de vous répéter encore, au risque de vous déplaire, que je ne vous aime pas; en revanche, je vous respecte beaucoup, et je vous tiens pour une très honnête femme. Il y a plus: j'estime le caractère de votre mari, quoiqu'il m'ait traité bien cruellement. Si je croyais qu'il fût indifférent à son honneur, je chercherais une autre vengenace. Voici ce que je sollicite de vous, en échange d'une fortune assurée. Ne vous effrayez pas trop tôt. Vous ne me devez ni amour, ni amitié, ni reconnaissance, ni complaisance. Je m'engagerai, sur l'honneur, à ne point mettre les pieds chez vous. Nous ne sortirons jamais ensemble; vous serez libre de vos actions; vous recevrez qui vous voudrez, sans excepter votre mari. Tout ce que je demande..."

Pauline ouvrit les deux oreilles.

"Tout ce que je demande, c'est une place à côté de vous, dans votre loge, pour huit représentations. Gorgeon a fait rire la cour à mes dépens: je veux mettre les rieurs de mon côté."

La jeune femme connaissait assez l'humeur fière de son mari pour savoir qu'une telle vengeance serait cruelle. Elle songea aux conséquences terribles qui pouvaient s'ensuivre. "Vous êtes fou," dit-elle au prince; "n'avez-vous pas vingt autres moyens de punir mon mari? Vous serait-il bien difficile de l'envoyer pour deux ou trois mois en Sibérie?"

"Fort difficile. On a dans votre pays des préjugés sur la Sibérie. D'ailleurs, malgré mon titre et ma fortune, je ne suis pas un personnage, parce que je n'ai jamais servi."

"J'entends." Elle réfléchit quelques minutes, puis elle reprit: "En deux mots voici le marché que vous me proposez: une fortune contre ma réputation!"

"Pas même; je n'ai aucun intérêt à vous perdre d'honneur. Vous aurez le droit de publier en tout temps les conditions de notre marché. De mon côté, je m'engage à vous justifier de mon mieux; je ne tiens qu'au coup de théâtre.[1] Une fois l'effet produit, vous rentrerez dans votre réputation. Vous voyez donc qu'il ne s'agit pour vous que d'un rôle à jouer. Je vous engage pour huit représentations, à un prix que nul directeur n'offrit jamais à une actrice, et je vous laisse la liberté de dire à tout le monde: 'C'est une comédie.'"

Les débats se prolongèrent jusqu'au retour de Marie. Pauline demanda du temps pour délibérer, et l'affaire fut remise à la huitaine.[2] Dans l'intervalle, les amies de la jeune femme lui conseillèrent unanimement d'accepter les offres du prince. Les unes se réjouissaient de la voir partir, les autres se faisaient une fête de la savoir compromise. On lui représenta les torts impardonnables de son mari, les douceurs de la vengeance, la singularité d'un rôle si nouveau, et les profits qu'elle en allait tirer. Elle écouta d'une oreille distraite, et comme en songeant à autre chose. Explique qui voudra les bizarreries du cœur féminin! Que penseriez-vous si je vous disais qu'elle accepta ces propositions absurdes, et qu'elle consentit à ce malheureux voyage, parce qu'elle mourait d'envie de revoir son mari?

Ce qui prouve qu'elle était désintéressée, c'est qu'elle refusa les trois cent mille francs du prince Vasilikof. Il fallut des prières pour lui faire accepter les toilettes éclatantes qui étaient, pour ainsi dire, les costumes de son rôle. Elle partit le 1er décembre, en poste, avec sa cousine Marie. Elle arriva le 15, dans un traîneau[3] magnifique aux armes du prince. Toute la ville s'en émut; Vasilikof était arrivé depuis deux jours, et personne n'ignorait la grande nouvelle, ni les Russes, ni les Français, ni Gorgeon.

[1] *je ne tiens...théâtre*: all I insist on is the dramatic transformation scene.
[2] *remise à la huitaine*: put off for a week or so.   [3] *traîneau*: sleigh.

Pauline se repentait déjà de son équipée. L'empressement de la curiosité publique lui donna à réfléchir. Tous les hommes qu'elle apercevait dans la rue ou sur la Perspective lui rappelaient la tournure de son mari; tous les hommes se ressemblent sous la pelisse.

Le prince lui accorda quinze jours pour se remettre; elle eut ensuite un nouveau délai d'une semaine, parce que Gorgeon ne jouait pas. Elle regardait les affiches[1] comme les condamnés, sous la Terreur, lisaient les listes du bourreau. Elle ne jouit ni de ses toilettes, ni de sa maison, ni du luxe prodigieux dont elle était entourée. Son salon passait pour une des merveilles de Pétersbourg. Les murs étaient de Paros blanc, et les meubles de vieux Beauvais rouge. Les fenêtres n'avaient pas d'autres rideaux que six grands camélias ponceau,[2] dressés en espalier. Au milieu, sous un énorme lustre en cristal de roche, on voyait un divan circulaire ombragé d'un camélia pleureur, vrai miracle d'horticulture. Pauline y fit à peine attention. Son cuisinier, un illustre Provençal que Vasilikof avait dérobé à un prince-évêque d'Allemagne, épuisa vainement toutes les ressources de son imagination; Pauline n'avait plus faim. Elle était cependant un peu bien gourmande lorsqu'elle soupait chez Douix ou chez Bignon avec son mari. Le 6 janvier (nouveau style), l'affiche, qu'on portait chez elle, lui apprit que Gorgeon jouait le soir dans *le Dîner de Madelon*. Il lui sembla qu'elle recevait un coup dans le cœur. Elle voulut écrire à son mari. Elle fit porter chez Gorgeon une lettre tendre et suppliante où elle racontait fidèlement tout ce qui s'était passé. "Je ne sais plus que devenir," disait-elle; "je suis seule, sans appui et sans conseil. Le jour où nous nous sommes mariés, tu m'as promis aide et protection; viens à mon secours!" Elle glissa dans l'enveloppe une petite fleur sèche conservée entre deux feuillets de son Molière; c'était une violette blanche de Fontainebleau. Malheureusement, l'homme qui remit cette lettre à Gorgeon portait la livrée du prince Vasilikof. Le comédien s'imagina qu'on ne lui écrivait que pour le braver, et il brûla toutes ces prières sans les lire.

[1] *affiches*: posters. [2] *ponceau*: poppy-red.

Le soir, à sept heures, Pauline se laissa habiller comme une morte. Elle espérait vaguement que le prince aurait pitié d'elle et qu'il lui ferait grâce de sa compagnie; mais en descendant de voiture, devant la petite porte du vestibule, elle le vit accourir empressé et radieux. Elle le suivit en chancelant jusqu'à sa loge, qui était au niveau de la rampe, et elle se jeta sur un fauteuil, sans voir que toute la salle avait les yeux braqués sur elle. Le théâtre était plein; les Russes célébraient la fête de Noël. La direction permet au locataire d'une loge d'y empiler autant de personnes qu'elle peut physiquement en contenir. L'hémicycle était littéralement tapissé de têtes qui toutes regardaient la loge de Vasilikof. Lorsque le rideau se leva, Pauline fut prise de vertige. Elle voyait devant elle un gouffre plein de feu, et elle se cramponnait à la balustrade pour n'y point tomber.

Gorgeon s'était cuirassé de courage et d'indifférence. Il avait caché sa pâleur sous une couche épaisse de rouge, mais il avait oublié de peindre ses lèvres; elles devinrent livides. Il fut assez maître de lui pour conserver la mémoire, et il joua son rôle jusqu'au bout. La soirée fut orageuse. Le public du théâtre Michel se compose de deux éléments bien distincts: la haute société russe, qui entend le français, et la colonie française. Il y a plus de six mille Français à Pétersbourg, et tous, quels qu'ils soient, précepteurs, marchands, coiffeurs ou cuisiniers, raffolent du théâtre. Les Russes avaient admiré le coup d'état de Vasilikof, et ceux-là même qui avaient applaudi sa caricature deux mois auparavant s'étaient retournés de son côté. Les Français idolâtraient Gorgeon; ils le couvrirent d'applaudissements. Les Russes ripostèrent par des applaudissements ironiques, battant des mains à tout propos et hors de propos. Après la chute du rideau, ils le rappelèrent si obstinément, qu'il fut forcé de revenir. Pauline était plus morte que vive.

Le lendemain, on donnait le *Misanthrope* et *l'Auvergnat*. Gorgeon fut vraiment admirable dans le rôle de Mâchavoine. Brasseur[1] n'a jamais mieux joué. Les Français avaient apporté

---

[1] Brasseur: pseud. for Jules Dumont (1829–90), famous comic actor.

des couronnes; les Russes lui jetèrent des couronnes ridicules. Un mauvais plaisant lui cria: "Bien des choses à madame!"[1] Il pleurait de rage en rentrant dans sa loge. Il y trouva une lettre de Pauline, une lettre mouillée de larmes. Il la foula aux pieds, la déchira en mille pièces et la jeta au feu.

Après ces deux horribles soirées, Pauline, épouvantée du silence de son mari, supplia le prince de lui faire grâce du reste. Gorgeon n'était-il pas assez puni? Vasilikof n'était-il pas assez vengé?

Le prince était conciliant: il remit à Gorgeon la moitié de sa peine,[2] et décida que le surlendemain, après le spectacle, Pauline serait libre d'employer son temps comme elle l'entendrait. "Il faut être de bon compte,"[3] dit-il, "Gorgeon m'a joué huit fois en quinze jours; mais les soirées comme celle-ci doivent compter double. Après la quatrième, l'honneur sera satisfait."

On devait donner deux jours de suite un vaudeville fort gai de MM. Xavier et Varin, *la Colère d'Achille*. C'était presque une pièce de circonstance.[4] Achille Pangolin est un Sganarelle moderne qui croit trouver partout les preuves de sa disgrâce imaginaire. Tout lui est matière à soupçon, depuis le miaulement de son chat jusqu'aux interjections de son perroquet. S'il trouve une canne dans sa maison, il croit qu'elle a été oubliée par un rival, et il la met en morceaux avant de reconnaître que c'est la sienne. Il oublie son chapeau dans la chambre de sa femme; il revient, il le trouve, il le saisit, il le broie:[5] il cherche dans tous les coins le propriétaire de ce maudit chapeau. Dans l'excès de son désespoir, il veut en finir avec la vie, et il charge un pistolet pour se brûler la cervelle. Mais un scrupule l'arrête en si beau chemin. Il veut bien se détruire, mais il ne veut pas se faire mal: la mort l'attire et la douleur l'incommode. Pour concilier son horreur de la vie et sa tendresse pour lui-même, il se met en face d'un miroir et se suicide en effigie.

---

[1] *Bien...madame*: kind regards to your wife.
[2] *il remit...peine*: he let him off half his punishment.
[3] *Il faut...compte*: we must reckon fairly.
[4] *pièce de circonstance*: topical play.   [5] *il le broie*: he crushes it.

La Colère d'Achille eut un succès bruyant au théâtre Michel. Tous les mots portaient![1] Deux heures avant la représentation, Gorgeon avait refusé de recevoir la visite de sa femme. Il joua la rage au naturel. Par malheur, le pistolet du théâtre était une relique vénérable extraite du magasin des accessoires: il fit long feu.[2] Un seigneur de l'orchestre s'écria en mauvais français: "Pas de chance!"

Après la représentation, comme le régisseur[3] s'excusait, Gorgeon lui dit: "Ce n'est rien. J'ai un pistolet chez moi, je l'apporterai demain." Il vint avec un pistolet à deux coups, une belle arme, en vérité. "Vous voyez," dit-il au régisseur: "si le premier coup ratait, j'ai le second." Il joua avec un entrain qu'on ne lui avait jamais vu. A la dernière scène, au lieu de viser la glace, il détourna le canon vers sa femme et la tua. Il se fit ensuite sauter la cervelle. Le spectacle fut interrompu. Cette aventure fit beaucoup de bruit dans Pétersbourg. C'est le prince Vasilikof qui me l'a racontée. "Croiriez-vous," me dit-il en terminant, "que ce Gorgeon et cette Pauline s'étaient mariés par amour? Voilà comme vous êtes à Paris!"

[1] *portaient*: produced their effect.
[2] *fit long feu*: hung fire, failed to go off.
[3] *régisseur*: stage-manager.

ÉMILE ERCKMANN—ALEXANDRE CHATRIAN

(1822–1899)   (1826–1890)

❦

ÉMILE ERCKMANN and ALEXANDRE CHATRIAN collaborated so long that they became fused in one personality.
They wrote, in a familiar simple idiom, highly moral and
patriotic, though pacifist, novels and short stories the scene of
which is usually situated in the Vosges or Alsace. The best
known are the *Contes des bords du Rhin*, *L'Ami Fritz* (1864) and
L'Histoire d'un conscrit de 1813 (1864).

ERCKMANN-CHATRIAN

LA COMÈTE

L'ANNÉE dernière, avant les fêtes du carnaval, le bruit courut à Hunebourg que le monde allait finir. C'est le docteur Zacharias Piper, de Colmar, qui répandit d'abord cette nouvelle désagréable; elle se lisait dans le *Messager boiteux*, dans le *Parfait chrétien* et dans cinquante autres almanachs.

Zacharias Piper avait calculé qu'une comète descendrait du ciel le mardi-gras, qu'elle aurait une queue de trente-cinq millions de lieues, formée d'eau bouillante, laquelle passerait sur la terre, de sorte que les neiges des plus hautes montagnes en seraient fondues,[1] les arbres desséchés et les gens consumés.

Il est vrai qu'un honnête savant de Paris, nommé Popinot, écrivait plus tard que la comète arriverait sans doute, mais que sa queue serait composée de vapeurs tellement légères, que personne n'en éprouverait le moindre inconvénient; que chacun devait s'occuper tranquillement de ses affaires; qu'il répondait de tout.[2]

Cette assurance calma bien des frayeurs.

Malheureusement, nous avons à Hunebourg une vieille fileuse de laine,[3] nommée Maria Finck, demeurant dans la ruelle des Trois-Pots. C'est une petite vieille toute blanche, toute ridée, que les gens vont consulter dans les circonstances délicates de la vie. Elle habite une chambre basse, dont le plafond est orné d'œufs peints, de bandelettes roses et bleues, de noix dorées et de mille autres objets bizarres. Elle se revêt elle-même d'antiques falbalas, et se nourrit d'échaudés,[4] ce qui lui donne une grande autorité dans le pays.

Maria Finck, au lieu d'approuver l'avis de l'honnête et bon M. Popinot, se déclara pour Zacharias Piper, disant:

---

[1] *fondues*: melted.
[2] *qu'il répondait de tout*: that you could take his word for it.
[3] *fileuse de laine*: wool spinner.　　　[4] *échaudés*: simnel-cakes.

"Convertissez-vous et priez; repentez-vous de vos fautes et faites du bien à l'Église, car la fin est proche, la fin est proche!"

On voyait au fond de sa chambre une image de l'enfer, où les gens descendaient par un chemin semé de roses. Aucun ne se doutait de l'endroit où les menait cette route; ils marchaient en dansant, les uns une bouteille à la main, les autres un jambon, les autres un chapelet de saucisses. Un ménétrier, le chapeau garni de rubans, leur jouait de la clarinette pour égayer le voyage; plusieurs embrassaient leurs commères, et tous ces malheureux s'approchaient avec insouciance de la cheminée pleine de flammes, où déjà les premiers d'entre eux tombaient les bras étendus et les jambes en l'air.

Qu'on se figure les réflexions de tout être raisonnable en voyant cette image. On n'est pas tellement vertueux, que chacun n'ait un certain nombre de péchés sur la conscience, et personne ne peut se flatter de s'asseoir tout de suite à la droite du Seigneur. Non, il faudrait être bien présomptueux pour oser s'imaginer que les choses iront de la sorte; ce serait la marque d'un orgueil très condamnable. Aussi la plupart se disaient:

"Nous ne ferons pas le carnaval; nous passerons le mardi-gras en actes de contrition."

Jamais on n'avait vu rien de pareil. L'adjudant et le capitaine de place,[1] ainsi que les sous-officiers de la 3e compagnie du — en garnison à Hunebourg, étaient dans un véritable désespoir. Tous les préparatifs pour la fête, la grande salle de la mairie qu'ils avaient décorée de mousse et de trophées d'armes, l'estrade qu'ils avaient élevée pour l'orchestre, la bière, le kirsch, les *bischofs*[2] qu'ils avaient commandés pour la buvette,[3] enfin tous les rafraîchissements allaient être en pure perte, puisque les demoiselles de la ville ne voulaient plus entendre parler de danse.

---

[1] *capitaine de place*: captain commanding the garrison.
[2] *bischofs*: bishops (drink of mulled and spiced wine flavoured with orange or lemon).
[3] *buvette*: bar, refreshment room.

"Je ne suis pas méchant," disait le sergent Duchêne, "mais si je tenais votre Zacharias Piper, il en verrait des dures."[1]

Avec tout cela, les plus désolés étaient encore Daniel Spitz, le secrétaire de la mairie, Jérôme Bertha, le fils du maître de poste, le percepteur des contributions[2] Dujardin, et moi. — Huit jours avant, nous avions fait le voyage de Strasbourg pour nous procurer des costumes. L'oncle Tobie m'avait même donné cinquante francs de sa poche, afin que rien ne fût épargné. Je m'étais donc choisi, chez mademoiselle Dardenai, sous les petites arcades, un costume de Pierrot. C'est une espèce de chemise à larges plis et longues manches, garnie de boutons en forme d'oignons, gros comme le poing, et qui vous ballottent[3] depuis le menton jusque sur les cuisses. On se couvre la tête d'une calotte noire, on se blanchit la figure de farine et, pourvu qu'on ait le nez long, les joues creuses et les yeux bien fendus, c'est admirable.

Dujardin, à cause de sa large panse,[4] avait pris un costume de Turc, brodé sur toutes les coutures; Spitz un habit de Polichinelle, formé de mille pièces rouges, vertes et jaunes, une bosse devant, une autre derrière, le grand chapeau de gendarme sur la nuque; on ne pouvait rien voir de plus beau. — Jérôme Bertha devait être en sauvage, avec des plumes de perroquet. Nous étions sûrs d'avance que toutes les filles quitteraient leurs sergents pour se pendre à nos bras.

Et quand on fait de pareilles dépenses, de voir que tout s'en aille au diable par la faute d'une vieille folle ou d'un Zacharias Piper, n'y a-t-il pas de quoi prendre le genre humain en grippe?[5]

Enfin, que voulez-vous? Les gens ont toujours été les mêmes; les fous auront toujours le dessus.

Le mardi-gras arrive. Ce jour-là, le ciel était plein de neige. On regarde à droite, à gauche, en haut, en bas, pas de comète! Les demoiselles paraissent toutes confuses; les garçons couraient

---

[1] *il en...dures*: he would have a rough time.
[2] *percepteur des contributions*: tax-collector.
[3] *ballottent*: bounce against.   [4] *panse*: paunch.
[5] *prendre...en grippe*: take a dislike to the human race.

chez leurs cousines, chez leurs tantes, chez leurs marraines, dans toutes les maisons: "Vous voyez bien que la vieille Finck est folle, toutes vos idées de comète n'ont pas de bon sens. Est-ce que les comètes arrivent en hiver? Est-ce qu'elles ne choisissent pas toujours le temps des vendanges?[1] Allons, allons, il faut se décider, que diable.... Il est encore temps, etc."

De leur côté, les sous-officiers passaient dans les cuisines et parlaient aux servantes; ils les exhortaient et les accablaient de reproches. Plusieurs reprenaient courage. Les vieux et les vieilles arrivaient bras dessus bras dessous, pour voir la grande salle de la mairie; les soleils[2] de sabres, de poignards et les petits drapeaux tricolores entre les fenêtres excitaient l'admiration universelle. Alors tout change; on se rappelle que c'est mardi-gras; les demoiselles se dépêchent de tirer leurs jupes de l'armoire et de cirer leurs petits souliers.

A dix heures, la grande salle de la mairie était pleine de monde; nous avions gagné la bataille: pas une demoiselle de Hunebourg ne manquait à l'appel. Les clarinettes, les trombones, la grosse caisse[3] résonnaient, les hautes fenêtres brillaient dans la nuit, les valses tournaient comme des enragées, les contredanses allaient leur train;[4] les filles et les garçons étaient dans une jubilation inexprimable, les vieilles grand'mères, bien assises contre les guirlandes, riaient de bon cœur. On se bousculait dans la buvette; on ne pouvait pas servir assez de rafraîchissements, et le père Zimmer, qui avait la fourniture par adjudication,[5] peut se vanter d'avoir fait ses choux gras[6] en cette nuit.

Tout le long de l'escalier extérieur, on voyait descendre en trébuchant ceux qui s'étaient trop rafraîchis. Dehors, la neige tombait toujours.

L'oncle Tobie m'avait donné la clef de la maison, pour rentrer quand je voudrais. Jusqu'à deux heures, je ne manquai pas une

---

[1] *vendanges*: grape harvest.   [2] *soleils*: displays.
[3] *caisse*: drum.   [4] *allaient leur train*: went ahead.
[5] *qui avait...adjudication*: who had got the catering contract.
[6] *fait ses choux gras*: made a good thing out of it.

valse, mais alors j'en avais assez, les rafraîchissements me tournaient sur le cœur. Je sortis. Une fois dans la rue, je me sentis mieux et me mis à délibérer, pour savoir si je remonterais ou si j'irais me coucher. J'aurais bien voulu danser encore; mais d'un autre côté j'avais sommeil.

Enfin je me décide à rentrer et je me mets en route pour la rue Saint-Sylvestre, le coude au mur, en me faisant toutes sortes de raisonnements à moi-même.

Depuis dix minutes, je m'avançais ainsi dans la nuit et j'allais tourner au coin de la fontaine, quand, levant le nez par hasard, je vois derrière les arbres du rempart une lune rouge comme de la braise,[1] qui s'avançait par les airs. Elle était encore à des milliers de lieues, mais elle allait si vite, que dans un quart d'heure elle devait être sur nous.

Cette vue me bouleversa de fond en comble; je sentis mes cheveux grésiller, et je me dis:

"C'est la comète! Zacharias Piper avait raison!"

Et, sans savoir ce que je faisais, tout à coup je me remets à courir vers la mairie, je regrimpe l'escalier en renversant ceux qui descendaient et criant d'une voix terrible:

"La comète! la comète!"

C'était le plus beau moment de la danse: la grosse caisse tonnait, les garçons frappaient du pied, levaient la jambe en tournant, les filles étaient rouges comme des coquelicots;[2] mais quand on entendit cette voix s'élever dans la salle: "La comète! la comète!" il se fit un profond silence et les gens, tournant la tête, se virent tout pâles, les joues tirées et le nez pointu.

Le sergent Duchêne, s'élançant vers la porte, m'arrêta et me mit la main sur la bouche, en disant:

"Est-ce que vous êtes fou? Voulez-vous bien vous taire!"

Mais moi, me renversant en arrière, je ne cessais de répéter d'un ton de désespoir: "La comète!" Et l'on entendait déjà les pas rouler sur l'escalier comme un tonnerre, les gens se précipiter dehors, les femmes gémir, enfin un tumulte épouvantable. —

[1] *braise*: glowing embers.   [2] *coquelicots*: poppies.

Quelques vieilles, séduites par le mardi-gras, levaient les mains au ciel, en bégayant: "Jésus! Maria! Joseph!"

En quelques secondes la salle fut vide. Duchêne me laissa, et, penché au bord d'une fenêtre, je regardais, tout épuisé, les gens qui remontaient la rue en courant. Puis je m'en allai, comme fou de désespoir.

En passant par la buvette, je vis la cantinière Catherine Lagoutte avec le caporal Bouquet, qui buvaient le fond d'un bol de punch:

"Puisque c'est fini," disaient-ils, "que ça finisse bien!"

Au-dessous, dans l'escalier, un grand nombre étaient assis sur les marches et se confessaient entre eux; l'un disait: "J'ai fait l'usure!" l'autre: "J'ai vendu à faux poids!" l'autre: "J'ai trompé au jeu!" Tous parlaient à la fois, et de temps en temps ils s'interrompaient pour crier ensemble: "Seigneur, ayez pitié de nous!"

Je reconnus là le vieux boulanger Fèvre et la mère Lauritz. Ils se frappaient la poitrine comme des malheureux. Mais toutes ces choses ne m'intéressaient pas; j'avais bien assez de péchés pour mon propre compte.

Bientôt j'eus rattrapé ceux qui couraient vers la fontaine. C'est là qu'il fallait entendre les gémissements; tous reconnaissaient la comète, et moi je trouvai qu'elle avait déjà grossi du double. Elle jetait des éclairs, et la profondeur des ténèbres la faisait paraître rouge comme du sang.

La foule, debout dans l'ombre, ne cessait de répéter d'un ton lamentable:

"C'est fini, c'est fini! O mon Dieu! c'est fini! nous sommes perdus!"

Et les femmes invoquaient saint Joseph, saint Christophe, saint Nicolas, enfin tous les saints du calendrier.

Dans ce moment, je revis aussi tous mes péchés depuis l'âge de la raison, et je me fis horreur à moi-même. J'avais froid sous la langue, en pensant que nous allions être brûlés, et comme le vieux mendiant Balthazar se tenait près de moi sur sa béquille,[1] je l embrassai en lui disant:

[1] *béquille*: crutch.

"Balthazar, quand vous serez dans le sein d'Abraham, vous aurez pitié de moi, n'est-ce pas?"

Alors lui, en sanglotant, me répondit:

"Je suis un grand pécheur, monsieur Christian; depuis trente ans je trompe la commune par amour de la paresse, car je ne suis pas aussi boiteux qu'on pense."

"Et moi, Balthazar," lui dis-je, "je suis le plus grand criminel de Hunebourg."

Nous pleurions dans les bras l'un de l'autre.

Voilà pourtant comment seront les gens au jugement dernier: les rois avec les cireurs de bottes, les bourgeois avec les va-nu-pieds. Ils n'auront plus honte l'un de l'autre; ils s'appelleront frères, et celui qui sera bien rasé ne craindra pas d'embrasser celui qui laisse pousser sa barbe pleine de crasse,[1] — parce que le feu purifie tout et que la peur d'être brûlé vous rend le cœur tendre.

Oh! sans l'enfer, on ne verrait pas tant de bons chrétiens; c'est ce qu'il y a de plus beau dans notre sainte religion.

Enfin, nous étions tous là depuis un quart d'heure, à genoux, lorsque le sergent Duchêne arriva tout essoufflé. Il avait d'abord couru vers l'arsenal, et, ne voyant rien là-bas, il revenait par la rue des Capucins.

"Eh bien!" fit-il, "qu'est-ce que vous avez donc à crier?"

Puis, apercevant la comète:

"Mille tonnerres!" s'écria-t-il, "qu'est-ce que c'est que ça?"

"C'est la fin du monde, sergent," dit Balthazar.

"La fin du monde?"

"Oui, la comète."

Alors il se mit à jurer comme un damné, criant:

"Encore si l'adjudant de place était là... on pourrait connaître la consigne!"[2]

Puis, tout à coup, tirant son sabre et se glissant contre le mur, il dit:

"En avant! Je m'en moque, il faut pousser une reconnaissance."

---

[1] *pleine de crasse*: dirty.   [2] *la consigne*: the orders.

Tout le monde admirait son courage, et moi-même, entraîné par son audace, je me mis derrière lui. — Nous marchions doucement, doucement, les yeux écarquillés,[1] regardant la comète qui grandissait à vue d'œil, en faisant des milliards de lieues chaque seconde.

Enfin, nous arrivâmes au coin du vieux couvent des capucins. La comète avait l'air de monter; plus nous avancions, plus elle montait; nous étions forcés de lever la tête, de sorte que finalement Duchêne avait le cou plié, regardant tout droit en l'air. Moi, vingt pas plus loin, je voyais la comète un peu de côté. Je me demandais s'il était prudent d'avancer encore, lorsque le sergent s'arrêta.

"Sacrebleu!" fit-il à voix basse, "c'est le réverbère."[2]

"Le réverbère!" dis-je en m'approchant, "est-ce possible!"

Et je regardai tout ébahi.

En effet, c'était le vieux réverbère du couvent des capucins. On ne l'allume jamais, par la raison que les capucins sont partis depuis 1798, et qu'à Hunebourg tout le monde se couche avec les poules; mais le veilleur de nuit Burrhus, prévoyant qu'il y aurait ce soir-là beaucoup d'ivrognes, avait eu l'idée charitable d'y mettre une chandelle, afin d'empêcher les gens de rouler dans le fossé qui longe l'ancien cloître, puis il était allé dormir à côté de sa femme.

Nous distinguions très-bien les branches de la lanterne. Le lumignon[3] était gros comme le pouce; quand le vent soufflait un peu, ce lumignon s'allumait et jetait des éclairs, voilà ce qui le faisait marcher comme une comète.

Moi, voyant cela, j'allais crier pour avertir les autres, quand le sergent me dit:

"Voulez-vous bien vous taire! si l'on savait que nous avons chargé sur une lanterne, on se moquerait de nous. — Attention!"

Il décrocha la chaîne toute rouillée; le réverbère tomba, produisant un grand bruit. Après quoi nous partîmes en courant.

---

[1] *écarquillés*: staring.   [2] *réverbère*: street-lamp.
[3] *lumignon*: candle end.

Les autres attendirent encore longtemps; mais comme la comète était éteinte, ils finirent aussi par reprendre du courage et allèrent se coucher.

Le lendemain, le bruit courut que c'était à cause des prières de Maria Finck que la comète s'était éteinte; aussi, depuis ce jour, elle est plus sainte que jamais.

Voilà comment les choses se passent dans la bonne petite ville de Hunebourg.

ALPHONSE DAUDET

(1840–1897)

❦

DAUDET was born at Nîmes and brought up in Lyons. After a brief, unhappy contact as a schoolmaster with the miseries of the *internat*, which are poignantly reflected in his novel *Le Petit Chose* (1868), Daudet went to Paris to seek his fortune as a writer. His meridional exuberance and charm won him many friends, notably Edmond de Goncourt, the exponent of Naturalism, Impressionism, and *l'écriture artiste*. Though he did not altogether escape the influence of the Naturalists and Realists, young Daudet instinctively rejected their absurd doctrine of artistic impassibility and wisely followed the trend and contours of his emotional, sympathetic, impulsive nature. The external world penetrated Daudet's consciousness largely in the form of sensations, and in communicating these he developed an unrivalled talent for creating atmosphere. As a psychologist he was superficial, so that most of his serious novels fail to survive the ordeal of a second reading. This is true of *Le Nabab*, *l'Évangéliste*, and even of *Numa Roumestan*. Their leading characters are static types to whom events happen but who do not inevitably set events in train. On the other hand, novels like *Le Petit Chose*, *Fromont jeune et Risler aîné* and *Sapho* disarm our criticism because they are vitalized by the author's sincere, ingenuous love of humanity and hatred of cruelty or injustice. Daudet possessed, moreover, a quality denied to the Realists and Naturalists: the Meridional's contagious, irrepressible sense of humour which explodes like a *feu de joie* in the incomparable Tartarin trilogy. His masterpiece, I think, is the immortal *Lettres de mon Moulin*, fragrant with the scent of Alpine flowers, alive with the *susurrus* of the cicadas, swept by the immemorial rush of the mistral and tramontane. Who has not surrendered to the charm and gentle irony of the creator of M. Seguin, of the curé de Cucugnan, of the naughty Tistet Védène? Here indeed, imprisoned in a vial of transparent beauty, is the very elixir of youth.

ALPHONSE DAUDET

L'ÉLIXIR DU RÉVÉREND
PÈRE GAUCHER

"Buvez ceci, mon voisin; vous m'en direz des nouvelles."[1]

Et, goutte à goutte, avec le soin minutieux d'un lapidaire comptant des perles, le curé de Graveson me versa deux doigts d'une liqueur verte, dorée, chaude, étincelante, exquise... J'en eus l'estomac tout ensoleillé.

"C'est l'élixir du Père Gaucher, la joie et la santé de notre Provence," me fit le brave homme d'un air triomphant; "on le fabrique au couvent des Prémontrés,[2] à deux lieues de votre moulin... N'est-ce pas que cela vaut bien toutes les chartreuses[3] du monde?... Et si vous saviez comme elle est amusante, l'histoire de cet élixir!... Écoutez plutôt..."

Alors, tout naïvement, sans y entendre malice, dans cette salle à manger de presbytère,[4] si candide et si calme avec son Chemin de la croix en petits tableaux et ses jolis rideaux clairs empesés[5] comme des surplis, l'abbé me commença une historiette légèrement sceptique et irrévérencieuse, à la façon d'un conte d'Érasme ou de d'Assoucy:[6]

Il y a vingt ans, les Prémontrés, ou plutôt les Pères blancs, comme les appellent nos Provençaux, étaient tombés dans une grande misère. Si vous aviez vu leur maison de ce temps-là, elle vous aurait fait peine.[7]

---

[1] *vous...nouvelles*: you'll get a nice surprise.

[2] *Prémontrés*: Premonstrants. Religious order, founded in 1120 and adhering to Rule of St Augustine.

[3] *chartreuse*: famous aromatic liqueur originally manufactured in convent of Grande-Chartreuse, founded by St Bruno (1084), near Grenoble.

[4] *presbytère*: parsonage, vicarage.   [5] *empesés*: starched.

[6] Charles d'Assoucy (1605–75), burlesque poet.

[7] *elle...peine*: would have hurt you.

Le grand mur, la tour Pacôme, s'en allaient en morceaux. Tout autour du cloître rempli d'herbes, les colonnettes se fendaient,[1] les saints de pierre croulaient dans leurs niches. Pas un vitrail debout, pas une porte qui tînt.[2] Dans les préaux,[3] dans les chapelles, le vent du Rhône soufflait comme en Camargue,[4] éteignant les cierges,[5] cassant le plomb des vitrages, chassant l'eau des bénitiers. Mais le plus triste de tout, c'était le clocher du couvent, silencieux comme un pigeonnier vide; et les Pères, faute d'argent pour s'acheter une cloche, obligés de sonner matines avec des cliquettes de bois d'amandier!...[6]

Pauvres Pères blancs! Je les vois encore, à la procession de la Fête-Dieu, défilant tristement dans leurs capes rapiécées,[7] pâles, maigres, nourris de *citres* et de pastèques,[8] et derrière eux monseigneur l'abbé, qui venait, la tête basse, tout honteux de montrer au soleil sa crosse dédorée[9] et sa mitre de laine blanche mangée des vers. Les dames de la confrérie[10] en pleuraient de pitié dans les rangs et les gros porte-bannière ricanaient entre eux tout bas en se montrant les pauvres moines:

"Les étourneaux[11] vont maigres quand ils vont en troupe."

Le fait est que les infortunés Pères blancs en étaient arrivés eux-mêmes à se demander s'ils ne feraient pas mieux de prendre leur vol à travers le monde et de chercher pâture[12] chacun de son côté.

Or, un jour que cette grave question se débattait dans le chapitre, on vint annoncer au prieur que le frère Gaucher deman-dait à être entendu au conseil... Vous saurez, pour votre gouverne,[13] que ce frère Gaucher était le bouvier[14] du couvent;

---

[1] *se fendaient*: were cracking.
[2] *pas...tînt*: not a door standing. [3] *préaux*: courtyards.
[4] *Camargue*: island at mouth of Rhône.
[5] *éteignant les cierges*: blowing out the wax-tapers.
[6] *cliquettes...amandier*: castanets of almond-tree wood.
[7] *rapiécées*: patched.
[8] *nourris...pastèques*: fed on pumpkins and water-melons.
[9] *crosse dédorée*: tarnished gilt crosier.
[10] *dames de la confrérie*: sisters of mercy.
[11] *étourneaux*: starlings. [12] *chercher pâture*: seek a living.
[13] *pour votre gouverne*: for your guidance. [14] *bouvier*: cowherd.

c'est-à-dire qu'il passait ses journées à rouler d'arcade en arcade dans le cloître, en poussant devant lui deux vaches étiques[1] qui cherchaient l'herbe aux fentes des pavés. Nourri jusqu'à douze ans par une vieille folle du pays des Baux, qu'on appelait tante Bégon, recueilli, depuis, chez les moines, le malheureux bouvier n'avait jamais pu rien apprendre qu'à conduire ses bêtes et à réciter son *Pater noster*; encore le disait-il en provençal, car il avait la cervelle dure et l'esprit comme une dague de plomb.[2] Fervent chrétien, du reste, quoiqu'un peu visionnaire, à l'aise sous le cilice[3] et se donnant la discipline[4] avec une conviction robuste, et des bras!...

Quand on le vit entrer dans la salle du chapitre, simple et balourd, saluant l'assemblée, la jambe en arrière, prieur, chanoines, argentier, tout le monde se mit à rire. C'était toujours l'effet que produisait, quand elle arrivait quelque part, cette bonne face grisonnante avec sa barbe de chèvre et ses yeux un peu fous; aussi le frère Gaucher ne s'en émut pas.[5]

"Mes révérends," fit-il d'un ton bonasse en tortillant son chapelet de noyaux d'olives, "on a bien raison de dire que ce sont les tonneaux vides qui chantent le mieux. Figurez-vous qu'à force de creuser ma pauvre tête déjà si creuse,[6] je crois que j'ai trouvé le moyen de nous tirer tous de peine.

"Voici comment. Vous savez bien tante Bégon, cette brave femme qui me gardait quand j'étais petit (Dieu ait son âme, la vieille coquine! elle chantait de bien vilaines chansons après boire), je vous dirai donc, mes révérends pères, que tante Bégon, de son vivant,[7] se connaissait aux herbes de montagnes autant et mieux qu'un vieux merle de Corse.[8] Voire, elle avait composé, sur la

---

[1] *étiques*: skinny.

[2] *la cervelle...plomb*: dull of brain and slow-witted; lit. wit like a leaden dagger.

[3] *cilice*: hair-shirt.　　　　[4] *se donnant la discipline*: scourging himself.

[5] *ne s'en émut pas*: was not upset by it.

[6] *à force...creuse*: by dint of racking my poor skull which is already empty enough.

[7] *de son vivant*: in her lifetime.

[8] *se connaissait...Corse*: knew as much as and more than an old Corsican blackbird about mountain herbs.

fin de ses jours, un élixir incomparable en mélangeant cinq ou six espèces de simples que nous allions cueillir ensemble dans les Alpilles. Il y a belles années de cela; mais je pense qu'avec l'aide de saint Augustin et la permission de notre père abbé, je pourrais — en cherchant bien — retrouver la composition de ce mystérieux élixir. Nous n'aurions plus alors qu'à le mettre en bouteilles, et à le vendre un peu cher, ce qui permettrait à la communauté de s'enrichir doucettement, comme ont fait nos frères de la Trappe[1] et de la Grande..."[2]

Il n'eut pas le temps de finir. Le prieur s'était levé pour lui sauter au cou. Les chanoines lui prenaient les mains. L'argentier, encore plus ému que tous les autres, lui baisait avec respect le bord tout effrangé de sa cucule...[3] Puis chacun revint à sa chaire pour délibérer; et, séance tenante, le chapitre décida qu'on confierait les vaches au frère Thrasybule, pour que le frère Gaucher pût se donner tout entier à la confection de son élixir.

Comment le bon frère parvint-il à retrouver la recette de tante Bégon? au prix de quels efforts? au prix de quelles veilles?[4] L'histoire ne le dit pas. Seulement, ce qui est sûr, c'est qu'au bout de six mois l'élixir des Pères blancs était déjà très populaire. Dans tout le Comtat,[5] dans tout le pays d'Arles, pas un *mas*,[6] pas une grange qui n'eût au fond de sa *dépense*,[7] entre les bouteilles de vin cuit et les jarres d'olives à la picholine,[8] un petit flacon de terre brune cacheté aux armes de Provence, avec un moine en extase[9] sur une étiquette d'argent. Grâce à la vogue de son élixir, la maison des Prémontrés s'enrichit très rapidement. On releva[10] la tour Pacôme. Le prieur eut une mitre neuve, l'église de jolis

---

[1] *la Trappe*: Abbey founded (1140) at Mortagne near Alençon (Orne). The monks are called Trappists.

[2] *la Grande*: the convent of Grande-Chartreuse.

[3] *cucule*: usually *cuculle*, hood.

[4] *veilles*: sleepless nights, midnight toil.

[5] *le Comtat*: or *Comtat-Venaissin*: old name for district in department of Vaucluse. Belonged to Popes, along with Avignon, from 1427 to 1791.

[6] *mas*: Provençal for farm- or country-house.

[7] *dépense*: pantry.   [8] *olives...picholine*: green olives.

[9] *en extase*: in ecstasy.   [10] *releva*: restored.

vitraux ouvragés; et, dans la fine dentelle du clocher, toute une compagnie de cloches et de clochettes vint s'abattre,[1] un beau matin de Pâques, tintant et carillonnant à la grande volée.[2]

Quant au frère Gaucher, ce pauvre frère lai dont les rusticités égayaient tant le chapitre, il n'en fut plus question dans le couvent. On ne connut plus désormais que le Révérend Père Gaucher, homme de tête et de grand savoir, qui vivait complètement isolé des occupations si menues et si multiples du cloître, et s'enfermait tout le jour dans sa distillerie, pendant que trente moines battaient la montagne pour lui chercher des herbes odorantes...Cette distillerie, où personne, pas même le prieur, n'avait le droit de pénétrer, était une ancienne chapelle abandonnée, tout au bout du jardin des chanoines. La simplicité des bons Pères en avait fait quelque chose de mystérieux et de formidable; et si, par aventure, un moinillon hardi et curieux, s'accrochant aux vignes grimpantes, arrivait jusqu'à la rosace[3] du portail, il en dégringolait[4] bien vite, effaré d'avoir vu le Père Gaucher, avec sa barbe de nécromant,[5] penché sur ses fourneaux, le pèse-liqueur à la main; puis, tout autour, des cornues de grès rose,[6] des alambics gigantesques, des serpentins de cristal, tout un encombrement bizarre qui flamboyait ensorcelé dans la lueur rouge des vitraux...

Au jour tombant, quand sonnait le dernier angélus, la porte de ce lieu de mystère s'ouvrait discrètement, et le révérend se rendait à l'église pour l'office[7] du soir. Il fallait voir quel accueil quand il traversait le monastère! Les frères faisaient la haie[8] sur son passage. On disait:

"Chut!... il a le secret!..."

L'argentier le suivait et lui parlait la tête basse... Au milieu de ces adulations, le Père s'en allait en s'épongeant le front, son tricorne aux larges bords posé en arrière comme une auréole, regardant autour de lui d'un air de complaisance les grandes

---

[1] *vint s'abattre*: alighted.   [2] *à la grande volée*: in full peal.

[3] *rosace*: rose-window.   [4] *dégringolait*: scrambled down.

[5] *nécromant*: necromancer.

[6] *cornues de grès rose*: retorts made of pink sandstone.

[7] *office*: service.   [8] *faisaient la haie*: lined up.

cours plantées d'orangers, les toits bleus où tournaient des girouettes neuves, et, dans le cloître éclatant de blancheur — entre les colonnettes élégantes et fleuries, — les chanoines habillés de frais[1] qui défilaient deux par deux avec des mines reposées.

"C'est à moi qu'ils doivent tout cela!" se disait le révérend en lui-même; et chaque fois cette pensée lui faisait monter des bouffées d'orgueil.

Le pauvre homme en fut bien puni. Vous allez voir...

Figurez-vous qu'un soir, pendant l'office, il arriva à l'église dans une agitation extraordinaire: rouge, essoufflé, le capuchon de travers,[2] et si troublé qu'en prenant de l'eau bénite il y trempa ses manches jusqu'au coude. On crut d'abord que c'était l'émotion d'arriver en retard; mais quand on le vit faire de grandes révérences à l'orgue et aux tribunes[3] au lieu de saluer le maître-autel, traverser l'église en coup de vent, errer dans le chœur pendant cinq minutes, pour chercher sa stalle, puis, une fois assis, s'incliner de droite et de gauche en souriant d'un air béat,[4] un murmure d'étonnement courut dans les trois nefs. On chuchotait de bréviaire à bréviaire:

"Qu'a donc notre Père Gaucher?... Qu'a donc notre Père Gaucher?"

Par deux fois le prieur, impatienté, fit tomber sa crosse sur les dalles pour commander le silence... Là-bas, au fond du chœur, les psaumes allaient toujours; mais les réponses manquaient d'entrain...[5]

Tout à coup, au beau milieu de l'*Ave verum*, voilà mon Père Gaucher qui se renverse dans sa stalle et entonne d'une voix éclatante:

> Dans Paris, il y a un Père blanc,
> Patatin, patatan, tarabin, taraban...

Consternation générale. Tout le monde se lève. On crie: "Emportez-le... il est possédé!"

[1] *habillés de frais*: in their new outfits.
[2] *le capuchon de travers*: his hood awry.
[3] *tribunes*: pulpits.   [4] *d'un air béat*: beatifically.
[5] *manquaient d'entrain*: lacked animation.

Les chanoines se signent. La crosse de Monseigneur se démène...[1] Mais le Père Gaucher ne voit rien, n'écoute rien; et deux moines vigoureux sont obligés de l'entraîner par la petite porte du chœur, se débattant comme un exorcisé et continuant de plus belle ses *patatin* et ses *taraban*.

Le lendemain, au petit jour, le malheureux était à genoux, dans l'oratoire du prieur, et faisait sa *coulpe*[2] avec un ruisseau de larmes:

"C'est l'élixir, Monseigneur, c'est l'élixir qui m'a surpris," disait-il en se frappant la poitrine.

Et de le voir si marri,[3] se repentant, le bon prieur, en était tout ému lui-même.

"Allons, allons, Père Gaucher, calmez-vous, tout cela séchera comme la rosée au soleil... Après tout, le scandale n'a pas été aussi grand que vous pensez. Il y a bien eu la chanson qui était un peu... hum! hum!... Enfin il faut espérer que les novices ne l'auront pas entendue... A présent, voyons, dites-moi bien comment la chose vous est arrivée... C'est en essayant l'élixir, n'est-ce pas? Vous aurez eu la main trop lourde... Oui, oui, je comprends... C'est comme le frère Schwartz, l'inventeur de la poudre: vous avez été victime de votre invention... Et dites-moi, mon brave ami, est-il bien nécessaire que vous l'essayiez sur vous-même, ce terrible élixir?"

"Malheureusement, oui, Monseigneur... l'éprouvette[4] me donne bien la force et le degré de l'alcool; mais pour le fini, le velouté,[5] je ne me fie guère qu'à ma langue..."[6]

"Ah! très bien... Mais écoutez encore un peu que je vous dise ...Quand vous goûtez ainsi l'élixir par nécessité, est-ce que cela vous semble bon? Y prenez-vous du plaisir?..."

"Hélas! oui, Monseigneur," fit le malheureux Père en devenant tout rouge... "Voilà deux soirs que je lui trouve un bouquet,

---

[1] *se démène*: waves about madly.
[2] *faisait sa coulpe*: confessed his sins.   [3] *marri*: grieved, penitent.
[4] *éprouvette*: test-tube.
[5] *le fini, le velouté*: the velvety finish.
[6] *je ne me...langue*: it's only my tongue I really trust.

un arome!... C'est pour sûr le démon qui m'a joué ce vilain tour... Aussi je suis bien décidé désormais à ne plus me servir que de l'éprouvette. Tant pis si la liqueur n'est pas assez fine, si elle ne fait pas assez la perle..."

"Gardez-vous en bien,"[1] interrompit le prieur avec vivacité. "Il ne faut pas s'exposer à mécontenter la clientèle... Tout ce que vous avez à faire, maintenant que vous voilà prévenu, c'est de vous tenir sur vos gardes... Voyons, qu'est-ce qu'il vous faut pour vous rendre compte?... Quinze ou vingt gouttes, n'est-ce pas?... mettons vingt gouttes... Le diable sera bien fin s'il vous attrape avec vingt gouttes... D'ailleurs, pour prévenir tout accident, je vous dispense dorénavant de venir à l'église. Vous direz l'office du soir dans la distillerie... Et maintenant, allez en paix, mon Révérend, et surtout... comptez bien vos gouttes."

Hélas! le pauvre Révérend eut beau compter ses gouttes...[2] le démon le tenait et ne le lâcha plus.

C'est la distillerie qui entendit de singuliers offices!

Le jour, encore, tout allait bien. Le Père était assez calme. Il préparait ses réchauds, ses alambics, triait soigneusement ses herbes, toutes herbes de Provence, fines, grises, dentelées, brûlées de parfums et de soleil... Mais, le soir, quand les simples étaient infusés et que l'élixir tiédissait[3] dans de grandes bassines de cuivre rouge, le martyre du pauvre homme commençait.

"... Dix-sept... dix-huit... dix-neuf... vingt!..."

Les gouttes tombaient du chalumeau[4] dans le gobelet de vermeil.[5] Ces vingt-là, le Père les avalait d'un trait, presque sans plaisir. Il n'y avait que la vingt et unième qui lui faisait envie.[6] Oh! cette vingt et unième goutte!... Alors, pour échapper à la tentation, il allait s'agenouiller tout au bout du laboratoire et s'abîmait[7] dans ses patenôtres. Mais de la liqueur encore chaude

---

[1] *gardez-vous en bien*: mind you don't do that.
[2] *le pauvre...gouttes*: it was no use to the poor reverend to count his drops.
[3] *tiédissait*: cooled off. [4] *chalumeau*: tube.
[5] *vermeil*: silver-gilt.
[6] *qui lui faisait envie*: that he longed for.
[7] *s'abîmait*: buried himself.

il montait[1] une petite fumée toute chargée d'aromates, qui venait rôder autour de lui et, bon gré mal gré,[2] le ramenait vers les bassines... La liqueur était d'un beau vert doré... Penché dessus, les narines ouvertes, le Père la remuait tout doucement avec son chalumeau et, dans les petites paillettes[3] étincelantes que roulait le flot d'émeraude, il lui semblait voir les yeux de tante Bégon qui riaient et pétillaient en le regardant...

"Allons, encore une goutte!"

Et, de goutte en goutte, l'infortuné finissait par avoir son gobelet plein jusqu'au bord. Alors, à bout de forces, il se laissait tomber dans un grand fauteuil, et, le corps abandonné, la paupière à demi close, il dégustait[4] son péché par petits coups, en se disant tout bas avec un remords délicieux:

"Ah! je me damne... je me damne..."

Le plus terrible, c'est qu'au fond de cet élixir diabolique il retrouvait, par je ne sais quel sortilège,[5] toutes les vilaines chansons de tante Bégon: *Ce sont trois petites commères, qui parlent de faire un banquet...*, ou *Bergerette de maître André s'en va-t-au bois seulette...* et toujours la fameuse des Pères blancs: *Patatin, patatan.*

Pensez quelle confusion, le lendemain, quand ses voisins de cellule lui faisaient d'un air malin:

"Eh! eh! Père Gaucher, vous aviez des cigales[6] en tête, hier soir en vous couchant."

Alors c'étaient des larmes, des désespoirs, et le jeûne,[7] et le cilice, et la discipline. Mais rien ne pouvait contre le démon de l'élixir; et tous les soirs, à la même heure, la possession recommençait.

Pendant ce temps, les commandes pleuvaient à l'abbaye que c'était une bénédiction.[8] Il en venait de Nîmes, d'Aix, d'Avignon, de Marseille... De jour en jour, le couvent prenait un petit air

---

[1] *il montait*: there arose.
[2] *bon gré, mal gré*: willy-nilly.   [3] *paillettes*: spangles.
[4] *dégustait*: lovingly sipped.   [5] *sortilège*: witchcraft.
[6] *cigales*: grasshoppers.   [7] *jeûne*: fasting.
[8] *que c'était une bénédiction*: so that it was like a blessing.

de manufacture. Il y avait des frères étiqueteurs, d'autres pour les écritures, d'autres pour le camionnage;[1] le service de Dieu y perdait bien par-ci par-là quelques coups de cloches; mais les pauvres gens du pays n'y perdaient rien, je vous en réponds...

Et donc, un beau dimanche matin, pendant que l'argentier lisait en plein chapitre son inventaire de fin d'année et que les bons chanoines l'écoutaient les yeux brillants et le sourire aux lèvres, voilà le Père Gaucher qui se précipite au milieu de la conférence en criant:

"C'est fini... Je n'en fais plus... Rendez-moi mes vaches."

"Qu'est-ce qu'il y a donc, Père Gaucher?" demanda le prieur, qui se doutait bien un peu de ce qu'il y avait.[2]

"Ce qu'il y a, Monseigneur?... Il y a que je suis en train de me préparer une belle éternité de flammes et de coups de fourche... Il y a que je bois, que je bois comme un misérable..."

"Mais je vous avais dit de compter vos gouttes."

"Ah! bien oui, compter mes gouttes! c'est par gobelets qu'il faudrait compter maintenant... Oui, mes Révérends, j'en suis là. Trois fioles par soirée... Vous comprenez bien que cela ne peut pas durer... Aussi, faites faire l'élixir par qui vous voudrez... Que le feu de Dieu me brûle si je m'en mêle encore!"

C'est le chapitre qui ne riait plus.

"Mais, malheureux, vous nous ruinez!" criait l'argentier en agitant son grand-livre.

"Préférez-vous que je me damne?"

Pour lors, le prieur se leva.

"Mes Révérends," dit-il en étendant sa belle main blanche où luisait[3] l'anneau pastoral, "il y a moyen de tout arranger... C'est le soir, n'est-ce pas, mon cher fils, que le démon vous tente?..."

"Oui, monsieur le prieur, régulièrement tous les soirs... Aussi, maintenant, quand je vois arriver la nuit, j'en ai, sauf votre

---

[1] *camionnage*: transport, carting.
[2] *qui se...il y avait*: who had a pretty good idea of what was the matter.
[3] *luisait*: shone.

respect, des sueurs qui me prennent,[1] comme l'âne de Capitou quand il voyait venir le bât."[2]

"Eh bien! rassurez-vous... Dorénavant, tous les soirs, à l'office, nous réciterons à votre intention l'oraison de saint Augustin, à laquelle l'indulgence plénière est attachée... Avec cela, quoi qu'il arrive, vous êtes à couvert... C'est l'absolution pendant le péché!"

"Oh! bien alors, merci, monsieur le prieur!"

Et, sans en demander davantage, le Père Gaucher retourna à ses alambics, aussi léger qu'une alouette.

Effectivement, à partir de ce moment-là, tous les soirs, à la fin des complies, l'officiant ne manquait jamais de dire:

"Prions pour notre pauvre Père Gaucher, qui sacrifie son âme aux intérêts de la communauté... *Oremus, Domine...*"

Et pendant que sur toutes ces capuches blanches, prosternées dans l'ombre des nefs, l'oraison courait en frémissant comme une petite bise[3] sur la neige, là-bas, tout au bout du couvent, derrière le vitrage enflammé de la distillerie, on entendait le Père Gaucher qui chantait à tue-tête:[4]

> Dans Paris, il y a un Père blanc,
> Patatin, patatan, tarabin, taraban;
> Dans Paris, il y a un Père blanc
> Qui fait danser des moinettes,
> Trin, trin, trin, dans un jardin,
> Qui fait danser des...

...Ici le bon curé s'arrêta, plein d'épouvante:
"Miséricorde! si mes paroissiens m'entendaient!"

---

[1] *j'en ai...prennent*: begging your pardon I come over all of a sweat.
[2] *le bât*: pack-saddle.
[3] *bise*: cold wind.
[4] *à tue-tête*: lustily.

PAUL ARÈNE

(1843–1896)

ARÈNE, poet and novelist, was born at Sisteron and died at Antibes. A good Classical scholar, he started life as a school teacher, but at twenty-three had a little play accepted by a Paris theatre manager. He left for the capital and there became a close friend of Alphonse Daudet with whom he collaborated for *Le Figaro*. Saturated in Provençal history and legend, he wrote little poems, short stories and novels, all of them inspired by his intense, almost pagan, love of Provence and her natural beauty. *Jean des Figues* (1868), his masterpiece, is an excellent example of Arène's luminous, perfumed and graceful style.

PAUL ARÈNE

LA MORT DE PAN

Vous connaissez l'étrange récit que fait Plutarque, en son livre *Des Oracles qui ont cessé*:

"Le vaisseau du pilote Thamus étant un soir vers certaines îles de la mer Egée, le vent tomba tout à coup. L'équipage était bien éveillé, partie buvait, partie s'entretenait,[1] lorsqu'on entendit une voix qui venait des îles et qui appelait Thamus. Thamus ne répondit qu'à la troisième fois, et la voix lui commanda, lorsqu'il serait entré en un certain lieu, de crier que le grand Pan était mort. On fut saisi de frayeur, on délibéra si on obéirait à la voix. Thamus conclut que s'il faisait assez de vent pour passer l'endroit indiqué, il se tairait; mais que si le vent venait à manquer,[2] il s'acquitterait de l'ordre qu'il avait reçu. Il fut surpris d'un calme au lieu où il devait crier; il le fit; aussitôt le calme cessa et l'on entendit de tous côtés des plaintes et des gémissements comme d'un grand nombre de personnes affligées et surprises."

Eh bien, non! malgré Thamus et Plutarque, et malgré cette belle histoire qui, au dire de Rabelais, "tirait des œilz de Pantagruel, larmes grosses comme œufz d'austruche"[3] non, le grand Pan n'était pas mort. J'en sais quelque chose — moi qui vous parle — ayant eu cette joie, en pleine Provence catholique[4] et dix-huit siècles après Tibère Cæsar, d'offrir au dieu un sacrifice sur son autel rustique et toujours vénéré.

Je me hâte d'ajouter qu'à l'exemple de la Minerve des *Païens innocents*, se cachant en robe de bienheureuse sous les oliviers du Minervois,[5] mon pauvre chèvre-pieds,[6] quand je le découvris,

---

[1] *partie buvait, partie s'entretenait*: some were drinking, others conversing.

[2] *venait à manquer*: should happen to fail.

[3] *tirait...austruche*: drew from the eyes of Pantagruel tears as big as ostrich eggs.

[4] *en pleine Provence catholique*: right in the heart of Catholic Provence.

[5] le Minervois was a district in the former province of Languedoc.

[6] *chèvre-pieds*: goat-footed faun.

dissimulait ses cornes sous une auréole, et en était réduit à l'humble état de saint de campagne.

Le singulier saint que saint Pansi, et quel joyeux pèlerinage![1]

Pour arriver à sa chapelle, on montait au soleil, des heures et des heures, par un sentier tracé des chèvres et que chaque orage effaçait. Aussi parfois le perdions-nous, ce chemin sacré, dans les galets[2] des torrents à sec et parmi les pierrailles des pentes. Alors le cortège s'arrêtait; les garçons embrassaient les filles, et c'était une joie, des rires! Mais le sentier se retrouvait bientôt, visible à peine et rayant d'un mince trait l'escarpement des ravines,[3] ou marqué largement, sur un plus fidèle terrain, au travers des sauges en fleur, des marjolaines et des buis.[4]

Puis à un tournant, dans une échappée, entre la roche aride de Peyrimpi et la croupe de Lure neigeuse et sombre, un monticule apparaissait et sur le monticule, tout au bout, reluisant comme un éclat de vitre au soleil, la chapelle blanche de San-Pansi.

Et zou! les enfants, à San-Pansi!

Devant la chapelle, une esplanade taillée dans le roc aplani, piquée de mousses, d'herbes maigres; et au milieu entre deux chênes, reste probable d'un bois sacré, un bloc de grès rouge[5] creusé d'un trou.

La chapelle était au curé, le bloc de grès rouge à l'ermite. Le curé regardait le grossier monument d'un œil d'envie, et l'ermite n'eût pas donné sa vieille pierre pour la chapelle.

Car le maître à San-Pansi, grand prêtre et sacrificateur, ce n'était pas le curé, c'était l'ermite.

Œil mi-clos, face enluminée, avec sa barbe en pointe presque aussi rouge que sa face, cet ermite, disaient les vieilles, vous avait un air de païen.[6]

Pour costume, une défroque d'abbé; mais la défroque, depuis

---

[1] *pèlerinage*: pilgrimage.   [2] *galets*: pebbles.
[3] *rayant...ravines*: lying like a narrow ribbon along the steep face of the ravines.
[4] *sauges en fleur...buis*: the blossoming sage, the marjoram and box.
[5] *grès rouge*: red sandstone.
[6] *vous avait un air de païen*: made you think of a pagan.

longtemps, avait perdu son apparence première. Tombant droit et veuve de ceinture,[1] déchirée à tous les buissons, effrangée aux pointes des cailloux, tordue par le vent et fripée par la pluie, la soutane flottait en plis superbes qu'eussent enviés toge ou peplum. Quant au chapeau, privé comme il était de ces coquettes petites brides[2] qui relèvent catholiquement les bords des coiffures ecclésiastiques, amolli d'ailleurs et repétri[3] dans la vieillesse et la tempête, il eût fort bien, avec ses bords tombants où la coiffe se confondait, figuré sur la tête d'un chevrier sicilien ou d'un pâtre d'Ionie.

L'ermite, d'ordinaire, vivait tout seul sur son roc, avec une chèvre à demi sauvage. Mais comme — suivant la tradition immémoriale de ses prédécesseurs à San-Pansi — il joignait aux fonctions sacrées le rare métier de hongreur,[4] deux fois par an on le voyait, au printemps et en automne, descendre dans la vallée, soufflant de ses lèvres ironiques dans les quatorze trous de sa flûte en laiton.

Velu comme un bouc, puant et cynique, si vous l'aviez vu en train de boire, un jour de fête, de quelle humeur il recevait les processions qui, l'une après l'autre, tout le matin, montaient du fin fond des vallées!

"Bon! ceux de Noyers... ceux de Ribiers," grognait-il, entendant chanter. Puis, sa moustache essuyée d'un revers de main:

"*Pichoun aganto la campano.*"[5]

Et le voilà parti à travers la pente, barbe au vent, soutane retroussée, tandis que le pauvre *clerson*[6] essoufflé, perdu dans les buis d'où sa tête à peine sortait, le suivait de loin en remuant sa grande cloche.

"*Qué te n'embarre de bestiari!*"[7] disait l'ermite, en revenant s'asseoir pour boire, jusqu'à ce qu'une autre procession arrivât.

---

[1] *veuve de ceinture*: without a girdle.   [2] *brides*: strings.

[3] *repétri*: re-shaped.   [4] *hongreur*: gelder.

[5] *Pichoun aganto la campano* (Provençal): "petiot tire la cloche"—ring the bell, sonny.

[6] *clerson*: choirboy.

[7] *Qué te n'embarre de bestiari!* (Provençal): Why don't you look after the beasts!

Mais toutes les processions rentrées, la messe une fois dite, et le curé descendu au village:

"Ici, les enfants!" criait l'ermite.

Et, debout devant le vieil autel, avec je ne sais quoi de religieux dans son œil cynique, il inaugurait gravement une étrange et païenne cérémonie.

Ne dites pas que ceci est faux, ne le dites pas, car je l'ai vu! J'ai vu les gens, enfants et filles, tomber sur le roc à genoux, tandis que le soleil rougissait d'un reflet dernier les pierres de l'autel et la face sereine de l'ermite. Je me suis prosterné comme eux, comme eux j'ai offert le miel et le fromage, et comme eux — ne riez pas trop! — j'ai frotté mon ventre au grès sacré qui rendait les filles fécondes et les garçons vigoureux.

J'avais huit ans alors; et plus tard, en mes heures d'adolescence, quand le professeur à propos d'Horace nous parlait de Pan ou de Faune, des satyres amis des montagnes ou des sylvains qui peuplent les bois, ma pensée tout à coup s'envolait vers l'ermitage, et je revoyais l'humble autel, la rustique cérémonie, les gâteaux de miel roux, les fromages pressés entre des feuilles odorantes, et le sourire de l'ermite pontifiant dans les rayons du soir.

Cette impression, instinctive d'abord, se changea plus tard en certitude, et je finis par me convaincre logiquement que la chapelle de San-Pansi était bien le refuge agreste à l'abri duquel le pauvre dieu spolié [1] avait pu, parmi les rocs et les bois, traverser, sans être inquiété, les durs siècles du moyen âge.

Un jour même, déjeunant avec des curés, chez l'ermite (j'étais alors frais émoulu de [2] l'université et tout fier de ma jeune science), j'engageai à ce propos avec le vieux desservant [3] de Bevons une intéressante discussion pagano-archéologique:

"Ainsi donc, monsieur le curé, vous ne savez rien de votre saint, si ce n'est qu'il s'appelle Pansi et qu'il guérit de la colique?"

"D'abord, mon saint est un saint local," répondit le brave homme en se versant à boire; "on ne le trouve, il est vrai, sur

---

[1] *spolié*: despoiled.　　　　[2] *frais émoulu de*: fresh from.
[3] *desservant*: officiating priest.

aucun calendrier, mais, à défaut de titres écrits, il a pour lui la vénération de cinq vallées, une tradition séculaire et constante, et ce n'est pas le premier exemple d'un grand bienfaiteur, d'un saint de campagne, canonisé aux siècles de foi par la reconnaissance publique et justement vénéré encore, lorsque, à travers les révolutions et les âges, tout monument de son existence s'est perdu."

"Sans doute, monsieur le curé; et pourtant ce ne serait pas non plus la première fois qu'un dieu de l'antiquité païenne, un de ces démons que le Christ vainqueur chassa des temples, serait parvenu sous un sacrilège déguisement à usurper un reste d'encens et de culte."

Ici le vieux prêtre ouvrit les yeux curieusement.

"Vous savez sans doute mieux que moi, monsieur le curé, que la vieille religion, reléguée loin des villes, conserva longtemps, dans les campagnes, au sein des vallons, sous l'ombre des bois, ses autels cachés et ses mystères."

"Passez!... Passez!..." murmura le curé; "mais où prétendez-vous en venir?..."[1]

"A constater ceci tout simplement: que votre San-Pansi n'est autre que Pan, que vos paroissiens sont des idolâtres, et que vous vous trouvez — sans le savoir, j'aime à le croire — grand prêtre du dernier des faux dieux."

"Bravo! bravo! monsieur le savant," s'écria l'ecclésiastique assemblée. Car on est toujours un peu jaloux entre prêtres, et plus d'un, en son cœur, se réjouissait de l'embarras que le bon vieux curé, métropolitain de San-Pansi, laissait voir.

Dans la porte toute grande ouverte pour donner du jour au rez-de-chaussée sans fenêtre, un merveilleux paysage s'encadrait: à droite, à gauche, Jabron et Buech, avec leurs minces filets d'eau traçant sur leurs lits de cailloux blancs, larges d'une demi-lieue, une imperceptible ligne noire; les Alpes au fond; et plus près de nous, Lure[2] couchée et sa grande croupe qui barrait le ciel.

---

[1] *où prétendez-vous en venir?* what exactly are you getting at?
[2] *Lure*: mountain chain in departments of Basses-Alpes and Drôme.

"Regardez," disais-je, "regardez là-haut, sur Lure, cette entaille à peine visible qui tranche l'arête de neige: c'est *le pas des Portes*. Par là passait la voie romaine et par là, sans doute, avant les Romains et leurs larges routes pavées, lorsqu'il n'y avait qu'un étroit sentier, descendirent les premiers colons grecs apportant avec eux l'olivier et les dieux du pays de lumière.

"Du *pas des Portes*, la route les dirigeait ici; et quand, arrivés sur le monticule où nous sommes, ils virent autour d'eux le cirque que nous voyons, mais combien plus majestueux encore: immense, couvert de forêts, alors que ces montagnes aujourd'hui sans verdure faisaient de toutes parts jaillir les eaux vives de leurs sources, et que ces ravines arides, dont le soleil ronge la marne, résonnaient sous les chênes du bruit perpétuel des cascades, vous étonnerez-vous que, saisis d'abord d'un religieux respect, ils aient voulu, par-dessus le front des bois, dresser un autel au grand Tout, au dieu en qui se personnifiait l'âme des choses, à Pan, image et représentation de la nature, bienfaisant et formidable comme elle, fait comme elle d'ombre et de jour, divin par sa face resplendissante, et lié à l'animal par ses jambes de bouc, son poil rude et ses cornes? Vous étonnerez-vous?..."

"Et les voilà bien nos docteurs à la mode,"[1] s'écria le curé en m'interrompant, "parce qu'ils auront quelque part découvert un . endroit commode pour un temple, ils vont, ils vont, leur tête se monte... Mais, à ce compte, vous pourriez supposer un autel païen sur tous les rochers de la contrée."

"Oh! que nenni,[2] monsieur le curé; tous les rochers de la contrée ne sont pas, comme celui-ci, centralement placés et visibles de partout; tous ne figurent pas un piédestal naturel, fait pour tenter un peuple artiste; tous, enfin, ne portent pas, reconnaissable encore, le nom d'un dieu; car, à défaut même d'autres preuves, il serait permis de supposer que le nom grec de Pan s'est, sur de grossières lèvres campagnardes, transformé en celui de Pansi, tandis que le dieu lui-même, le dieu de la nature créatrice et de

---

[1] *Et les voilà bien...mode*: Isn't that just like our up-to-date doctors?
[2] *Que nenni*: not a bit of it.

l'universelle génération, devenait peu à peu dans d'étroits cerveaux San-Pansi, le bon San-Pansi, qui donne aux femmes la fécondité et guérit les enfants de la colique. Les preuves, d'ailleurs, ne manquent point..."

"Voyons, monsieur, voyons ces preuves."

"N'insistons pas trop sur le vieil autel, il est pauvre, rongé du temps, et sans doute vous récuseriez son témoignage.[1] Mais n'est-ce pas une preuve aussi que ce nom de *Peyrimpi*, pierre impie, qu'a la montagne dont San-Pansi n'est qu'un chaînon? Et le nom ne fut-il pas excellemment donné par les premiers prêtres chrétiens à ce nid de païens incorrigibles? Les inscriptions grecques trouvées à deux pas d'ici, faut-il que je vous les rapelle:

"HEROPHILE GRAND PRÊTRE DE MERCURE ET ILLUSTRE FILS D'HOPILE, etc... Or, Pan était fils de Mercure, et souvent leur culte se confondait. Les preuves? Mais elles sont partout: dans l'image de votre saint que je vois portant la houlette, barbu et cornu, comme Moïse, direz-vous, et je dirai, moi, comme un satyre; dans la date de votre fête, qui se trouve tomber précisément à l'époque des lupercales;[2] dans les grappes d'hyèble[3] sanglant dont ces enfants là-bas se rougissent le visage comme faisaient les prêtres du dieu; dans les maux que guérit San-Pansi avec sa pierre; dans ces offrandes de miel et de laitage, conformes au plus pur rituel païen; elles sont enfin, terminai-je en riant pour ne pas envenimer la querelle, elles sont éclatantes et visibles surtout dans la figure de votre ermite, qui par une harmonie singulière entre ce qui fut et ce qui est, m'apparaît précisément la vivante image du dieu: velu comme lui et rappelant par son poil dru les végétations qui couvrent la terre, rouge et luisant de visage pour signifier l'éclat du jour. Il n'a, il est vrai, ni jambe de bouc ni sayon[4] de peau tigrée d'étoiles; mais, au fait, je n'ai jamais bien examiné les pieds du gaillard sous sa soutane; et les mille trous,

[1] *récuseriez son témoignage*: would reject (or challenge) its testimony.
[2] *lupercales*: Lupercalia. Roman feast in honour of Lupercus, often confused with Pan.
[3] *hyèble* or *hièble*: kind of elderberry.   [4] *sayon*: Gaulish woollen cloak.

les taches sans nombre dont elle est parsemée peuvent, aussi bien que les bigarrures [1] d'une peau de bique, symboliser les constellations qui peuplent le ciel."

Tout le monde rit à cette conclusion imprévue, le curé comme les autres, et l'ermite lui-même. Mais un petit abbé qui se trouvait là, tournant vers moi, sans lever les yeux, sa pâle figure ultramontaine:

"Monsieur," dit-il, "je vous félicite. Tout ceci est fort doctement et fort ingénieusement conjecturé. Dom Carbasse, l'honneur de son ordre, et qui mérita, au siècle dernier, d'être surnommé le destructeur des faux saints, vous envierait cette magistrale procédure canonique."

"Pure plaisanterie... monsieur!..."

"Non pas, non pas; il en reste encore, il en reste trop, après dix-huit siècles, de ces superstitions mal extirpées, qui sont pour l'Église un scandale et pour certaines gens matière à honteux profits."

Là-dessus le bilieux petit abbé se levant, jeta au pauvre ermite qui desservait la table un long regard, regard de prêtre, passionné, tenace et froid, où se pouvait lire toute la haine que nourrit le clergé de campagne contre la tumultueuse et joyeuse bohème des frères libres de Saint-François.

Dix ans plus tard, une après-midi de ce mois, les hasards de la promenade m'ont conduit du côté de San-Pansi.

Quels changements j'y ai trouvés! Murs recrépis, [2] chapelle neuve, une cloche dans un clocher... Ce n'était plus l'ermitage d'autrefois, criblé de crevasses et de trous et tout verdi par les petites grappes des plantes grasses, où, d'après le dire des mauvaises langues, l'ermite, chaque matin, tapait de sa clef sur une tuile pour sonner la messe aux lézards.

"Terrible! frère Terrible!" criai-je; car, j'avais oublié de vous le dire, l'ermite s'appelait Terrible de son petit nom.

A ma voix, Terrible apparut; mais rasé, sans poil, méconnaissable, avec cette allure particulièrement résignée qui caractérise

---

[1] *bigarrures*: motley.   [2] *recrépis*: re-plastered.

les chiens tondus.[1] Terrible portait chapeau luisant, roide soutane, et, que San-Pansi me pardonne! je crois même qu'il ne sentait pas le vin.

Comme je m'affligeais de le voir ainsi, il me raconta une histoire lamentable:

Le vieux desservant était dans l'enfance, et un petit vicaire qu'on lui avait adjoint (l'abbé du déjeuner, sans doute), tyrannique et sec, menait tout. Fanatique pour Rome, exclusivement dévot à la Vierge, dès les premiers jours on devina qu'il aurait San-Pansi en horreur. Il voulait d'abord abolir ermitage et pèlerinage.

Mais les villageois résistèrent. Lui, cependant, bouleversait tout, gâchant[2] le plâtre et recrépissant. Il remplaça par un tableau fabriqué tout frais à Paris, représentant je ne sais quoi et puant encore la peinture, la toile immémoriale où se voyait le grand San-Pansi avec la houlette, parmi les arbres, au milieu des chèvres, sous un ciel bleu parsemé d'étoiles d'or. Il rasa l'ermite, il lui imposa chapeau net et soutane propre. Puis un matin, parlant en chaire, il annonça aux fidèles[3] stupéfaits, mais vaincus par ce coup d'audace, que San-Pansi désormais ne s'appellerait plus San-Pansi, que ce Pansi était un faux saint, qu'on ne lui devait aucun culte, et qu'à la demande expresse de Monseigneur, N. S. P. le pape venait, honneur insigne! de placer la chapelle purifiée et restaurée sous l'invocation de Saint Pie.

"Saint Pie! Saint Pie!... qui connaît ça?" conclut le vieux satyre en haussant les épaules.

"Mais les fromages? les pots de miel?..."

"Interdit, comme tout le reste!"

Et me montrant l'autel de grès:

"Vienne la fête, et s'il y pense, l'enragé m'enverra ma pierre rouler là-bas dans le vallon."

Pauvre vieux sacrificateur! Des larmes luisaient dans son œil, et je le surpris portant au menton sa main crispée[4] pour tirer une barbe rouge qui n'y était plus.

---

[1] *tondus*: shorn, clipped.
[2] *gâchant*: spoiling.
[3] *fidèles*: congregation.
[4] *crispée*: clenched.

Nous nous quittâmes navrés, et sans boire.

Je redescendais la colline, et tandis que fuyaient devant mon bâton les cailloux du sentier, sonores et coupants comme des fragments de brique, tout à coup, songeant à cette fin misérable d'un dieu:

"Oui, Pan est mort, bien mort!..." m'écriai-je.

A ce cri, un oiseau s'envola dans l'air silencieux, un coup de vent subit fit courber la cime des chênes, et, par-dessus le bruit des feuillages émus, une plainte harmonieuse et vague me répondit.

C'était le vieil ermite, prêtre inconscient d'un culte aboli, qui, debout dans les rayons rouges du couchant, sur le roc de la plate-forme, nu-tête et ses oreilles pointues se détachant de son crâne ras, confiait à Pan ses tristesses en soufflant un air mélancolique dans sa grande flûte de hongreur.

ERNEST RENAN

(1823–1892)

RENAN was born at Tréguier in Brittany and was educated for
the priesthood, but on the eve of his ordination found that he
had lost his faith. Tormented by the thought of his mother's
distress, Renan hesitated to break with the Church with which
he had so many affinities. But his natural intellectual honesty
prevailed. Inspired by the critical, scientific method of the great
German scholars and thinkers, Renan devoted himself ardently
to the study of philology, ancient history and of philosophy
where his models were Kant and Herder. Appointed to a Chair
at the Collège de France, he conceived the plan of a great work
on the origins of Christianity, the first volume of which, *La Vie
de Jésus*, appeared in 1863. The book created a sensation and
exercised an immense influence on the spiritual life of Renan's
contemporaries. Of the other volumes, only *L'Antéchrist* (1873)
and *Marc-Aurèle* (1881) rivalled *La Vie de Jésus* in popularity.
In these re-creations of the great figures in religious history,
Renan combined the critical approach of the scholar with the
poetic imagination of the Breton who was always haunted by
sweet memories of his pious boyhood.

In 1848 Renan had composed *L'Avenir de la science*, which
was not published until 1890. After 1869 his thoughts were more
and more orientated towards the future, the social and moral
problems confronting humanity. To this new trend of his
intellect we owe the admirable *Dialogues philosophiques*, published in 1876. In 1878 the increasing scepticism of his attitude
to science and philosophy was expressed in *Caliban*, the first of
a series of *Drames philosophiques*. The last of these, *Le Prêtre de
Némi*, symbolizes the disenchantment of Renan, the former
idealist. The style of these productions of his final, dilettante
phase, though full of interest, does not possess the sincerity and
limpid purity of the exquisite *Souvenirs d'enfance* (1883). Renan
died at the height of his fame, venerated as one of the great
intellectuals of his age.

ERNEST RENAN

LE BROYEUR DE LIN[1]

MA MÈRE était tout à fait de ce vieux monde par ses sentiments et ses souvenirs. Elle parlait admirablement le breton, connaissait tous les proverbes des marins et une foule de choses que personne au monde ne sait plus aujourd'hui. Tout était peuple en elle,[2] et son esprit naturel donnait une vie surprenante aux longues histoires qu'elle racontait et qu'elle était presque seule à savoir. Ses souffrances ne portèrent aucune atteinte à son étonnante gaieté;[3] elle plaisantait encore l'après-midi où elle mourut. Le soir, pour la distraire, je passais une heure avec elle dans sa chambre, sans autre lumière (elle aimait cette demi-obscurité) que la faible clarté du gaz de la rue. Sa vive imagination s'éveillait alors, et, comme il arrive d'ordinaire aux vieillards, c'étaient les souvenirs d'enfance qui lui revenaient le plus souvent à l'esprit. Elle revoyait Tréguier, Lannion, tels qu'ils furent avant la Révolution; elle passait en revue toutes les maisons, désignant chacune par le nom de son propriétaire d'alors. J'entretenais par mes questions cette rêverie, qui lui plaisait et l'empêchait de songer à son mal.

Un jour, la conversation tomba sur l'hôpital général. Elle m'en fit toute l'histoire.

"Je l'ai vu changer bien des fois," me dit-elle. "Il n'y avait nulle honte à y être; car on y avait connu les personnes les plus respectées. Sous le premier Empire, avant les indemnités, il servit d'asile aux vieilles demoiselles nobles les mieux élevées. On les voyait rangées à la porte sur de pauvres chaises. Jamais on ne surprit chez elles un murmure; cependant, quand elles apercevaient venir de loin les acquéreurs des biens de leur famille,

---

[1] *broyeur de lin*: flax-pounder.
[2] *Tout était peuple en elle*: in every respect she was a woman of the people.
[3] *ne portèrent...gaieté*: did not in the slightest affect...gaiety.

personnes relativement grossières et bourgeoises, roulant
équipage[1] et étalant leur luxe, elles rentraient et allaient prier
à la chapelle afin de ne pas les rencontrer. C'était moins pour
s'épargner à elles-mêmes un regret sur des biens dont elles
avaient fait le sacrifice à Dieu, que par délicatesse, de peur que
leur présence ne parût un reproche à ces parvenus. Plus tard, les
rôles furent bien changés; mais l'hôpital continua de recevoir
toute sorte d'épaves.[2] Là mourut le pauvre Pierre Renan, ton
oncle, qui mena toujours une vie de vagabond et passait ses
journées dans les cabarets à lire aux buveurs les livres qu'il
prenait chez nous, et le bonhomme Système, que les prêtres
n'aimaient pas, quoique ce fût un homme de bien, et Gode, la
vieille sorcière, qui, le lendemain de ta naissance, alla consulter
pour toi l'étang du Minihi, et Marguerite Calvez, qui fit un faux
serment et fut frappée d'une maladie de consomption le jour où
elle sut que l'on avait adjuré saint Yves de la Vérité de la faire
mourir dans l'année."

"Et cette folle," lui dis-je, "qui était d'ordinaire sous l'auvent,[3]
et qui nous faisait peur, à Guyomar et à moi?"

Elle réfléchit un moment pour voir de qui je parlais, et,
reprenant vivement:

"Ah! celle-là, mon fils, c'était la fille du broyeur de lin."

"Qu'est-ce que le broyeur de lin?"

"Je ne t'ai jamais conté cette histoire. Vois-tu, mon fils, on ne
comprendrait plus cela maintenant; c'est trop ancien. Depuis
que je suis dans ce Paris, il y a des choses que je n'ose plus dire...
Ces nobles de campagne étaient si respectés! J'ai toujours pensé
que c'étaient les vrais nobles. Ah! si on racontait cela à ces
Parisiens, ils riraient. Ils n'admettent que leur Paris; je les trouve
bornés au fond... Non, on ne peut plus comprendre combien
ces vieux nobles de campagne étaient respectés, quoiqu'ils
fussent pauvres."

Elle s'arrêta quelque temps, puis reprit:

---

[1] *roulant équipage*: keeping a carriage. [2] *épaves*: waifs.
[3] *auvent*: eaves.

"Te souviens-tu de la petite commune de Trédarzec, dont on voyait le clocher de la tourelle de notre maison? A moins d'un quart de lieue du village, composé alors presque uniquement de l'église, de la mairie et du presbytère, s'élevait le manoir de Kermelle. C'était un manoir comme tant d'autres, une ferme soignée, d'apparence ancienne, entourée d'un long et haut mur, de belle teinte grise. On entrait dans la cour par une grande porte cintrée, surmontée d'un abri d'ardoises, à côté de laquelle se trouvait une porte plus petite pour l'usage de tous les jours. Au fond de la cour était la maison, au toit aigu, au pignon[1] tapissé de lierre. Un colombier, une tourelle, deux ou trois fenêtres bien bâties, presque comme des fenêtres d'église, indiquaient une demeure noble, un de ces vieux castels qui étaient habités avant la Révolution par une classe de personnes dont il est maintenant impossible de se figurer le caractère et les mœurs.

"Ces nobles de campagne étaient des paysans comme les autres, mais chefs des autres. Anciennement il n'y en avait qu'un dans chaque paroisse: ils étaient les têtes de colonne de la population; personne ne leur contestait ce droit, et on leur rendait de grands honneurs. Mais déjà, vers le temps de la Révolution, ils étaient devenus rares. Les paysans les tenaient pour les chefs laïques de la paroisse, comme le curé était le chef ecclésiastique. Celui de Trédarzec, dont je te parle, était un beau vieillard, grand et vigoureux comme un jeune homme, à la figure franche et loyale. Il portait les cheveux longs relevés par un peigne, et ne les laissait tomber que le dimanche quand il allait communier. Je le vois encore (il venait souvent chez nous à Tréguier), sérieux, grave, un peu triste, car il était presque seul de son espèce. Cette petite noblesse de race avait disparu en grande partie; les autres étaient venus se fixer à la ville depuis longtemps. Toute la contrée l'adorait. Il avait un banc à part à l'église; chaque dimanche, on l'y voyait assis au premier rang des fidèles, avec son ancien costume et ses gants de cérémonie, qui lui montaient presque jusqu'au coude. Au moment de la communion, il

[1] *pignon*: gable.

prenait par le bas du chœur,[1] dénouait ses cheveux, déposait ses gants sur une petite crédence[2] préparée pour lui près du jubé,[3] et traversait le chœur, seul, sans perdre une ligne de sa haute taille. Personne n'allait à la communion que quand il était de retour à sa place et qu'il avait achevé de remettre ses gantelets.

"Il était très pauvre; mais il le dissimulait par devoir d'état.[4] Ces nobles de campagne avaient autrefois certains privilèges qui les aidaient à vivre un peu différemment des paysans; tout cela s'était perdu avec le temps. Kermelle était dans un grand embarras. Sa qualité de noble lui défendait de travailler aux champs; il se tenait renfermé chez lui tout le jour, et s'occupait à huis clos à une besogne qui n'exigeait pas le plein air. Quand le lin a roui,[5] on lui fait subir une sorte de décortication qui ne laisse subsister que la fibre textile. Ce fut le travail auquel le pauvre Kermelle crut pouvoir se livrer sans déroger. Personne ne le voyait, l'honneur professionnel était sauf; mais tout le monde le savait, et, comme alors chacun avait un sobriquet, il fut bientôt connu dans le pays sous le nom de *broyeur de lin*. Ce surnom, ainsi qu'il arrive d'ordinaire, prit la place du nom véritable, et ce fut de la sorte qu'il fut universellement désigné.

"C'était comme un patriarche vivant. Tu rirais si je te disais avec quoi le broyeur de lin suppléait à l'insuffisante rémunération de son pauvre petit travail. On croyait que, comme chef, il était dépositaire de la force de son sang, qu'il possédait éminemment les dons de sa race, et qu'il pouvait, avec sa salive et ses attouchements, la relever quand elle était affaiblie.[6] On était persuadé que, pour opérer des guérisons de cette sorte, il fallait un nombre énorme de quartiers de noblesse, et que lui seul les avait. Sa maison était entourée, à certains jours, de gens venus de vingt lieues à la ronde. Quand un enfant marchait tardivement, avait les jambes faibles, on le lui apportait. Il trempait son doigt dans

---

[1] *il prenait...chœur*: went round by the bottom of the choir.
[2] *crédence*: credence or sideboard.   [3] *jubé*: rood-screen.
[4] *par devoir d'état*: because he owed it to his position.
[5] *roui*: steeped.
[6] *elle était affaiblie*: i.e. "la force du sang."

sa salive, traçait des onctions sur les reins de l'enfant, que cela
fortifiait. Il faisait tout cela gravement, sérieusement. Que
veux-tu! on avait la foi alors; on était si simple et si bon! Lui,
pour rien au monde, il n'aurait voulu être payé, et puis les gens
qui venaient étaient trop pauvres pour s'acquitter en argent; on
lui offrait en cadeau une douzaine d'œufs, un morceau de lard,
une poignée[1] de lin, une motte[2] de beurre, un lot de pommes de
terre, quelques fruits. Il acceptait. Les nobles des villes se
moquaient de lui, mais bien à tort: il connaissait le pays; il en
était l'âme et l'incarnation.

"A l'époque de la Révolution, il émigra à Jersey; on ne voit
pas bien pourquoi; certainement on ne lui aurait fait aucun mal,
mais les nobles de Tréguier lui dirent que le roi l'ordonnait, et il
partit avec les autres. Il revint de bonne heure, trouva sa vieille
maison, que personne n'avait voulu occuper, dans l'état où il
l'avait laissée. A l'époque des indemnités, on essaya de lui
persuader qu'il avait perdu quelque chose, et il y avait plus d'une
bonne raison à faire valoir.[3] Les autres nobles étaient fâchés de le
voir si pauvre, et auraient voulu le relever; cet esprit simple
n'entra pas dans les raisonnements qu'on lui fit. Quand on lui
demanda de déclarer ce qu'il avait perdu: 'Je n'avais rien,' dit-il,
'je n'ai pu rien perdre.' On ne réussit pas à tirer de lui d'autre
réponse, et il resta pauvre comme auparavant.

"Sa femme mourut, je crois, à Jersey. Il avait une fille qui
était née vers l'époque de l'émigration. C'était une belle et grande
fille (tu ne l'as vue que fanée); elle avait de la sève[4] de nature, un
teint splendide, un sang pur et fort. Il eût fallu la marier jeune,
mais c'était impossible. Ces faillis[5] petits nobles de petite ville,
qui ne sont bons à rien et qui ne valaient pas le quart du vieux
noble de campagne, n'auraient pas voulu d'elle pour leurs fils.
Les principes empêchaient de la marier à un paysan. La pauvre

[1] *poignée*: handful.
[2] *motte*: roll of butter; usually means a clod.
[3] *à faire valoir*: to be adduced.   [4] *sève*: sap.
[5] *faillis*: bankrupt.

fille restait ainsi suspendue comme une âme en peine: elle n'avait pas de place ici-bas. Son père était le dernier de sa race, et elle semblait jetée à plaisir sur la terre pour n'y pas trouver un coin où se caser. Elle était douce et soumise. C'était un beau corps, presque sans âme. L'instinct chez elle était tout. C'eût été une mère excellente. A défaut du mariage, on eût dû la faire religieuse: la règle et les austérités l'eussent calmée; mais il est probable que le père n'était pas assez riche pour payer la dot,[1] et sa condition ne permettait pas de la faire sœur converse. Pauvre fille! jetée dans le faux, elle était condamnée à y périr.

"Elle était née droite et bonne, n'eut jamais de doute sur ses devoirs; elle n'eut d'autre tort que d'avoir des veines et du sang. Aucun jeune homme du village n'aurait osé être indiscret avec elle, tant on respectait son père. Le sentiment de sa supériorité l'empêchait de se tourner vers les jeunes paysans; pour ceux-ci, elle était une demoiselle; ils ne pensaient pas à elle. La pauvre fille vivait ainsi dans une solitude absolue. Il n'y avait dans la maison qu'un jeune garçon de douze ou treize ans, neveu de Kermelle, que celui-ci avait recueilli, et auquel le vicaire, digne homme s'il en fut,[2] apprenait ce qu'il savait: le latin.

"L'église restait la seule diversion de la pauvre enfant. Elle était pieuse par nature, quoique trop peu intelligente pour rien comprendre aux mystères de notre religion. Le vicaire, un bon prêtre, très attaché à ses devoirs, avait pour le broyeur de lin le respect qu'il devait; les heures que lui laissaient son bréviaire et les soins de son ministère, il les passait chez ce dernier. Il faisait l'éducation du jeune neveu; pour la fille, il avait ces manières réservées qu'ont nos ecclésiastiques bretons avec les 'personnes du sexe', comme ils disent. Il la saluait, lui demandait de ses nouvelles, mais ne causait jamais avec elle, si ce n'est de choses insignifiantes. La malheureuse s'éprenait de[3] lui de plus en plus. Le vicaire était la seule personne de son rang qu'elle vît, s'il est permis de parler de la sorte. Ce jeune prêtre était avec cela une

---

[1] *dot*: dowry.   [2] *s'il en fut*: if ever there was.
[3] *s'éprenait de*: fell in love with.

personne très attrayante. A la pudeur exquise que respirait tout
son extérieur[1] se joignait un air triste, résigné, discret. On
sentait qu'il avait un cœur et des sens, mais qu'un principe plus
élevé les dominait, ou plutôt que le cœur et les sens se trans-
formaient chez lui en quelque chose de supérieur. Tu sais le
charme infini de quelques-uns de nos bons ecclésiastiques bretons.
Les femmes sentent cela bien vivement. Cet invincible attache-
ment à un vœu, qui est à sa manière un hommage à leur puissance,
les enhardit, les attire, les flatte. Le prêtre devient pour elles
un frère sûr, qui a dépouillé[2] à cause d'elles son sexe et ses joies.
De là un sentiment où se mêlent la confiance, la pitié, le regret,
la reconnaissance. Mariez le prêtre, et vous détruirez un
des éléments les plus nécessaires, une des nuances les plus
délicates de notre société. La femme protestera; car il y a
une chose à laquelle la femme tient encore plus qu'à être
aimée, c'est qu'on attache de l'importance à l'amour. On ne
flatte jamais plus la femme qu'en lui témoignant qu'on la
craint. L'Église, en imposant pour premier devoir à ses
ministres la chasteté, caresse la vanité féminine en ce qu'elle
a de plus intime.[3]

"La pauvre fille se prit ainsi pour le vicaire d'un amour
profond, qui occupa bientôt son être tout entier. La vertueuse
et mystique race à laquelle elle appartenait ne connaît pas la
frénésie qui renverse les obstacles, et qui estime ne rien avoir si
elle n'a pas tout. Oh! elle se fût contentée de bien peu de chose.
Qu'il admît seulement son existence, elle eût été heureuse. Elle
ne lui demandait pas un regard: une pensée eût suffi. Le vicaire
était naturellement son confesseur; il n'y avait pas d'autre prêtre
dans la paroisse. Les habitudes de la confession catholique, si
belles mais si périlleuses, excitaient étrangement son imagination.
Une fois par semaine, le samedi, c'était une douceur inexprimable
pour elle d'être une demi-heure seule avec lui, comme face à face

[1] *que...extérieur*: which was reflected in his whole bearing.
[2] *dépouillé*: cast off, shed.
[3] *caresse...intime*: appeals to what is most delicate in feminine vanity.

avec Dieu, de le voir, de le sentir remplissant le rôle de Dieu, de respirer son haleine, de subir la douce humiliation de ses réprimandes, de lui dire ses pensées les plus intimes, ses scrupules, ses appréhensions. Il ne faut pas croire néanmoins qu'elle en abusât. Bien rarement une femme pieuse ose se servir de la confession pour une confidence d'amour. Elle y peut jouir beaucoup, elle risque de s'y abandonner à des sentiments qui ne sont pas sans danger; mais ce que de tels sentiments ont toujours d'un peu mystique est inconciliable avec l'horreur d'un sacrilège. En tout cas, notre pauvre fille était si timide, que la parole eût expiré sur ses lèvres. Sa passion était un feu silencieux, intime, dévorant. Avec cela, le voir tous les jours, plusieurs fois par jour, lui, beau, jeune, toujours occupé de fonctions majestueuses, officiant avec dignité au milieu d'un peuple incliné, ministre, juge et directeur de sa propre âme! C'en était trop. La tête de la malheureuse enfant n'y tint pas,[1] elle s'égarait.[2] Des désordres de plus en plus graves se produisaient dans cette organisation[3] forte et qui ne souffrait pas d'être déviée.[4] Le vieux père attribuait à une certaine faiblesse d'esprit ce qui était le résultat des ravages intimes de rêves impossibles en un cœur que l'amour avait percé de part en part.

"Comme un violent cours d'eau qui, rencontrant un obstacle infranchissable, renonce à son cours direct et se détourne, la pauvre fille, n'ayant aucun moyen de dire son amour à celui qu'elle aimait, se rabattait sur[5] des riens: obtenir un instant son attention, ne pas être pour lui la première venue,[6] être admise à lui rendre de petits service, pouvoir s'imaginer qu'elle lui était utile, cela lui suffisait. 'Mon Dieu, qui sait? pouvait-elle se dire, il est homme après tout; peut-être au fond se sent-il touché et n'est-il retenu que par la discipline de son état...' Tous ces

---

[1] *La tête...tint pas*: it was too much for....

[2] *s'égarait*: her reason became troubled.

[3] *organisation*: here best translated as "nature".

[4] *qui ne...déviée*: which could not brook frustration; lit. could not bear to be thrown out of its course.

[5] *se rabattait sur*: fell back on. [6] *la première venue*: just anyone.

efforts rencontrèrent une barre de fer, un mur de glace. Le vicaire
ne sortit pas d'une froideur absolue. Elle était la fille de l'homme
qu'il respectait le plus; mais elle était une femme. Oh! s'il l'avait
évitée, s'il l'avait traitée durement, c'eût été pour elle un triomphe
et la preuve qu'elle l'avait atteint au cœur; mais cette politesse
toujours la même, cette résolution de ne pas voir les signes les
plus évidents d'amour, étaient quelque chose de terrible. Il ne la
reprenait[1] pas, ne se cachait pas d'elle; il ne sortait pas du parti[2]
inébranlable qu'il avait pris de n'admettre son existence que
comme une abstraction.

"Au bout de quelque temps, ce fut cruel. Repoussée, désespérée,
la pauvre fille dépérissait, son œil s'égara, mais elle s'observait;
au fond personne ne voyait son secret, elle se rongeait intérieurement. 'Quoi!' se disait-elle, 'je ne pourrai arrêter un moment son
regard? il ne m'accordera pas que j'existe? je ne serai, quoi que
je fasse, pour lui qu'une ombre, qu'un fantôme, qu'une âme entre
cent autres? Son amour, ce serait trop désirer; mais son attention,
son regard?... Être son égale, lui si savant, si près de Dieu, je
n'y saurais prétendre; être mère par lui, oh! ce serait un sacrilège;
mais être à lui, être Marthe pour lui, la première de ses servantes,
chargée des soins modestes dont je suis bien capable, et de la
sorte avoir tout en commun avec lui, tout, c'est-à-dire la maison,
ce qui importe à l'humble femme qui n'a pas été initiée à de plus
hautes pensées, oh! ce serait le paradis!' Elle restait des après-
midi entiers immobile, assise en sa chaise, attachée à cette idée
fixe. Elle le voyait, s'imaginait être avec lui, l'entourant de soins,
gouvernant sa maison, baisant le bas de sa robe. Elle repoussait
ces rêves insensés; mais, après s'y être livrée des heures, elle était
pâle, à demi morte. Elle n'existait plus pour ceux qui l'entouraient.
Son père aurait dû le voir; mais que pouvait le simple vieillard
contre un mal dont son âme honnête ne pouvait même concevoir
la pensée?

"Cela se continua ainsi peut-être une année. Il est probable
que le vicaire ne s'aperçut de rien, tant nos prêtres vivent à cet

---

[1] *ne la reprenait pas*: did not reprove her.   [2] *parti*: decision.

égard dans le convenu,[1] dans une sorte de résolution de ne pas voir. Cette chasteté admirable ne faisait qu'exciter l'imagination de la pauvre enfant. L'amour chez elle devint culte, adoration pure, exaltation. Elle trouvait ainsi un repos relatif. Son imagination se portait vers des jeux inoffensifs; elle voulait se dire qu'elle travaillait pour lui, qu'elle était occupée à faire quelque chose pour lui. Elle était arrivée à rêver éveillée, à exécuter comme une somnambule des actes dont elle n'avait qu'une demi-conscience. Nuit et jour, elle n'avait plus qu'une pensée; elle se figurait le servant, le soignant, comptant son linge, s'occupant de ce qui était trop au-dessous de lui pour qu'il y pensât. Toutes ces chimères arrivèrent à prendre un corps et l'amenèrent à un acte étrange qui ne peut être expliqué que par l'état de folie où elle était décidément depuis quelque temps."

Ce qui suit, en effet, serait incompréhensible, si l'on ne tenait compte de certains traits du caractère breton. Ce qu'il y a de plus particulier chez les peuples de race bretonne, c'est l'amour. L'amour est chez eux un sentiment tendre, profond, affectueux, bien plus qu'une passion. C'est une volupté intérieure qui use[2] et tue. Rien ne ressemble moins au feu des peuples méridionaux. Le paradis qu'ils rêvent est frais, vert, sans ardeurs. Nulle race ne compte plus de morts par amour; le suicide y est rare; ce qui domine, c'est la lente consomption. Le cas est fréquent chez les jeunes conscrits bretons. Incapables de se distraire par des amours vulgaires et vénales, ils succombent à une sorte de langueur indéfinissable. La nostalgie n'est que l'apparence; la vérité est que l'amour chez eux s'associe d'une manière indissoluble au village, au clocher, à l'*Angelus* du soir, au paysage favori. L'homme passionné du Midi tue son rival, tue l'objet de sa passion. Le sentiment dont nous parlons ne tue que celui qui l'éprouve, et voilà pourquoi la race bretonne est une race facilement chaste; par son imagination vive et fine, elle se crée un

---

[1] *tant...convenu*: so scrupulous are our priests in this respect to lead conventional lives.

[2] *use*: wears out.

monde aérien qui lui suffit. La vraie poésie d'un tel amour, c'est la chanson de printemps du Cantique des cantiques,[1] poème admirable, bien plus voluptueux que passionné. *Hiems transiit; imber abiit et recessit... Vox turturis audita est in terra nostra... Surge, amica mea, et veni!*[2]

Ma mère continua ainsi:

"Tout n'est au fond qu'une grande illusion, et ce qui le prouve, c'est que, dans beaucoup de cas, rien n'est plus facile que de duper la nature par des singeries[3] qu'elle ne sait pas distinguer de la réalité. Je n'oublierai jamais la fille de Marzin, le menuisier de la Grand' Rue, qui, folle aussi par suppression de sentiment maternel, prenait une bûche,[4] l'emmaillotait de chiffons, lui mettait un semblant de bonnet d'enfant, puis passait les jours à dorloter dans ses bras ce poupon fictif, à le bercer, à le serrer contre son sein, à le couvrir de baisers. Quand on le mettait le soir dans un berceau à côté d'elle, elle restait tranquille jusqu'au lendemain. Il y a des instincts pour qui l'apparence suffit et qu'on endort par des fictions. La pauvre Kermelle arriva ainsi à réaliser ses songes, à faire ce qu'elle rêvait. Ce qu'elle rêvait, c'était la vie en commun avec celui qu'elle aimait, et la vie qu'elle partageait en esprit, ce n'était pas naturellement la vie du prêtre, c'était la vie du ménage. La pauvre fille était faite pour l'union conjugale. Sa folie était une sorte de folie ménagère, un instinct de ménage[5] contrarié. Elle imaginait son paradis réalisé, se voyait tenant la maison de celui qu'elle aimait, et, comme déjà elle ne séparait plus bien ses rêves de ce qui était vrai, elle fut amenée à une incroyable aberration. Que veux-tu! ces pauvres folles prouvent par leurs égarements les saintes lois de la nature et leur inévitable fatalité.

"Ses journées se passaient à ourler[6] du linge, à le marquer. Or, dans sa pensée, ce linge était destiné à la maison qu'elle imaginait,

---

[1] *Cantique des cantiques*: Song of Songs.
[2] *Hiems transiit;...veni!* Cf. Song of Sol. (ii) 11–13: "For, lo, the winter is past, the rain is over and gone...and the voice of the turtle is heard in our land... Arise, my love, my fair one, and come away."
[3] *singeries*: monkey tricks.
[4] *bûche*: log.
[5] *instinct de ménage*: domestic instinct.
[6] *ourler*: hem.

à ce nid en commun où elle eût passé sa vie aux pieds de celui qu'elle adorait. L'hallucination allait si loin, que, ces draps, ces serviettes, elle les marquait aux initiales du vicaire; souvent même les initiales du vicaire et les siennes propres se mêlaient. Elle faisait bien ces petits travaux de femme. Son aiguille allait, allait sans cesse, et elle filait des heures délicieuses plongée dans les songes de son cœur, croyant qu'elle et lui ne faisaient qu'un. Elle trompait ainsi sa passion et y trouvait des moments de volupté qui la rassasiaient pour des journées.

"Les semaines s'écoulaient de la sorte à tracer point par point les lettres du nom qu'elle aimait, à les marier aux siennes, et ce passe-temps était pour elle une grande consolation. Sa main était toujours occupée pour lui; ces linges piqués par elle lui semblaient elle-même. Ils seraient près de lui, le toucheraient, serviraient à ses usages; ils seraient elle-même près de lui. Quelle joie qu'une telle pensée! Elle serait toujours privée de lui, c'est vrai: mais l'impossible est l'impossible; elle se serait approchée de lui autant que c'était permis. Durant un an, elle savoura ainsi en imagination son pauvre petit bonheur. Seule, les yeux fixés sur son ouvrage, elle était d'un autre monde, se croyait sa femme dans la faible mesure du possible. Les heures coulaient d'un mouvement lent comme son aiguille; sa pauvre imagination était soulagée.[1] Et puis elle avait parfois quelque espérance: peut-être se laisserait-il toucher, peut-être une larme lui échapperait-elle en découvrant cette surprise, marque de tant d'amour. 'Il verra comme je l'aime, il songera qu'il est doux d'être ensemble.' Elle se perdait ainsi durant des jours dans ses rêves, qui se terminaient d'ordinaire par des accès de complète prostration.

"Enfin le jour vint où le ménage fut complet. Qu'en faire? L'idée de le forcer à accepter un service, à être son obligé en quelque chose, s'empara d'elle absolument. Elle voulait, si j'ose le dire, voler sa reconnaissance, l'amener par violence à lui savoir gré[2] de quelque chose. Voici ce qu'elle imagina. Cela n'avait pas

---

[1] *soulagée*: soothed, solaced.   [2] *savoir gré*: to be beholden to.

le sens commun, c'était cousu de fil blanc;[1] mais sa raison sommeillait, et depuis longtemps elle ne suivait plus que les feux follets de son imagination détraquée.

"On était à l'époque des fêtes de Noël. Après la messe de minuit, le vicaire avait coutume de recevoir au presbytère le maire et les notables pour leur donner une collation. Le presbytère touchait à l'église. Outre l'entrée principale sur la place du village, il avait deux issues: l'une donnant à l'intérieur de la sacristie et mettant ainsi l'église et la cure en communication; l'autre, au fond du jardin, débouchant sur les champs. Le manoir de Kermelle était à un demi-quart de lieue de là. Pour épargner un détour au jeune garçon qui venait prendre les leçons du vicaire, on lui avait donné la clef de cette porte de derrière. La pauvre obsédée s'empara de cette clef pendant la messe de minuit et entra dans la cure. La servante du vicaire, pour pouvoir assister à la messe, avait mis le couvert d'avance.[2] Notre folle enleva rapidement tout le linge et le cacha dans le manoir.

"Au sortir de la messe, le vol se révéla sur-le-champ. L'émoi fut extrême. On s'étonna tout d'abord que le linge seul eût disparu. Le vicaire ne voulut pas renvoyer ses hôtes sans collation. Au moment du plus vif embarras, la fille apparaît: 'Ah! pour cette fois, vous accepterez nos services, monsieur le curé. Dans un quart d'heure, notre linge va être porté chez vous.' Le vieux Kermelle se joignit à elle, et le vicaire laissa faire, ne se doutant pas naturellement d'un pareil raffinement de supercherie[3] chez une créature à laquelle on n'accordait que l'esprit le plus borné.

"Le lendemain, on réfléchit à ce vol singulier. Il n'y avait nulle trace d'effraction. La principale porte du presbytère et celle du jardin étaient intactes, fermées comme elles devaient l'être. Quant à l'idée que la clef confiée à Kermelle eût pu servir

---

[1] *cousu de fil blanc*: easily seen through, clumsy.
[2] *avait...d'avance*: had set the table beforehand.
[3] *raffinement de supercherie*: such refined cunning.

à l'exécution du vol, une pareille idée eût semblé extravagante; elle ne vint à personne. Restait la porte de la sacristie; il parut évident que le vol n'avait pu se faire que par là. Le sacristain avait été vu dans l'église tout le temps de l'office. La sacristine,[1] au contraire, avait fait des absences; elle avait été à l'âtre du presbytère chercher des charbons pour les encensoirs; elle avait vaqué à[2] deux ou trois autres petits soins; le soupçon se porta donc sur elle. C'était une excellente femme, sa culpabilité paraissait souverainement invraisemblable; mais que faire contre des coïncidences accablantes? On ne sortait pas de ce raisonnement: 'Le voleur est entré par la porte de la sacristie; or la sacristine seule a pu passer par cette porte, et il est prouvé qu'elle y a passé en réalité; elle-même l'avoue.' On cédait trop alors à l'idée qu'il était bon que tout crime fût suivi d'une arrestation. Cela donnait une haute idée de la sagacité extraordinaire de la justice, de la promptitude de son coup d'œil, de la sûreté avec laquelle elle saisissait la piste d'un crime. On emmena l'innocente femme à pied entre les gendarmes. L'effet de la gendarmerie, quand elle arrivait dans un village, avec ses armes luisantes et ses belles buffleteries,[3] était immense. Tout le monde pleurait; la sacristine seule restait calme et disait à tous qu'elle était certaine que son innocence éclaterait.

"Effectivement, dès le lendemain ou le surlendemain, on reconnut l'impossibilité de la supposition qu'on avait faite. Le troisième jour, les gens du village osaient à peine s'aborder, se communiquer leurs réflexions. Tous, en effet, avaient la même pensée et n'osaient se la dire. Cette pensée leur paraissait à la fois évidente et absurde: c'est que la clef du broyeur de lin avait seule pu servir au vol. Le vicaire évitait de sortir pour n'avoir pas à exprimer un doute qui l'obsédait. Jusque-là, il n'avait pas examiné le linge que l'on avait substitué au sien. Ses yeux tombèrent par hasard sur les marques; il s'étonna, réfléchit tristement, ne se rendit pas compte du mystère des deux lettres,

[1] *sacristine*: woman in charge of the vestry.
[2] *vaqué à*: attended to.   [3] *buffleteries*: leather equipment.

tant les bizarres hallucinations d'une pauvre folle étaient impossibles à deviner.

"Il était plongé dans les plus sombres pensées, quand il vit entrer le broyeur de lin, droit en sa haute taille et plus pâle que la mort. Le vieillard resta debout, fondit en larmes. ' C'est elle,' dit-il, 'oh! la malheureuse! J'aurais dû la surveiller davantage, entrer mieux dans ses pensées; mais, toujours mélancolique, elle m'échappait.' Il révéla le mystère; un instant après, on rapportait au presbytère le linge qui avait été volé.

"La pauvre fille, vu son peu de raison, avait espéré que l'esclandre[1] s'apaiserait et qu'elle jouirait doucement de son petit stratagème amoureux. L'arrestation de la sacristine et l'émotion qui en fut la suite gâtèrent toute son intrigue. Si le sens moral n'avait pas été chez elle aussi oblitéré qu'il l'était, elle n'eût pensé qu'à délivrer la sacristine; mais elle n'y songeait guère. Elle était plongée dans une sorte de stupeur, qui n'avait rien de commun avec le remords. Ce qui l'abattait, c'était l'avortement évident de sa tentative sur l'esprit du vicaire.[2] Toute autre âme que celle d'un prêtre eût été touchée de la révélation d'un si violent amour. Celle du vicaire n'éprouva rien. Il s'interdit de penser à cet événement extraordinaire, et, dès qu'il vit clairement l'innocence de la sacristine, il dormit, dit sa messe et son bréviaire avec le même calme que tous les jours.

"La maladresse qu'on avait faite en arrêtant la sacristine parut alors dans son énormité. Sans cela, l'affaire aurait pu être étouffée. Il n'y avait pas eu vol réel; mais, après qu'une innocente avait fait plusieurs jours de prison pour un fait qualifié de vol, il était bien difficile de laisser impunie la vraie coupable. La folie n'était pas évidente; il faut même dire que cette folie n'était qu'intérieure. Avant cela, il n'était venu à la pensée de personne que la fille de Kermelle fût folle. Extérieurement elle était comme tout le monde, sauf son mutisme presque absolu. On pouvait donc

---

[1] *esclandre*: scandal.
[2] *avortement...vicaire*: obvious failure of her attempt to influence the curate's mind.

contester l'aliénation mentale; en outre, l'explication vraie était si bizarre, si incroyable, qu'on n'osait même pas la présenter. La folie n'étant pas constatée, le fait d'avoir laissé arrêter la sacristine était impardonnable. Si le vol n'avait été qu'un jeu, l'auteur de l'espièglerie[1] aurait dû la faire cesser plus tôt, dès qu'une tierce personne en était victime. La malheureuse fut arrêtée et conduite à Saint-Brieuc pour les assises. Elle ne sortit pas un moment de son complet anéantissement;[2] elle semblait hors du monde. Son rêve était fini; l'espèce de chimère qu'elle avait nourrie quelque temps et qui l'avait soutenue étant tombée à plat, elle n'existait plus. Son état n'avait rien de violent, c'était un silence morne; les médecins alors la virent et jugèrent son fait avec discernement.

"Aux assises, la cause fut vite entendue. On ne put tirer d'elle une seule parole. Le broyeur de lin entra, droit et ferme, la figure résignée. Il s'approcha de la table du prétoire, y déposa ses gants, sa croix de Saint-Louis, son écharpe. 'Messieurs,' dit-il, 'je ne peux les reprendre que si vous l'ordonnez; mon honneur vous appartient. C'est elle qui a tout fait, et pourtant ce n'est pas une voleuse... Elle est malade.' Le brave homme fondait en larmes, il suffoquait. 'Assez, assez!' entendit-on de toutes parts. L'avocat général montra du tact, et sans faire une dissertation sur un cas de rare physiologie amoureuse, il abandonna l'accusation.

"La délibération du jury ne fut pas longue non plus. Tous pleuraient. Quand l'acquittement fut prononcé, le broyeur de lin reprit ses insignes, se retira rapidement, emmenant sa fille, et revint au village de nuit.

"Au milieu de cet éclat public, le vicaire ne put éviter d'apprendre la vérité sur une foule de points qu'il se dissimulait. Il n'en fut pas plus ému.[3] Les faits évidents dont tout le monde s'entretenait, il feignait de les ignorer. Il ne demanda pas son changement, l'évêque ne songea pas à le lui proposer. On pourrait croire que, la première fois qu'il revit Kermelle et sa fille,

---

[1] *espièglerie*: prank.   [2] *anéantissement*: mental prostration.
[3] *il n'en...ému*: it made not the slightest difference to his feelings; lit. he was none the more affected on that account.

il éprouva quelque trouble. Il n'en fut rien. Il se rendit au manoir à l'heure où il savait devoir rencontrer le père et la fille. 'Vous avez péché gravement,' dit-il à celle-ci, 'moins par votre folie, que Dieu vous pardonnera, qu'en laissant emprisonner la meilleure des femmes. Une innocente, par votre faute, a été traitée pendant plusieurs jours comme une voleuse. La plus honnête femme de la paroisse a été emmenée par les gendarmes, à la vue de tous. Vous lui devez réparation. Dimanche, la sacristine sera à son banc, au dernier rang, près de la porte de l'église; au *Credo*, vous irez la prendre, et vous la conduirez par la main à votre banc d'honneur,[1] qu'elle mérite plus que vous d'occuper.'

"La pauvre folle fit machinalement ce qui lui était enjoint. Ce n'était plus un être sentant. Depuis ce temps, on ne vit presque plus le broyeur de lin ni sa famille. Le manoir était devenu une sorte de tombeau, d'où l'on n'entendait sortir aucun signe de vie.

"La sacristine mourut la première. L'émotion avait été trop forte pour cette simple femme. Elle n'avait pas douté un moment de la Providence; mais tout cela l'avait ébranlée.[2] Elle s'affaiblit peu à peu. C'était une sainte. Elle avait un sentiment exquis de l'église. On ne comprendrait plus cela maintenant à Paris, où l'église signifie peu de chose. Un samedi soir, elle sentit venir sa fin. Sa joie fut grande. Elle fit appeler le vicaire; une faveur inouïe occupait son imagination: c'était que, pendant la grand'messe du dimanche, son corps restât exposé sur le petit appareil qui sert à porter les cercueils. Assister à la messe encore une dernière fois, quoique morte; entendre ces paroles consolantes, ces chants qui sauvent; être là sous le drap mortuaire, au milieu de l'assemblée des fidèles, famille qu'elle avait tant aimée, tout entendre sans être vue, pendant que tous penseraient à elle, prieraient pour elle, seraient occupés d'elle; communier encore une fois avec les personnes pieuses avant de descendre sous la terre, quelle joie! Elle lui fut accordée. Le vicaire prononça sur sa tombe des paroles d'édification.

---

[1] *banc d'honneur*: family pew.   [2] *ébranlée*: shaken, unbalanced.

"Le vieux vécut encore quelques années, mourant peu à peu, toujours renfermé chez lui, ne causant plus avec le vicaire. Il allait à l'église, mais il ne se mettait pas à son banc. Il était si fort, qu'il résista huit ou dix ans à cette morne agonie.

"Ses promenades se bornaient à faire quelques pas sous les hauts tilleuls qui abritaient le manoir. Or, un jour, il vit à l'horizon quelque chose d'insolite.[1] C'était le drapeau tricolore qui flottait sur le clocher de Tréguier; la révolution de Juillet venait de s'accomplir. Quand il apprit que le roi était parti, il comprit mieux que jamais qu'il avait été de la fin d'un monde. Ce devoir professionnel, auquel il avait tout sacrifié, devenait sans objet, il ne regretta pas de s'être attaché à une idée trop haute de devoir; il ne songea pas qu'il aurait pu s'enrichir comme les autres; mais il douta de tout, excepté de Dieu. Les carlistes[2] de Tréguier allaient répétant partout que cela ne durerait pas, que le roi légitime allait revenir. Il souriait de ces folles prédictions. Il mourut peu après, assisté par le vicaire, qui lui commenta ce beau passage qu'on lit à l'office des morts:[3] 'Ne soyez pas comme les païens, qui n'ont pas d'espérance.'

"Après sa mort, sa fille se trouva sans ressources. On s'entendit[4] pour qu'elle fût placée à l'hospice; c'est là que tu l'as vue. Maintenant, sans doute, elle est morte aussi, et d'autres ont occupé son lit à l'hôpital général."

[1] *insolite*: unusual.　　　　　　　　[2] *carlistes*: supporters of Charles X.

[3] *office des morts*: burial service.

[4] *On s'entendit*: Arrangements were made.

GUY DE MAUPASSANT

(1850–1893)

❦

MAUPASSANT was born near Dieppe and died of general paralysis at Passy. A precocious and recalcitrant schoolboy, he was expelled in 1866 from the seminary of Yvetot, but was happier at the lycée of Rouen, where he passed his *baccalauréat* in 1869. Called up in 1870, Maupassant served on Divisional Headquarters, and after the armistice became a civil servant in Paris, in the Department of Education. During these years he observed at first hand the mode of life and characteristics of the *fonctionnaires* who appear in so many of his best stories.

Encouraged by Flaubert, who was a friend of his family, Maupassant published in 1880 a collection of verse, and in Zola's *Soirées de Médan* a tale about the war called *Boule de suif*, which was a masterpiece. From that moment he never looked back. A born *conteur*, he contributed during ten years nearly three hundred short stories, later published as collections, to *Le Gaulois*, *Gil Blas* and other periodicals. He also wrote novels, though only two, *Pierre et Jean*, and *Bel Ami*, are of first-rate quality.

Maupassant did not imitate Flaubert but certainly learned from that master how to use the French language with telling effect and how to observe the hundred ways in which the average man displays his exasperating ordinariness. Yet Maupassant has a wider field of vision than Flaubert, and on the whole a more tolerant outlook on humanity. No one, not even Balzac, has depicted so vividly the effect of poverty on human character; the kind of poverty that goes hand in hand with shabby gentility and the obligation to keep up appearances. Yet it is the poverty, as Maupassant illustrates in a score of tales (*La Parure*, *En Famille*, *L'Héritage*, *A Cheval*), which corrodes the soul and banishes joy, whetting the baser desires, fostering the growth of mean passions like envy, greed, selfishness and cruelty. In the tales of Norman peasant life one can discern beneath Maupassant's apparent detachment his desire to make us understand why his characters are brutal, avaricious and insensitive. It is because the Christian virtues depend so largely on economic circumstances. In tales like *Une Fille de Ferme* and *Rosalie Prudent* the author's terrible descriptions of peasant manners betray a sincere pity for the wretched drudges whom fate has thrown on the mercy of society. In other *contes*, however, he portrays the gayer aspects of rustic life, the Rabelaisian *joie de vivre* and amusing cunning of the Norman peasant. He showed too, in stories like *Le Baptême*, a delicate sensitiveness to the natural beauties of the Norman countryside.

Maupassant is the greatest exponent of the *conte* in French, and perhaps in any literature. By using this form he was able to express most completely his love of form, his instinct for clarity and conciseness, his flair for the truly dramatic and suggestive action or situation. In the *conte* too, he was able to handle a great variety of characters and situations drawn from everyday life. For Maupassant discovered that in order to write perfect short stories it is not essential to imagine queer situations for ordinary people or queer people in ordinary situations. His best tales portray very ordinary people in their habitual milieu: civil servants, soldiers, shopkeepers, retired tradesmen, peasants, farmers. Nearly always, he writes from first-hand experience of life, the essential queerness of which was visible to the perceiving eye of this great artist and is communicated to us through the medium of an incomparable style.

GUY DE MAUPASSANT

DENIS

M. Marambot ouvrit la lettre que lui remettait Denis, son serviteur, et il sourit.

Denis, depuis vingt ans dans la maison, petit homme trapu[1] et jovial, qu'on citait dans toute la contrée comme le modèle des domestiques, demanda:

"Monsieur est content, monsieur a reçu une bonne nouvelle?"

M. Marambot n'était pas riche. Ancien pharmacien de village, célibataire, il vivait d'un petit revenu acquis avec peine en vendant des drogues aux paysans. Il répondit:

"Oui, mon garçon. Le père Malois recule devant le procès dont je le menace. Je recevrai demain mon argent. Cinq mille francs ne font pas de mal dans la caisse d'un vieux garçon."

Et M. Marambot se frottait les mains. C'était un homme d'un caractère résigné, plutôt triste que gai, incapable d'un effort prolongé, nonchalant dans ses affaires.

Il aurait pu certainement gagner une aisance plus considérable en profitant du décès de confrères établis en des centres importants, pour occuper leur place et prendre leur clientèle. Mais l'ennui de déménager,[2] et la pensée de toutes les démarches qu'il lui faudrait accomplir, l'avaient sans cesse retenu; et il se contentait de dire après deux jours de réflexion:

"Baste![3] ce sera pour la prochaine fois. Je ne perds rien à attendre. Je trouverai mieux peut-être."

Denis, au contraire, poussait son maître aux entreprises. D'un caractère actif, il répétait sans cesse:

"Oh! moi, si j'avais eu le premier capital, j'aurais fait fortune. Seulement mille francs, et je tenais mon affaire."

---

[1] *trapu*: thick-set.   [2] *déménager*: to move house.
[3] *Baste!*: Pooh! Pshaw!

M. Marambot souriait sans répondre et sortait dans son petit jardin, où il se promenait, les mains derrière le dos, en rêvassant.

Denis, tout le jour, chanta, comme un homme en joie, des refrains et des rondes du pays. Il montra même une activité inusitée, car il nettoya les carreaux de toute la maison, essuyant le verre avec ardeur, en entonnant à plein gosier ses couplets.

M. Marambot, étonné de son zèle, lui dit à plusieurs reprises,[1] en souriant:

"Si tu travailles comme ça, mon garçon, tu ne garderas rien à faire pour demain."

Le lendemain, vers neuf heures du matin, le facteur remit à Denis quatre lettres pour son matîre, dont une très lourde. M. Marambot s'enferma aussitôt dans sa chambre jusqu'au milieu de l'après-midi. Il confia alors à son domestique quatre enveloppes pour la poste. Une d'elles était adressée à M. Malois, c'était sans doute un reçu de l'argent.

Denis ne posa point de questions à son maître; il parut aussi triste et sombre ce jour-là, qu'il avait été joyeux la veille.

La nuit vint. M. Marambot se coucha à son heure ordinaire et s'endormit.

Il fut réveillé par un bruit singulier. Il s'assit aussitôt dans son lit et écouta. Mais brusquement sa porte s'ouvrit, et Denis parut sur le seuil, tenant une bougie d'une main, un couteau de cuisine de l'autre, avec de gros yeux fixes, la lèvre et les joues contractées comme celles des gens qu'agite une horrible émotion, et si pâle qu'il semblait un revenant.

M. Marambot, interdit, le crut devenu somnambule, et il allait se lever pour courir au-devant de lui, quand le domestique souffla la bougie en se ruant vers le lit. Son maître tendit les mains en avant pour recevoir le choc qui le renversa sur le dos; et il cherchait à saisir les mains de son domestique qu'il pensait maintenant atteint de folie, afin de parer les coups précipités qu'il lui portait.

[1] *à plusieurs reprises*: several times.

Il fut atteint une première fois à l'épaule par le couteau, une seconde fois au front, une troisième fois à la poitrine. Il se débattait éperdument, agitant ses mains dans l'obscurité, lançant aussi des coups de pied et criant:

"Denis! Denis! es-tu fou, voyons, Denis!"

Mais l'autre, haletant,[1] s'acharnait,[2] frappait toujours, repoussé tantôt d'un coup de pied, tantôt d'un coup de poing, et revenant furieusement. M. Marambot fut encore blessé deux fois à la jambe et une fois au ventre. Mais soudain une pensée rapide lui traversa l'esprit et il se mit à crier:

"Finis donc, finis donc, Denis, je n'ai pas reçu mon argent."

L'homme aussitôt s'arrêta; et son maître entendait, dans l'obscurité, sa respiration sifflante.

M. Marambot reprit aussitôt:

"Je n'ai rien reçu. M. Malois se dédit,[3] le procès va avoir lieu; c'est pour ça que tu as porté les lettres à la poste. Lis plutôt celles qui sont sur mon secrétaire."

Et, d'un dernier effort, il saisit les allumettes sur sa table de nuit et alluma sa bougie.

Il était couvert de sang. Des jets brûlants avaient éclaboussé[4] le mur. Les draps, les rideaux, tout était rouge. Denis, sanglant aussi des pieds à la tête, se tenait debout au milieu de la chambre.

Quand il vit cela, M. Marambot se crut mort, et il perdit connaissance.

Il se ranima au point du jour. Il fut quelque temps avant de reprendre ses sens, de comprendre, de se rappeler. Mais soudain le souvenir de l'attentat et de ses blessures lui revint, et une peur si véhémente l'envahit, qu'il ferma les yeux pour ne rien voir. Au bout de quelques minutes son épouvante se calma et il réfléchit. Il n'était pas mort sur le coup, il pouvait donc en revenir. Il se sentait faible, très faible, mais sans souffrance vive, bien qu'il éprouvât en divers points du corps une gêne sensible,[5]

---

[1] *haletant*: panting. [2] *s'acharnait*: persisted.
[3] *se dédit*: went back on his word. [4] *éclaboussé*: spattered.
[5] *une gêne sensible*: perceptible discomfort.

comme des pinçures. Il se sentait aussi glacé, et tout mouillé, et serré, comme roulé, dans des bandelettes. Il pensa que cette humidité venait du sang répandu; et des frissons d'angoisse le secouaient à la pensée affreuse de ce liquide rougi sorti de ses veines et dont son lit était couvert. L'idée de revoir ce spectacle épouvantable le bouleversait et il tenait ses yeux fermés avec force comme s'ils allaient s'ouvrir malgré lui.

Qu'était devenu Denis? Il s'était sauvé, probablement.

Mais qu'allait-il faire, maintenant, lui, Marambot? Se lever? appeler au secours? Or, s'il faisait un seul mouvement, ses blessures se rouvriraient sans aucun doute; et il tomberait mort au bout de son sang.

Tout à coup, il entendit pousser la porte de sa chambre. Son cœur cessa presque de battre. C'était Denis qui venait l'achever, certainement. Il retint sa respiration pour que l'assassin crût tout bien fini, l'ouvrage terminé.

Il sentit qu'on relevait son drap, puis qu'on lui palpait le ventre. Une douleur vive, près de la hanche, le fit tressaillir. On le lavait maintenant avec de l'eau fraîche, tout doucement. Donc, on avait découvert le forfait[1] et on le soignait, on le sauvait. Une joie éperdue le saisit; mais, par un geste de prudence, il ne voulut pas montrer qu'il avait repris connaissance, et il entr'ouvrit un œil, un seul, avec les plus grandes précautions.

Il reconnut Denis debout près de lui, Denis en personne! Miséricorde! Il referma son œil avec précipitation.

Denis! Que faisait-il alors? Que voulait-il? Quel projet affreux nourrissait-il encore?

Ce qu'il faisait? Mais il le lavait pour effacer les traces! Et il allait l'enfouir[2] maintenant dans le jardin, à dix pieds sous terre, pour qu'on ne le découvrît pas? Ou peut-être dans la cave, sous les bouteilles de vin fin?

Et M. Marambot se mit à trembler si fort que tous ses membres palpitaient.

Il se disait: "Je suis perdu, perdu!" Et il serrait désespérément

[1] *forfait*: crime.   [2] *enfouir*: bury.

les paupières pour ne pas voir arriver le dernier coup de couteau. Il ne le reçut pas. Denis, maintenant, le soulevait et le ligaturait dans un linge. Puis il se mit à panser la plaie de la jambe avec soin, comme il avait appris à le faire quand son maître était pharmacien.

Aucune hésitation n'était plus possible pour un homme de métier: son domestique, après avoir voulu le tuer, essayait de le sauver.

Alors M. Marambot, d'une voix mourante, lui donna ce conseil pratique:

"Opère les lavages et les pansements[1] avec de l'eau coupée de coaltar saponiné!"

Denis répondit:

"C'est ce que je fais, monsieur."

M. Marambot ouvrit les deux yeux.

Il n'y avait plus de trace de sang ni sur le lit, ni dans la chambre, ni sur l'assassin. Le blessé était étendu en des draps bien blancs.

Les deux hommes se regardèrent.

Enfin, M. Marambot prononça avec douceur.

"Tu as commis un grand crime."

Denis répondit:

"Je suis en train de le réparer, monsieur. Si vous ne me dénoncez pas, je vous servirai fidèlement comme par le passé."

Ce n'était pas le moment de mécontenter son domestique. M. Marambot articula en refermant les yeux:

"Je te jure de ne pas te dénoncer."

Denis sauva son maître. Il passa les nuits et les jours sans sommeil, ne quitta point la chambre du malade, lui prépara les drogues, les tisanes, les potions, lui tâtant le pouls, comptant anxieusement les pulsations, le maniant avec une habileté de garde-malade et un dévouement de fils.

A tout moment il demandait:

"Eh bien, monsieur, comment vous trouvez-vous?"

M. Marambot répondait d'une voix faible:

---

[1] *pansements*: dressings.

"Un peu mieux, mon garçon, je te remercie."

Et quand le blessé s'éveillait, la nuit, il voyait souvent son gardien qui pleurait dans son fauteuil et s'essuyait les yeux en silence.

Jamais l'ancien pharmacien n'avait été si bien soigné, si dorloté, si câliné.[1] Il s'était dit tout d'abord:

"Dès que je serai guéri, je me débarrasserai de ce garnement.[2]"

Il entrait maintenant en convalescence et remettait de jour en jour le moment de se séparer de son meurtrier. Il songeait que personne n'aurait pour lui autant d'égards et d'attentions, qu'il tenait ce garçon par la peur; et il le prévint qu'il avait déposé chez un notaire un testament le dénonçant à la justice s'il arrivait quelque accident nouveau.

Cette précaution lui paraissait le garantir dans l'avenir de tout nouvel attentat; et il se demandait alors s'il ne serait même pas plus prudent de conserver près de lui cet homme, pour le surveiller attentivement.

Comme autrefois, quand il hésitait à acquérir quelque pharmacie plus importante, il ne se pouvait décider à prendre une résolution.

"Il sera toujours temps," se disait-il.

Denis continuait à se montrer un incomparable serviteur. M. Marambot était guéri. Il le garda.

Or, un matin, comme il achevait de déjeuner, il entendit tout à coup un grand bruit dans la cuisine. Il y courut. Denis se débattait, saisi par deux gendarmes. Le brigadier prenait gravement des notes sur son carnet.

Dès qu'il aperçut son maître, le domestique se mit à sangloter, criant:

"Vous m'avez dénoncé, monsieur, ce n'est pas bien, après ce que vous m'aviez promis. Vous manquez à votre parole d'honneur, monsieur Marambot; ce n'est pas bien, ce n'est pas bien!..."

M. Marambot, stupéfait et désolé d'être soupçonné, leva la main:

[1] *si dorloté, si câliné*: so coddled and petted. [2] *garnement*: scamp.

"Je te jure devant Dieu, mon garçon, que je ne t'ai pas dénoncé. J'ignore absolument comment messieurs les gendarmes ont pu connaître la tentative d'assassinat sur moi."

Le brigadier eut un sursaut.[1]

"Vous dites qu'il a voulu vous tuer, monsieur Marambot?"

Le pharmacien, éperdu,[2] répondit:

"Mais, oui... Mais je ne l'ai pas dénoncé... Je n'ai rien dit... Je jure que je n'ai rien dit... Il me servait très bien depuis ce moment-là..."

Le brigadier articula sévèrement:

"Je prends note de votre déposition. La justice appréciera ce nouveau motif dont elle ignorait, monsieur Marambot. Je suis chargé d'arrêter votre domestique pour vol de deux canards enlevés subrepticement par lui chez M. Duhamel, pour lesquels il y a des témoins du délit. Je vous demande pardon, monsieur Marambot. Je rendrai compte de votre déclaration."

Et, se tournant vers ses hommes, il commanda:

"Allons, en route!"

Les deux gendarmes entraînèrent Denis.

L'avocat venait de plaider la folie, appuyant les deux délits l'un sur l'autre pour fortifier son argumentation. Il avait clairement prouvé que le vol des deux canards provenait du même état mental que les huit coups de couteau dans la personne de Marambot. Il avait finement analysé toutes les phases de cet état passager d'aliénation mentale, qui céderait, sans aucun doute, à un traitement de quelques mois dans une excellente maison de santé. Il avait parlé en termes enthousiastes du dévouement continu de cet honnête serviteur, des soins incomparables dont il avait entouré son maître blessé par lui dans une seconde d'égarement.

Touché jusqu'au cœur par ce souvenir, M. Marambot se sentit les yeux humides.

---

[1] *eut un sursaut*: gave a start.

[2] *éperdu*: excited and dismayed.

L'avocat s'en aperçut, ouvrit les bras d'un geste large, déployant ses longues manches noires comme des ailes de chauve-souris.[1] Et, d'un ton vibrant, il cria:

"Regardez, regardez, regardez, messieurs les jurés, regardez ces larmes. Qu'ai-je à dire maintenant pour mon client? Quel discours, quel argument, quel raisonnement vaudraient ces larmes de son maître! Elles parlent plus haut que moi, plus haut que la loi; elles crient 'Pardon pour l'insensé d'une heure!' Elles implorent, elles absolvent, elles bénissent!"

Il se tut, et s'assit.

Le président, alors, se tournant vers Marambot, dont la déposition avait été excellente pour son domestique, lui demanda:

"Mais enfin, monsieur, en admettant même que vous ayez considéré cet homme comme dément, cela n'explique pas que vous l'ayez gardé. Il n'en était pas moins dangereux."

Marambot répondit en s'essuyant les yeux:

"Que voulez-vous, monsieur le président, on a tant de mal à trouver des domestiques par le temps qui court... je n'aurais pas rencontré mieux."

Denis fut acquitté et mis, aux frais de[2] son maître, dans un asile d'aliénés.

---

[1] *chauve-souris*: bat.　　　[2] *aux frais de*: at the expense of.

VILLIERS DE L'ISLE–ADAM
(PHILIPPE–AUGUSTE–MATHIAS)
(1840–1889)

∽

VILLIERS DE L'ISLE-ADAM was born at Saint-Brieuc. Inordinately proud of his ancient lineage, his existence was a bitter and losing fight with poverty. He died practically destitute in Paris, at the age of forty-nine. Villiers made his literary début with a volume of poems which are strongly reminiscent of Musset and Lamartine. Unlike these "orthodox" Romantics, however, he never allowed reason or common sense to arrest the stratospheric trend of his dynamic imagination. He lived, therefore, in a world of splendid dreams and grandiose hallucinations. Villiers was, in the literal meaning of the term, an idealist, who regarded the external world of the senses as a complete illusion. The Idea, he maintained always, is the highest form of the Real. A fervent, if disconcerting Catholic, with a medieval penchant towards the macabre and the occult, Villiers cherished a vast contempt for the scientific and utilitarian outlook of his age. This attitude colours all his work. *L'Ève future* (1886) is a metaphysical fantasy in novel form, attacking the evils of our mechanized civilization. In *Triboulet Bonhomat* we have a savage parody of the experimental scientist and his absurd pretensions. The same theme is treated more symbolically in his mystic drama *Axel* (1872 and 1890). But Villiers's most durable creative work is to be found in some of his *Contes cruels*, the style of which often attains the quality of great poetry.

VILLIERS DE L'ISLE-ADAM

LA TORTURE PAR L'ESPÉRANCE

Sous les caveaux de l'Official[1] de Saragosse, au tomber d'un soir de jadis, le vénérable Pedro Arbuez d'Espila, sixième prieur des dominicains de Ségovie, troisième Grand-Inquisiteur d'Espagne — suivi d'un *fra* redemptor (maître-tortionnaire) et précédé de deux familiers du Saint-Office,[2] ceux-ci tenant des lanternes, descendit vers un cachot perdu. La serrure d'une porte massive grinça: on pénétra dans un méphitique *in-pace*,[3] où le jour de souffrance[4] d'en haut laissait entrevoir entre des anneaux scellés aux murs, un chevalet[5] noirci de sang, un réchaud, une cruche. Sur une litière de fumier, et maintenu par des entraves,[6] le carcan de fer au cou, se trouvait assis, hagard, un homme en haillons, d'un âge désormais indistinct.

Ce prisonnier n'était autre que rabbi Aser Abarbanel, juif aragonais, qui — prévenu d'usure et d'impitoyable dédain des Pauvres, — avait, depuis plus d'une année, été, quotidiennement, soumis à la torture. Toutefois, son 'aveuglement étant aussi dur que son cuir', il s'était refusé à l'abjuration.

Fier d'une filiation plusieurs fois millénaire, orgueilleux de ses antiques ancêtres, — car tous les Juifs dignes de ce nom sont jaloux de leur sang, — il descendait, talmudiquement, d'Othoniel, et, par conséquent, d'Ipsiboë, femme de ce dernier Juge d'Israël: circonstance qui avait aussi soutenu son courage au plus fort des incessants supplices.

Ce fut donc les yeux en pleurs, en songeant que cette âme si ferme s'excluait du salut, que le vénérable Pedro Arbuez d'Espila,

---

[1] *l'Official*: Official; an ecclesiastic judge, formerly appointed by the bishop to exercise jurisdiction in his name.

[2] *Saint-Office*: The Holy Office or Court of the Inquisition.

[3] *in-pace*: cell, dungeon.

[4] *jour de souffrance*: borrowed light.

[5] *chevalet*: wooden horse (instrument of torture).   [6] *entraves*: fetters.

s'étant approché du rabbin frémissant, prononça les paroles suivantes:

"Mon fils réjouissez-vous: voici que vos épreuves d'ici-bas vont prendre fin. Si, en présence de tant d'obstination, j'ai dû permettre, en gémissant, d'employer bien des rigueurs, ma tâche de correction fraternelle a ses limites. Vous êtes le figuier rétif[1] qui, trouvé tant de fois sans fruit, encourt d'être séché...[2] mais c'est à Dieu seul de statuer sur votre âme. Peut-être l'infinie Clémence luira-t-elle pour vous au suprême instant! Nous devons l'espérer! Il est des exemples... Ainsi soit! — Reposez donc, ce soir, en paix. Vous ferez partie, demain, de l'*auto da fé*:[3] c'est-à-dire que vous serez exposé au *quemadero*, brasier prémonitoire de l'éternelle Flamme: il ne brûle, vous le savez, qu'à distance, mon fils, et la Mort met au moins deux heures (souvent trois) à venir, à cause des langes mouillés et glacés dont nous avons soin de préserver le front et le cœur des holocaustes.[4] Vous serez quarante-trois seulement. Considérez que, placé au dernier rang, vous aurez le temps nécessaire pour invoquer Dieu, pour lui offrir ce baptême du feu qui est de l'Esprit-Saint. Espérez donc en La Lumière et dormez."

En achevant ce discours, dom Arbuez ayant, d'un signe, fait désenchaîner le malheureux, l'embrassa tendrement. Puis, ce fut le tour du *fra* redemptor, qui, tout bas, pria le juif de lui pardonner ce qu'il lui avait fait subir en vue de le rédimer;[5] — puis l'accolèrent les deux familiers, dont le baiser, à travers leurs cagoules, fut silencieux. La cérémonie terminée, le captif fut laissé, seul et interdit,[6] dans les ténèbres.

Rabbi Aser Abarbanel, la bouche sèche, le visage hébété[7] de souffrance, considéra d'abord sans attention précise, la porte

---

[1] *rétif*: unmanageable, obstinate.

[2] *encourt d'être séché*: incurs the risk of being withered up.

[3] *auto da fé*: torture by fire formerly inflicted by the Inquisition to test the faith of heretics.

[4] *holocaustes*: holocausts or burnt offerings.

[5] *rédimer*: redeem.　　　　　　　[6] *interdit*: dumbfounded, stunned.

[7] *hébété*: stupefied.

fermée. — 'Fermée?...' Ce mot, tout au secret de lui-même, éveillait, en ses confuses pensées, une songerie. C'est qu'il avait entrevu, un instant, la lueur des lanternes en la fissure d'entre les murailles de cette porte. Une morbide idée d'espoir, due à l'affaissement[1] de son cerveau, émut son être. Il se traîna vers l'insolite *chose* apparue! Et, bien doucement, glissant un doigt, avec de longues précautions, dans l'entre-bâillement,[2] il tira la porte vers lui... O stupeur! par un hasard extraordinaire, le familier qui l'avait refermée avait tourné la grosse clef un peu avant le heurt[3] contre les montants de pierre! De sorte que, le pène[4] rouillé n'étant pas entré dans l'écrou, la porte roula de nouveau dans le réduit.[5]

Le rabbin risqua un regard au dehors.

A la faveur d'une sorte d'obscurité livide, il distingua, tout d'abord, un demi-cercle de murs terreux, troués par des spirales de marches; — et, dominant, en face de lui, cinq ou six degrés de pierre, une espèce de porche noir, donnant accès en un vaste corridor, dont il n'était possible d'entrevoir, d'en bas, que les premiers arceaux.

S'allongeant donc, il rampa jusqu'au ras de ce seuil.[6] — Oui, c'était bien un corridor, mais d'une longueur démesurée! Un jour blême, une lueur de rêve l'éclairait: des veilleuses,[7] suspendues aux voûtes, bleuissaient, par intervalles, la couleur terne de l'air: — le fond lointain n'était que de l'ombre. Pas une porte, latéralement, en cette étendue! D'un seul côté, à sa gauche, des soupiraux,[8] aux grilles croisées, en des enfoncées du mur, laissaient passer un crépuscule — qui devait être celui du soir, à cause des rouges rayures qui coupaient, de loin en loin, le dallage.[9] Et quel effrayant silence!... Pourtant, là-bas, au

---

[1] *affaissement*: collapse.
[2] *entre-bâillement*: aperture, chink.　　　[3] *heurt*: clash.
[4] *pène*: bolt of the lock.
[5] *réduit*: miserable little hole, hovel.
[6] *au ras de ce seuil*: on a level with this threshold.
[7] *veilleuses*: night-lights.　　　　　　[8] *soupiraux*: ventilation shafts.
[9] *dallage*: flagstones.

profond de ces brumes, une issue pouvait donner sur la liberté! La vacillante espérance du juif était tenace, car c'était la dernière.

Sans hésiter donc, il s'aventura sur les dalles, côtoyant la paroi des soupiraux, s'efforçant de se confondre avec la ténébreuse teinte des longues murailles. Il avançait avec lenteur, se traînant sur la poitrine — et se retenant de crier lorsqu'une plaie, récemment avivée, le lancinait.

Soudain, le bruit d'une sandale qui s'approchait parvint jusqu'à lui dans l'écho de cette allée de pierre. Un tremblement le secoua, l'anxiété l'étouffait; sa vue s'obscurcit. Allons! c'était fini, sans doute! Il se blottit, à croppetons,[1] dans un enfoncement, et, à demi-mort, attendit.

C'était un familier qui se hâtait. Il passa rapidement, un arrache-muscles[2] au poing, cagoule baissée, terrible, et disparut. Le saisissement, dont le rabbin venait de subir l'étreinte, ayant comme suspendu les fonctions de la vie, il demeura, près d'une heure, sans pouvoir effectuer un movement. Dans la crainte d'un surcroît[3] de tourments s'il était repris, l'idée lui vint de retourner en son cachot. Mais le vieil espoir lui chuchotait, dans l'âme, ce divin *Peut-être*, qui réconforte dans les pires détresses! Un miracle s'était produit! Il ne fallait plus douter! Il se remit donc à ramper vers l'évasion possible. Exténué de souffrance et de faim, tremblant d'angoisses, il avançait! — Et ce sépulcral corridor semblait s'allonger mystérieusement! Et lui, n'en finissant pas d'avancer,[4] regardait toujours l'ombre, là-bas, où *devait* être une issue salvatrice.

Oh! oh! Voici que des pas sonnèrent de nouveau, mais cette fois, plus lents et plus sombres. Les formes blanches et noires, aux longs chapeaux à bords roulés, de deux inquisiteurs, lui apparurent, émergeant sur l'air terne, là-bas. Ils causaient à voix basse et paraissaient en controverse sur un point important, car leurs mains s'agitaient.

[1] *se blottit, à croppetons* (croupetons): crouched in a squatting position.
[2] *arrache-muscles*: "muscle extractor" (instrument of torture for tearing out muscles).
[3] *surcroît*: increase.
[4] *n'en finissant pas d'avancer*: advancing interminably.

A cet aspect, rabbi Aser Abarbanel ferma les yeux: son cœur battit à le tuer; ses haillons furent pénétrés d'une froide sueur d'agonie; il resta béant, immobile, étendu le long du mur, sous le rayon d'une veilleuse, immobile, implorant le Dieu de David.

Arrivés en face de lui, les deux inquisiteurs s'arrêtèrent sous la lueur de la lampe, — ceci par un hasard sans doute provenu de leur discussion. L'un d'eux, en écoutant son interlocuteur, se trouva regarder le rabbin! Et, sous ce regard dont il ne comprit pas d'abord l'expression distraite, le malheureux croyait sentir les tenailles[1] chaudes mordre encore sa pauvre chair; il allait donc redevenir une plainte et une plaie! Défaillant,[2] ne pouvant respirer, les paupières battantes, il frissonnait, sous l'effleurement de cette robe. Mais, chose à la fois étrange et naturelle, les yeux de l'inquisiteur étaient évidemment ceux d'un homme profondément préoccupé de ce qu'il va répondre, absorbé par l'idée de ce qu'il écoute, ils étaient fixes — et semblaient regarder le juif *sans le voir*!

En effet, au bout de quelques minutes, les deux sinistres discuteurs continuèrent leur chemin, à pas lents, et toujours causant à voix basse, vers le carrefour d'où le captif était sorti; ON NE L'AVAIT PAS VU!... Si bien que, dans l'horrible désarroi[3] de ses sensations, celui-ci eut le cerveau traversé par cette idée: "Serais-je déjà mort, qu'on ne me voit pas?" Une hideuse impression le tira de léthargie: en considérant le mur, tout contre son visage, il crut voir, en face des siens, deux yeux féroces qui l'observaient!... Il rejeta la tête en arrière en une transe éperdue et brusque, les cheveux dressés!... Mais non! non. Sa main venait de se rendre compte, en tâtant les pierres: c'était le *reflet* des yeux de l'inquisiteur qu'il avait encore dans les prunelles, et qu'il avait réfracté sur deux taches de la muraille.

En marche! Il fallait se hâter vers ce but qu'il s'imaginait (maladivement sans doute) être la délivrance! vers ces ombres dont il n'était plus distant que d'une trentaine de pas, à peu près.

[1] *tenailles*: pincers.   [2] *Défaillant*: Fainting.   [3] *désarroi*: confusion, disorder.

Il reprit donc, plus vite, sur les genoux, sur les mains, sur le ventre, sa voie douloureuse; et bientôt il entra dans la partie obscure de ce corridor effrayant.

Tout à coup, le misérable éprouva du froid *sur* ses mains qu'il appuyait sur les dalles; cela provenait d'un violent souffle d'air, glissant sous une petite porte à laquelle aboutissaient les deux murs. — Ah! Dieu! si cette porte s'ouvrait sur le dehors! Tout l'être du lamentable évadé eut comme un vertige d'espérance! Il l'examinait, du haut en bas, sans pouvoir bien la distinguer à cause de l'assombrissement autour de lui. — Il tâtait: point de verrous,[1] ni de serrure. — Un loquet!... Il se redressa: le loquet céda sous son pouce; la silencieuse porte roula devant lui.

"ALLELUIA!..." murmura, dans un immense soupir d'actions de grâces, le rabbin, maintenant debout sur le seuil, à la vue de ce qui lui apparaissait.

La porte s'était ouverte sur des jardins, sous une nuit d'étoiles! sur le printemps, la liberté, la vie! Cela donnait sur la campagne prochaine, se prolongeant vers les sierras dont les sinueuses lignes bleues se profilaient sur l'horizon; — là, c'était le salut! — Oh! s'enfuir! Il courrait toute la nuit sous ces bois de citronniers dont les parfums lui arrivaient. Une fois dans les montagnes, il serait sauvé! Il respirait le bon air sacré; le vent le ranimait, ses poumons ressuscitaient! Il entendait, en son cœur dilaté, le *Veni foràs*[2] de Lazare! Et, pour bénir encore le Dieu qui lui accordait cette miséricorde, il étendit les bras devant lui, en levant les yeux au firmament. Ce fut une extase.

Alors, il crut voir l'ombre de ses bras se retourner sur lui-même: il crut sentir que ces bras d'ombre l'entouraient, l'enlaçaient, — et qu'il était pressé tendrement contre une poitrine. Une haute figure était, en effet, auprès de la sienne. Confiant, il abaissa le regard vers cette figure — et demeura pantelant, affolé, l'œil morne, trémébond,[3] gonflant les joues et bavant d'épouvante.[4]

---

[1] *verrous*: bolts.   [2] *Veni foràs*: Come forth.
[3] *trémébond* (rare): trembling violently.
[4] *bavant d'épouvante*: slavering with terror.

—Horreur! il était dans les bras du Grand-Inquisiteur lui-même, du vénérable Pedro Arbuez d'Espila, qui le considérait, de grosses larmes plein les yeux, et d'un air de bon pasteur retrouvant sa brebis égarée!...

Le sombre prêtre pressait contre son cœur, avec un élan de charité si fervente, le malheureux juif, que les pointes du cilice monacal sarclèrent,[1] sous le froc, la poitrine du dominicain. Et, pendant que rabbi Aser Abarbanel, les yeux révulsés sous les paupières, râlait d'angoisse entre les bras de l'ascétique dom Arbuez et comprenait confusément *que toutes les phases de la fatale soirée n'étaient qu'un supplice prévu, celui de l'Espérance!* le Grand-Inquisiteur, avec un accent de poignant reproche et le regard consterné, lui murmurait à l'oreille, d'une haleine brûlante et altérée par les jeûnes:[2]

"Eh quoi, mon enfant! A la veille, peut-être, du salut... vous vouliez donc nous quitter!"

[1] *sarclèrent*: ripped.   [2] *jeûnes*: fastings.

PAUL-MARIE VERLAINE

(1844–1896)

VERLAINE, the son of an army officer, was born at Metz but educated in Paris, where he occupied a minor clerical post at the Hôtel de Ville. Under the influence of the Parnassians, he wrote the *Poèmes saturniens* (1866). But his next volume, *Fêtes galantes* (1869), announces the peculiarly lyrical, musical quality of Verlaine's future work. He married, in 1870, Mathilde Mauté who inspired the collection of poems entitled *La bonne Chanson.* These reflect Verlaine's dreams of conjugal happiness and his struggle to conquer the craving for alcohol which was eventually to ruin his life and destroy his talent. Unfortunately, a few months after his marriage, he came under the evil influence of Arthur Rimbaud and together they embarked on a vagabond and crapulous existence. Rimbaud was ten years younger than Verlaine but his intellectual superior. Vicious in youth to a pathological degree, he was nevertheless a poetic genius who for a time lived in a state of self-hallucination. He helped to liberate Verlaine from the clinging influences of traditional French poetry. During their sojourn in London, the latter wrote his *Romances sans paroles* (1874). Verlaine shortly afterwards underwent a sentence of two years' imprisonment in Belgium for shooting and wounding his companion. In prison, Verlaine became converted to Catholicism and began to compose the poems which later appeared in the volume entitled *Sagesse* (1880). But soon he resumed his Bohemian, drunken life, maintaining himself by teaching, first in England, later in France. In 1885 he was imprisoned for assaulting his mother, who died the following year. Verlaine, now a complete dipsomaniac, soon exhausted his small patrimony and was frequently in hospital. His last years were spent in lecturing in England and Belgium, but he also wrote poems and articles for various journals. The year before his death the French Ministry of Education granted him a small pension, for he was nearly destitute. He had published, meanwhile, besides several prose works, the following collections of poems:

Jadis et naguère (1884), *Parallèlement* (1888), *Liturgies intimes* (1892), *Élégies* (1893). Verlaine, although he denounced the Symbolists, really introduced, along with Rimbaud, the revolution in French poetry called Symbolism. Its essential principle is that poetry must immediately express and communicate the poet's sensibility unfiltered, so to speak, and therefore unmodified by the analysing intelligence. Indeed, Verlaine's finest poems have not only the harmonious rhythmic and vibrant quality of music but its strange power of short-circuiting the listener's reflective faculties and of drawing him by suggestion into the poet's changing inner world of dreams and emotions. This conception of the nature of poetry involved, of course, important transformations in the structure of French verse and here, too, Verlaine was a pioneer.

Verlaine's prose works, as the titles suggest, are of an autobiographical character and this is their chief interest: *Poètes maudits* (1884), *Louise Leclercq* (1886), *Mémoires d'un veuf* (1886), *Mes Hôpitaux* (1891), *Mes Prisons* (1893), *Quinze jours en Hollande* (1893), *Confessions* (1895). Though story-telling was not Verlaine's *métier* he has left us a few very brief *contes*, the best of which is probably *L'Obsesseur*.

PAUL VERLAINE

L'OBSESSEUR

Je ne sais ma foi pas trop pourquoi ma mémoire se reporte à un temps si ancien sur un objet au fond si peu intéressant pour elle qui en a vu tant d'autres.

Quoiqu'il en soit, je veux me débarrasser de cette espèce de préoccupation, en mettant sur le papier la très simple histoire que voici.

J'étais pensionnaire à l'institution... qui nous conduisait deux fois par jour au lycée... Sans grandes relations avec mes camarades, pour la plupart garçons assez insignifiants, deux pourtant d'entre eux attirèrent bientôt mon attention, non point par leur amitié, car ils n'avaient pas l'air de se plaire beaucoup, moins encore pour leurs sympathies, leurs goûts communs, car ils ne semblaient s'entendre sur quoi que ce soit, ni même par leurs habitudes courantes, ou leur manière, car l'un était un intarissable bavard,[1] mal intéressant et des plus lourds, d'ailleurs, tandis que l'autre, un distrait, un rêveur, restait volontiers taciturne, mais pour leur inséparabilité, si l'on me permet ce mot non encore incrit au *Dictionnaire de l'Usage* et qui n'aspire point à y prendre place. Dès huit heures du matin, quand on se mettait en rang pour aller au lycée, l'externe[2] (c'était un externe que l'écolier si bavard et si ennuyeux) ne manquait pas d'aller[3] se mettre auprès de l'interne (interne était le lycéen taciturne). Et quelles nuances entre gamins implique cette différence despote de situation sociale en miniature! — En route, le bavard, invariablement vêtu d'un paletot bleu montagnac,[4] nuance insipide, n'est-ce pas? et coiffé d'un de ces chapeaux melons roux,[5] déjà en usage, mais porté droit sur la tête, marchait en crabe et tout en pérorant

[1] *un intarissable bavard*: an inexhaustible chatterbox.
[2] *externe*: day-boarder.   [3] *ne manquait pas de*: never failed to.
[4] *montagnac*: montagnac (thick woollen stuff).
[5] *un de ces chapeaux melons roux*: one of those reddish-brown bowler hats.

combien fadement! poussait, selon le hasard de la place,[1] son malheureux et trop patient compagnon, engoncé[2] dans une tunique trop large, avec un képi tout cabossé[3] sur sa tête, contre les boutiques ou vers le ruisseau. Le pauvre garçon répondait oui, non, à ces torrents d'eau tiède que déversait l'autre: tant qu'ils furent enfants, en 7ᵉ, en 6ᵉ, ces conversations, ou plutôt ces monologues, avaient trait, par exemple, à des encriers nouveau modèle, à des plumes *chics*, à des buvards de première qualité, à des gommes pour le crayon et l'encre, superlatives. Tout cela débité d'une voix blanche,[4] sans intonation ni rien pour accrocher l'oreille[5] un peu.

Plus tard, en seconde, en rhétorique,[6] ce fut une autre fête pour le pauvre Taciturne qui ne rêvait que poésie et que l'horreur du baccalauréat à préparer n'empêchait pas de lire, de droite et de gauche, de forts fragments de la littérature d'alors. L'autre ne lui parlait que de romans étrangers commerciaux, que de traductions de livres de voyage (les livres de voyages, uniquement de voyages).

Je me demandais souvent pourquoi le Taciturne, un garçon intéressant en somme, n'envoyait pas promener cette scie vivante, ce crampon,[7] ce fléau venu de Paris, et je m'en ouvris un peu à lui.

"Que veux-tu?" me répondit-il, "il m'a dompté, je suis sa chose, comme on est la chose d'un chien hargneux ou d'un chat pelé[8] qu'on garde par habitude, sans s'y intéresser et surtout, ô surtout sans l'aimer."

Ces comparaisons disgracieuses, et principalement cette répétition 'et surtout, ô surtout sans l'aimer' me frappèrent sans m'éclairer alors sur le mystère de cette domination d'un sot sur un intellectuel. Plus tard, je reconnus et saluai dans cette conduite

---

[1] *selon...place*: according as to where he happened to be.

[2] *engoncé*: huddled up.　　[3] *cabossé*: battered.

[4] *une voix blanche*: a colourless voice.　[5] *accrocher l'oreille*: catch the ear.

[6] *en rhétorique*: i.e. in the highest class before the *baccalauréat* or examination for the degree of bachelor. Approx. Upper Vth.

[7] *n'envoyait...crampon*: did not send this crashing bore, this limpet, about his business.

[8] *chat pelé*: mangy cat.

pusillanime en apparence, une indifférence, un insouci des ambiances [1] non sans sa fierté, une paresse plutôt noble, — de bon dandysme...

La vie, comme de juste, nous sépara, ou plutôt me sépara du Taciturne, car je ne me rappelle pas avoir échangé une seule parole avec son obsesseur. Un jour, par le plus grand des hasards, je rencontrai ce bon garçon, et, après les premiers mots de reconnaissance et de sympathie, je lui demandai s'il voyait toujours un tel.

"Ne m'en parle pas. Je ne sais par quel miracle me voici libre aujourd'hui. Le misérable me fréquente plus que jamais, m'abrutissant maintenant de ses gandineries,[2] courses, crocket, cricket" (la bicyclette ni le five o'clock ni les records n'étaient pas encore à la mode, sans quoi mon pauvre camarade en eût probablement vu de plus grises encore).[3] "Il connaît," dit-il, "telle fille, marcheuse au *Châtelet*,[4] et un docteur auquel il réserve un drame scientifique. O le monstre, il me passe parfois des envies de le tuer.[5] Que de fois n'ai-je pas eu l'idée de le précipiter de la fenêtre mansardée [6] de ma très haute chambre. Dernièrement, à l'étage du café des *Variétés* où je vais quelquefois, j'ai failli le précipiter à travers l'une des grandes glaces-fenêtres sur le boulevard..."

Il me quitta, l'air vraiment égaré.

Quelques mois après je fus accosté par l'obsesseur qui me reconnut sur le champ. Et moi donc, si je le reconnus! il n'avait pas changé depuis le lycée. C'était toujours la même face rose, imberbe,[7] avec dents malsaines, aux yeux bleus de littérale faïence.[8]

---

[1] *insouci des ambiances*: indifference towards his surroundings. *Insouci* is a neologism.

[2] *gandineries*: foppish habits.

[3] *en eût probablement...encore*: would have been probably let in for a good deal worse.

[4] *marcheuse au Châtelet*: a walker-on at the Châtelet (theatre).

[5] *il me passe...tuer*: I often feel like killing him.

[6] *fenêtre mansardée*: attic window.   [7] *imberbe*: beardless.

[8] *aux yeux...faïence*: with literally china-blue eyes.

"Ah, pauvre cher," me dit-il, "sais-tu ce qui est arrivé dernièrement à X. D'abord, sais-tu qu'il vient de mourir?"

"Ah bah! et de quoi?"

"Dans un accès de folie furieuse. Ça avait commencé par une scène affreuse avec moi. Il voulut, devant cent témoins, dans un restaurant, m'étrangler et peu s'en fallut que je n'y passasse...[1] On le soigna chez un pharmacien, car il donnait tous les signes de l'aliénation mentale; après lui avoir donné les plus forts calmants, on l'envoya d'urgence à l'infirmerie du Dépôt. De là, son état ne faisant qu'empirer, il fut dirigé à Ville-Evrard, où j'obtins pour lui un régime un peu meilleur que le commun... Je ne suis pas riche! On fait ce qu'on peut... De plus, j'eus l'autorisation de l'aller voir tous les deux jours. Dès qu'il me voyait, il reculait au fond de la chambre à barreaux, et me tournait le dos, semblait faire tous ses efforts pour renverser le mur et fuir.

"Est-ce étrange! Un garçon si doux, si calme et qui *m'aimait tant*! Avant-hier j'appris sa mort par congestion. On l'enterre demain à 11 heures. Train à toute heure à la gare de l'Est. Viens-y donc!..."

La guerre survint. Je sus, par qui déjà? que lui-même, l'obsesseur, monstre sans le vouloir, avait été tué d'un éclat d'obus,[2] au plateau d'Avron où il servait comme mobile.[3]

Puisse au moins son ombre obséder à son tour l'artilleur au casque à boule[4] qui lui a valu ces loisirs.[5]

---

[1] *peu s'en fallut...passasse*: my number was very nearly up.
[2] *un éclat d'obus*: a shell-splinter.   [3] *mobile*: militiaman.
[4] *au casque à boule*: with the ball-pointed helmet (i.e. as worn then by German gunners).
[5] *qui...loisirs*: who has procured for him this leisure.

www.ingramcontent.com/pod-product-compliance
Ingram Content Group UK Ltd.
Pitfield, Milton Keynes, MK11 3LW, UK
UKHW042142280225
455719UK00001B/43